国家出版基金项目
NATIONAL PUBLICATION FOUNDATION

李文君 著

禁毒防控
理论研究与实践探索

上海社会科学院出版社
SHANGHAI ACADEMY OF SOCIAL SCIENCES PRESS

本书系国家重点研发计划"公共安全风险防控与应急技术装备"专项"毒品查缉和吸毒管控技术与装备研究"项目"禁毒基础理论与标准、毒情监测和毒品预防教育评估技术"课题(课题编号2016YFC0800910)的研究成果。

序 言

禁绝毒品,是世界人民的共同意愿和期盼。毒品犯罪是全球性的社会公害,任何国家和地区都无法避开由其带来的祸患甚至浩劫;而毒品泛滥又是一个极难治理的社会问题,如何将宏观的禁毒战略落地为可行的禁毒措施,是全球禁毒工作者始终关注的重要研究领域之一。

厉行禁毒,是我国政府的一贯立场和主张。回顾中华人民共和国成立以来禁毒工作的发展历程,不难看出,中国禁毒史就是一部民族复兴史,禁毒工作随着国家经济、社会、法制建设而发展变化。从中华人民共和国成立初期的禁毒运动到新时期的禁毒斗争,我国政府已经形成了一整套行之有效的政策、措施和工作模式。

自从事禁毒研究以来,笔者始终秉持理论应用于实践、实践反馈于理论的理念,尤其是在调研基层禁毒部门、走访一线民警的过程中,更加坚定了自身的禁毒科研方向——为禁毒实战和理论研究搭建桥梁,从而解决理论和实践的贴合度问题。禁毒研究繁荣发展的"黄金时代"已经来临,无论是毒品及其代谢物快速检测技术等具体细节问题,还是"两减一降"禁毒策略的中国化实践等宏观战略问题,找准切入点破题是理顺禁毒难题头绪的关键所在。笔者以近些年多项课题研究成果为基础,立足于我国毒品问题的客观现状和发展趋势,充分吸收和借鉴了国内外禁毒理论和实务工作的先进经验,研提和论证了新时期开展禁毒防控理论研究及实践探索的重要意义。

本书系国家重点研发计划"公共安全风险防控与应急技术装备"专项"毒品查缉和吸毒管控技术与装备研究"项目"禁毒基础理论与标准、毒情监测和毒品

PREFACE

预防教育评估技术"课题(课题编号 2016YFC0800910)的阶段性研究成果,兼具理论系统性和实务应用性两大特点,综合了打击毒品犯罪、防范毒品危害的理念、方法、策略和措施等问题,是笔者多年来对禁毒战略体系研究成果的总结,希望能够为我国禁毒研究及实务工作提供借鉴。

囿于笔者的研究水平及写作经验,书中舛误难免,敬请广大读者批评指正,期待同行学者和实战部门的专家不吝赐教。

2017 年 2 月 11 日

目 录

第一章 毒品形势与禁毒现状 / 1
 第一节 毒品问题处于加速蔓延期 / 1
 第二节 毒品犯罪处于高发多发期 / 10
 第三节 毒品滥用处于危害凸显期 / 21
 第四节 毒品治理处于集中攻坚期 / 29

第二章 毒品问题治理体系与能力建设 / 45
 第一节 禁毒政策导向与治理路径 / 45
 第二节 毒品问题治理体系建设 / 48
 第三节 毒品治理能力建设 / 54
 第四节 推进禁毒工作社会化 / 61

第三章 禁毒防控理论与体系建设 / 69
 第一节 禁毒防控理论 / 69
 第二节 禁毒防控体系建设 / 77

第四章 毒品犯罪查缉与控制 / 89
 第一节 打击毒品犯罪 / 89
 第二节 毒品犯罪防控 / 102
 第三节 基于行为防范的毒品犯罪防控——以"以贩养吸"为例 / 110
 第四节 基于市场控制的毒品犯罪防控 / 121

CONTENTS

第五章　禁吸戒毒与毒品防范 / 133
　　第一节　吸毒预防与减少毒品需求 / 133
　　第二节　动态管控与防范毒品危害 / 145
　　第三节　戒毒康复与减轻毒品危害 / 152

第六章　禁毒防控实践探索 / 162
　　第一节　青少年毒品预防教育"6·27"工程 / 162
　　第二节　联合打击制毒犯罪"4·14专案" / 169
　　第三节　"5·14"堵源截流机制 / 173
　　第四节　"8·31"社区戒毒社区康复工程 / 176

参考文献 / 185

第一章 毒品形势与禁毒现状

从全球范围来看,传统毒品的种植问题日益趋缓,但毒品制造问题仍然严峻,部分地区已经形成具有行业规模的毒品加工场,大批量生产冰毒、氯胺酮等合成毒品;毒品贩运的路线和方式正悄然发生着变化,并已波及世界各国,带来比以往更加严重的威胁;吸毒活动逐渐转向新毒品和新市场,吸毒人员总数有所增加,但滥用海洛因、可卡因等传统毒品的吸毒人员在部分地区持续减少,滥用苯丙胺类兴奋剂和处方药物的现象层出不穷。总体来看,全球毒品市场基本保持稳定,吸贩毒活动呈现出一些新特点和新动向,毒品对公众健康和社会安全造成了更加严重的威胁。

第一节 毒品问题处于加速蔓延期

随着国际毒潮持续泛滥和国内多种因素影响,我国毒品问题已经进入加速蔓延期。在打击中发展,在治理中蔓延,"三代"毒品交织渗透,呈现出"传统毒品留尾、合成毒品猖獗、新精神活性物质露头"的新形势,即海洛因等传统毒品问题基数大、根绝难,以冰毒、氯胺酮为主的合成毒品已呈泛滥势头,新精神活性物质问题开始凸显。

一、"三代"毒品交织的复杂毒情形势

(一) 以海洛因为主的传统毒品尚"硝烟未尽"

在各级党委、政府、各禁毒职能部门以及社会各界的长期大力宣传下,鸦片、海洛因等传统毒品的危害已为广大群众所了解,消费群体进一步萎缩,新增群体增长率低于合成毒品。同时,传统毒品以相应的原植物为生产基础,而我国对毒品原植物的种植与加工都有严格限制,非法种植行为受到了严厉打击。再者,制造传统毒品所需要的易制毒化学品受到了越来越严格的管制,流入非法渠道越发困难,在一定程度上遏制了传统毒品的制造。最后,各禁毒职能部门不断加强对毒品犯罪的打击力度,强化、完善相互间的协作,在全国范围内形成对毒品犯

罪的高压态势。

海洛因等传统毒品快速蔓延势头得到了一定的遏制,全国滥用海洛因人员占在册吸毒人员总数的比例逐年下降[①],传统毒品问题日渐缓和。一是查获的海洛因案件数量持续下降。二是吸食海洛因人员呈现区域化特点。在甘肃、陕西、贵州等地新发现的吸毒人员中,滥用海洛因的仍占多数(80%以上),西南、两广地区吸食海洛因人员总数占全国51%。全国海洛因吸食者的年龄呈上升趋势,对戒毒康复工作提出了新的挑战。三是境内非法种植问题反弹,土法加工鸦片、海洛因时有发生。

(二) 以冰毒为首的合成毒品正"血雨腥风"

近年来,冰毒、"摇头丸"等苯丙胺类合成毒品在全球泛滥,其中,亚洲、欧美等地最为突出(亚洲苯丙胺类毒品消费占全球消费市场的50%,欧美则达30%),亚欧周边国家和地区的苯丙胺类毒品消费市场不断扩张。受此影响,20世纪90年代中期以来,境外贩毒组织利用我国既是天然麻黄素生产地,又是化工大国的有利条件,与境内不法分子勾结,以生产各种化工产品为掩护,在我国境内疯狂生产冰毒。尤其引人注意的是,一些高级知识分子也卷入了制贩冰毒犯罪案件之中。北京、广东等地公安机关相继破获了多起科研机构、高等院校或国内企业中的中医药高级工程师、博士生导师参与制贩毒品的案件。国内生产的冰毒大量走私出境严重损害了我国声誉,1999年、2000年、2004年联合国麻管局年度报告均把中国列为冰毒来源国。

合成毒品违法犯罪活动依旧猖獗,吸食人员不断增多,国内制贩毒活动经历了从缅北地区走私贩运冰毒,到引进制毒技师在内地生产加工冰毒、氯胺酮走私外销等阶段,现已逐步发展到制毒技师、制毒原料、制毒工厂逐渐本地化,毒品的制造、贩运、销售、消费以国内为主的形式。其中,以冰毒为主的苯丙胺类毒品和氯胺酮违法犯罪活动发展尤为突出。从缴获情况来看,广东、福建、浙江等地区以晶体冰毒为主,云南以片剂冰毒为主;氯胺酮则主要集中在东南、中南等地区。从破获制毒案件情况来看,片剂冰毒主要来自缅北,晶体冰毒主要产自国内,广东、四川等地区较为突出;氯胺酮大宗制毒案件不断显现,高发于广东、广西、湖北等地区。

(三) 以合成大麻素为代表的新精神活性物质已"来势汹汹"

近年来,新精神活性物质(New Psychoactive Substances,NPS)在全球迅速

---

① 全国滥用海洛因人员占在册吸毒人员总数的比例逐年减少,分别为:2010年占69%、2011年占64.5%、2012年占59.3%、2013年占53.6%、2014年占49.3%。

蔓延。由于吸食该类物质容易诱发极端暴力犯罪,滥用新精神活性物质的社会危害程度远高于海洛因、冰毒等毒品,新精神活性物质也因此成为各国政府关注的焦点。我国滥用新精神活性物质案例时有发生,例如,2012年北京海关在首都机场连续查获恰特草150千克;2014年10月北京发现了首例吸食甲卡西酮毒品案;天津、辽宁、山东、内蒙古、四川等地在娱乐场所缴获的植物碎叶或花瓣状样品中检出合成大麻素成分。

1. 新精神活性物质的概念

联合国毒品和犯罪问题办公室(UNODC,以下简称"毒罪办")对新精神活性物质的定义是:未被国际禁毒公约管制,但存在滥用并会对公众健康带来威胁的物质。这些物质一般通过对现有毒品的化学结构进行修饰获取,不但具有类似列管毒品的麻醉、兴奋或致幻作用,而且能逃避法律的管制,其生产、贩卖和滥用形势日益严峻。国际麻醉品管制局报告指出:所有新型精神活性物质都有一个共同的特点,即它们不一定是新发明的,但却是最近才在市场上出现的,并且尚未列入国际药物管制公约的附表。学者张黎认为,新精神活性物质是指尚未被我国规定管制的能够使人形成瘾癖,其滥用问题已经对公共健康安全造成现实危害或潜在威胁的精神活性物质。根据新精神活性物质的滥用特点和物质属性,笔者将其定义为"为逃避执法打击而对列管毒品进行化学结构修饰所得到的毒品类似物,具有与管制毒品相似或更强的兴奋、致幻或抑制效果"。

2. 新精神活性物质的种类

截至2015年10月,毒罪办监测到新精神活性物质602种,比上年同期报告的388种物质相比增加了55%,并将其大致分为七类,具体如下:①

(1) 合成大麻素类。合成大麻素类物质有上百个品种,已发展至第八代,是目前滥用最多的新精神活性物质。滥用合成大麻素类物质会产生类似吸食大麻的幻觉体验,效果强于四氢大麻酚(THC),长期吸食会导致心血管系统疾病及精神错乱,同时存在致癌的风险。合成大麻素类物质中较为常见的包括Spice、K2等由多种草药和人工合成大麻素混合而成的制品。调查发现,11.3%的美国高中学生承认使用过合成大麻素类物质。

(2) 卡西酮类。卡西酮类物质主要是指卡西酮的衍生物,具有兴奋和致幻作用,过量或长期吸食会引起严重的大脑损伤,在新精神活性物质中的滥用规模仅次于合成大麻素类。其中,一种名为"喵喵"的物质常被滥用,其主要成分为4-甲基乙卡西酮,白色粉末状,可管吸,亦可鼻吸。再如,2012年5月美国迈阿

---

① 国际麻醉品管制局. 2015年国际麻醉品管制局报告[Z]. 2016.

密发生一起令人震惊的案件,一男子吸食了一种名为"浴盐"的物质后攻击一流浪汉并啃掉其半张脸。"浴盐"是卡西酮类衍生物的一种,主要成分包括亚甲基双氧吡咯戊酮(MDPV)、4-甲基甲卡西酮(4-MMC)等。调查发现,15~24岁的英国年轻人群使用卡西酮类物质的比例达4.4%,与滥用可卡因的比例相同。

新精神活性物质中,卡西酮(Cathinone)和甲卡西酮(Methcathinone)、4-甲基乙卡西酮(4-MEC)、4-甲基甲卡西酮(4-MMC)、亚甲基双氧吡咯戊酮(MDPV)、3,4-亚甲二氧基甲卡西酮(Methylone)等已被我国列入第一类精神药品予以管制,此外仍有十几种卡西酮类物质未被列管。值得注意的是,俗称"长治筋"的甲卡西酮在我国山西省长治地区已形成相当的滥用规模。

(3)苯乙胺类。苯乙胺类物质主要包括2C系列物质及苯丙胺衍生系列物质,这类物质是具有苯乙胺或苯丙胺骨架结构,在苯环的2,5位包含两个甲氧基,4位有一个其他取代基团的致幻剂,过量或长期吸食这些物质可导致大脑损伤和精神错乱。2C系列物质具有极强的致幻能力,常被用作LSD的替代品。这类物质一般吸附于类似邮票的纸片上吸食,200~500毫克即可产生极强的致幻效果,我国贵州、海南等地缴获的片剂毒品中曾检出2C-E(2,5-二甲氧基-4-乙基苯乙胺)成分。根据国家毒品实验室的检验报告,我国曾多次发现2C-H(2,5-二甲氧基苯乙胺)、2C-I(4-碘-2,5-二甲氧基苯乙胺)等新精神活性物质。

(4)哌嗪类。这是一类具有苯基或苄基哌嗪骨架的物质,开始作为兽药使用。类似甲基苯丙胺的兴奋作用效果较弱,但持续时间长。常见含哌嗪类物质的聚会药物(Party Pills)。

(5)植物类。包括恰特草、鼠尾草、帽蕊木等含有精神活性物质的植物。

恰特草(Khat):原产于非洲及阿拉伯半岛,主要活性成分为卡西酮,具有兴奋和轻微致幻作用。

鼠尾草(Salvia divinorum):原产于墨西哥,主要活性成分为二萜类物质,具有强烈致幻作用。

帽蕊木(Kratom):原产于东南亚,主要活性成分为帽柱木碱,具有类似吗啡的麻醉作用。

其中,恰特草已被我国列入第一类精神药品予以管制,但目前尚未出台其定罪量刑标准,有专家建议1克恰特草折合0.0005克海洛因。

(6)其他类。其他的新精神活性物质包括:色胺系列:神经递质羟色胺的类似物,以致幻作用为主;苯环己基胺系列:氯胺酮的类似物,大剂量使用以麻醉效果为主,小剂量时有兴奋和致幻作用;氨基茚类:作用与MDMA相似。

(7) 氯胺酮类。1962年,作为PCP的替代麻醉剂,氯胺酮被研制合成。氯胺酮同样具有致幻作用,其滥用问题日益显著。

我国已列入《精神药品目录》予以管制的新精神活性物质名单包括：4-甲基甲卡西酮(4-MMC)、4-甲基乙卡西酮(4-MEC)、3,4亚甲基双氧甲基卡西酮(Methylone)、亚甲基二氧吡咯戊酮(MDPV)、恰特草(Khat)、苄基哌嗪(Benzyl piperazine)、2,5-二甲氧基-4-碘苯乙胺(2C-I)、2,5-二甲氧基苯乙胺(2C-H)、1-丁基-2-(萘甲酰基)吲哚(JWH-073)、[1-(5氟戊基)-1H-吲哚-3-基](2-碘苯基)甲酮(AM-694)、1-(5-氟戊基)-3-(1-萘甲酰基)-1H-吲哚(AM-2201)、2-(2-甲氧基苯基)-1-(1-戊基-1H-吲哚-3-基)乙酮(JWH-250)、1-戊基-3-(1-萘甲酰基)吲哚(JWH-018)及氯胺酮(Ketamine)。

3. 新精神活性物质的特征

(1) 未被管制的法律属性。尽管与国家规定管制的同类精神药品的化学结构极为相似,但大多数新精神活性物质属于非列管物质,不具备毒品的法律属性。因此,生产、加工、销售、运输、进出口以及使用NPS的行为,均不会触犯国家的禁毒法律法规。此外,由于各国规定管制的药品种类不完全相同,同一种物质在不同地区可能存在毒品和新精神活性物质两种身份。以甲卡西酮为例,我国早在1996年便将其列入国家管制的第一类精神药品目录,但在其他未予列管的国家则属于新精神活性物质。笔者认为,从法律层面看,新精神活性物质处于毒品和易制毒化学品之间,其法律属性的确定取决于其物质属性能否作为同类毒品的替代,对于只是易制毒化学品向毒品过渡的某种中间形态的物质,可以将其划入易制毒化学品的管理范畴。然而,面临日益复杂的毒品滥用、走私、贩运及易制毒化学品犯罪等问题,许多国家的禁毒执法部门根本无暇顾及新精神活性物质的法律内涵,而是更倾向于选择"见一个收一个"的立法和执法捷径。

(2) 复杂多变的物质属性。新精神活性物质的合成工艺极为简便,只要将某种管制药品的分子结构稍作改动,就能够合成出一种与原药品相似的新精神活性物质。例如,苯乙胺的分子核心有多个位置可以进行替代(如图1-1中R1到R7),每一种变化都会产生新的物质(如图1-2,常见的2C系列物质)。新精神活性物质的翻新速度之快超乎想象,一旦某一物质被列管,新的替代物很快被创造(通常6周左右),导致品种数量逐月增长。笔者认为,更多的新精神活性物质尚处于"休眠"状态,一旦被发现其药性更强、合成更简便,其被滥用的风险

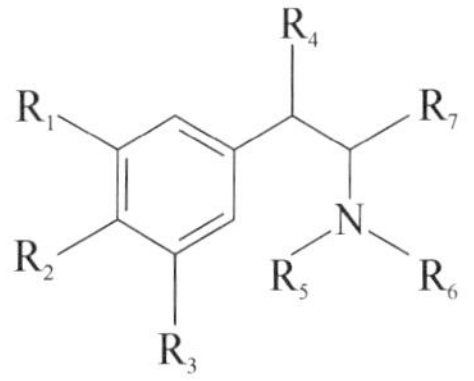

图1-1
苯乙胺的分子结构示意

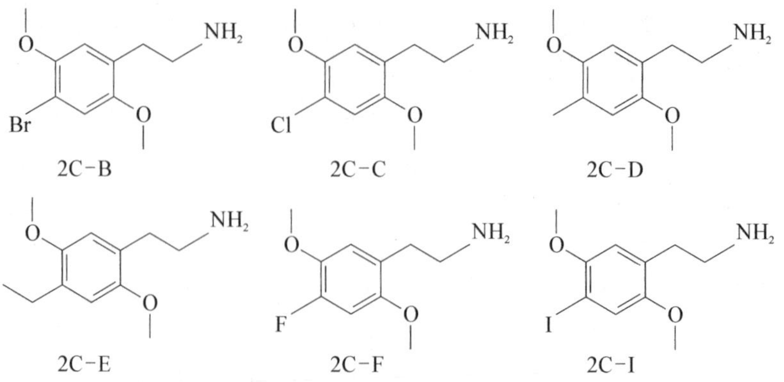

图 1-2 常见的 2C 系列物质

将大幅度提高。例如,作为化学物质的亚甲基二氧吡咯戊酮(MDPV)最初合成于 1969 年,直到 2007 年才首次发现了其具备同类管制药品的致幻作用,到近些年才作为"浴盐"成为备受瞩目的新精神活性物质。

(3) 潜在危害的社会属性。一是新精神活性物质的滥用危害潜力更大。与国家规定管制的麻醉药品和精神药品相似,新精神活性物质不仅能够产生强烈的兴奋和(或)致幻作用,吸引毒品消费人群,同时还具备了较强的药物依赖性,致使吸食人群出现强迫性觅药、无限制用药及中断用药后的戒断症状。研究表明,由于合成技术更为先进,总量不超过 1 千克的新精神活性物质可供数万人次吸食。这意味着新精神活性物质的有效成分更为"浓缩",效果更为强烈。吸食者极容易吸食过量,导致精神错乱,引起偏执、焦虑、恐慌、被害妄想等反应,进而自残或暴力攻击他人,诱发恶性暴力案件。尤其卡西酮类、苯乙胺类及色胺类等新精神活性物质均有致幻作用,吸食者丧失理智,攻击他人的手段往往更加残忍。二是新精神活性物质的滥用人群更为隐蔽。现有的调查数据表明,新精神活性物质的滥用人群主要集中在欧美国家,以年轻人为主,且比例已超过海洛因、冰毒等毒品。受限于基层执法人员的发现能力和毒品实验室的检测能力等因素,国内新精神活性物质的滥用情况仍处于不明状态。但从国内接连破获的若干起涉新精神活性物质案件来看,不排除当下或未来有大规模滥用的可能性。例如,北京、广州、杭州等地的海关缉私部门接连查获了数量不等的恰特草走私入境案件。从供求角度分析,新精神活性物质的市场需求已经相对比较稳定,即存在一定规模的滥用人群。

4. 新精神活性物质涉案情况

作为化工大国,我国江苏、上海、浙江等化工贸易发达的地区很容易成为不法分子生产、走私新精神活性物质的高危区域。近些年公安机关破获的"上海张磊案"、"湖北张正波案"中,犯罪分子均聘用了精通化工、医药及相关法律知识且外语水平较高的专业人才,大量生产多种新精神活性物质,采取冒用其他合法公司名称、伪报产销"防锈剂"等方式,通过联邦快递等国际快递或国际货运代理走私出境,给我国的国际形象造成了较大的负面影响。为此,禁毒部门根据美国、俄罗斯、加拿大、英国、比利时、荷兰等国家提供的线索,主动展开核查工作,已成功截获多批新精神活性物质。

二、毒品问题的总体特点

目前,国内严峻复杂的毒情形势尚未发生根本性改变,毒品问题呈现出复杂化、多元化、严重化和全球化的总体特点。

(一)复杂化

受境内外多种因素影响,我国禁毒形势仍然严峻、复杂,总体表现为:境外毒品渗透不断加剧,国内制毒问题日益突出,毒品滥用问题持续蔓延,毒品社会危害后果严重。境外毒品大肆渗透入境依旧呈现"多头入境、一头独大"的特点,即主要从"金三角"地区入境海洛因、冰毒片剂;境内制毒犯罪频发,我国既是毒品的"受害者",又是毒品的"加害者";易制毒化学品流失严重,主要品种随管制的调整而快速变化;毒品滥用情况继续恶化,合成毒品占领版图日益扩大;毒品贩运网络基本形成,贩运方式不断更新;互联网成为涉毒活动的重要手段和载体,扩展毒品危害;广东毒情形势最为复杂,毒品集散中心地位牢固。

(二)多元化

1. 毒品来源多元

毒品的境外来源仍以缅北为主,其他毒源地毒品趁机渗透。境内80%以上海洛因、90%以上冰毒片剂来自缅北。继中、老、缅、泰开展"平安航道"联合扫毒行动后,缅北毒品经湄公河流域北上向我国渗透路线受阻,大量毒品从中、越边境迂回向我国走私,中、越边境渐成毒品入境新大门。近年来,一些边民利用熟悉边境情况、通晓当地语言等条件,与境外毒贩相互勾结,从边境小道将毒品贩入我国境内,再转卖各地毒贩。这些边民与越南毒贩联系密切,关系相对固定,彼此信任度高,随时可以取货。有本钱的内地贩毒分子常到边境地区寻找进行贩毒活动的边民,预付部分款项,待交易成功后结付全部报酬,一旦暴露,立即逃之夭夭。"金新月"海洛因、南美可卡因、朝鲜半岛冰毒总量相对较小,供应国内一定区域、一定规模消费需求。其中,美洲贩毒集团与华裔贩毒集团相互勾结,经公海长距离、大规模走私南美可卡因并过境我国海域仍有发生。境外毒品入境后主要流向广东等地,并呈现"案多量大"的特点。

毒品的境内来源主要表现为以广东、四川为重点的区域性合成毒品制造。数据显示，消费市场的晶体冰毒和氯胺酮基本为国内自制。

2. 毒品种类多元

国家公布的《麻醉药品品种目录（2013年版）》和《精神药品品种目录（2013年版）》规定管制了121种麻醉药品和149种精神药物（一类68种，二类81种）。市场流行的毒品种类不断增多，主要包括海洛因等阿片类毒品、冰毒片剂、冰毒晶体、氯胺酮等合成毒品。合成毒品种类繁多、形态多样，由此引发的违法犯罪问题日益突出，呈现入境、制造和消费人群全面增多的总态势。此外，我国还出现了UNODC监测到的多种新精神活性物质。

(三) 严重化

1. 毒品犯罪活动呈现增长趋势

2005~2016年，全国破获的毒品犯罪案件数量和抓获的毒品犯罪嫌疑人数双向上升趋势明显。（详见图1-3、图1-4）。

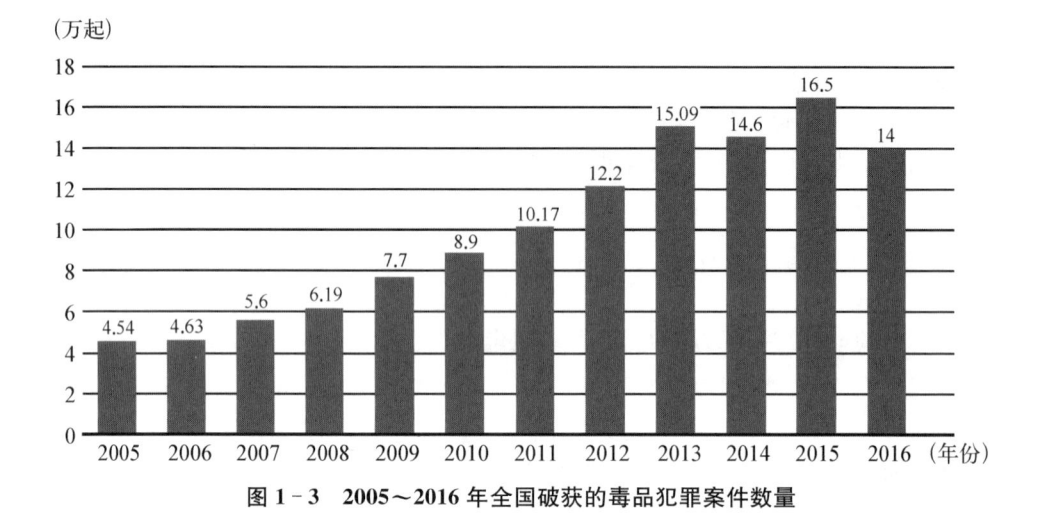

(万起)

年份	数量
2005	4.54
2006	4.63
2007	5.6
2008	6.19
2009	7.7
2010	8.9
2011	10.17
2012	12.2
2013	15.09
2014	14.6
2015	16.5
2016	14

图1-3 2005~2016年全国破获的毒品犯罪案件数量

2. 吸毒造成的危害日益严重

吸食毒品首先严重危害滥用者的身心健康。根据对北京市268名吸毒人员的调查，59%的被调查对象在滥用3次左右就会出现强迫性寻找和服用毒品的主观意愿，78%的被调查人员出现体力下降、妄想、刻板动作、自杀或杀人念头。吸食毒品还容易引发自伤自残、伤害他人、寻衅滋事类案件。例如，南京吸毒人员乐某沉溺吸毒，对家人不管不顾，将两个女儿遗弃在家中活活饿死，造成恶劣的社会影响。

图 1-4　2005～2016 年全国抓获的毒品犯罪嫌疑人人数

（四）全球化

1. 全球毒情的蔓延导致任何国家都无法单独解决毒品问题

随着经济全球化的发展和世界贸易通道的打开,毒品流通链条几乎遍及包含中国在内的世界各地。目前,全球有 130 多个国家和地区存在毒品消费问题,170 多个国家和地区涉及毒品贩运问题。更为严重的是,毒品问题与恐怖活动、洗钱、有组织犯罪等紧密相连,对人类社会的和平与发展构成极大的威胁。由于我国毒品问题已与世界毒品问题紧密相连,封闭和孤立地解决我国毒品问题是根本不可能的,加强国际禁毒合作才是有效解决毒品问题的重要手段。除了缉毒情报交流,禁毒政策、戒毒工作、替代种植、禁毒法律法规等方面都将成为国际合作的新领域。

2. 毒品犯罪的国际化趋势更为明显

回顾 20 世纪 80 年代以来的国内毒品问题的演变历程,不难发现,国际贩毒集团首先开辟了中国过境通道,从而导致了国内吸食毒品、种植、贩卖、制造等毒品问题的发生与恶化。可以说,国际毒品犯罪是当前国内毒品问题产生和发展的根源。境外贩毒势力与境内贩毒集团相互依托,将毒品供应网络延伸入境,通过有组织的贩毒团伙将毒品销往内地或转运出境,由此形成了内外勾结、逐级分销、遍布城乡、延伸海外的供销网络。这一庞大供销网络的骨干是一批以地缘、家族和血缘关系为纽带的职业贩毒团伙,其内部组织严密、分工明确。事实证明,毒品犯罪活动从非法贩运到消费,已经是一个国际化的犯罪循环体系。

3. 中国毒情也影响着世界毒情的发展

一方面,易制毒化学品流失到境外问题严重。我国是化学品生产大国,国际列管的易制毒化学品在我国都有生产。尽管国内不断加大管制力度,但境内外毒品犯罪分子相互勾结的现象持续增加。犯罪分子通过采取伪造许可证、一证多用等手段骗购列管化学品,加之大量走私未列管但很容易转化为制毒前体的化学品,走私的品种已从20多种管制物品扩大到40多种非管制物品。另一方面,境内制毒从输入型犯罪演变为内源性问题,并正通过外销方式影响周边国家和地区。受暴利驱使,境内制毒问题已经扩散到全国所有省区,尤其以冰毒、氯胺酮最为严重。境内制造的毒品在逐渐满足国内毒品消费市场的同时,也不断流出境外。境内生产的冰毒、氯胺酮经越南流向东南亚、经我国香港地区流向大洋洲现象较为突出;流向我国台湾地区的氯胺酮数量逐年增加;向俄罗斯走私冰毒、氯胺酮等合成毒品问题日显突出、贩毒分子雇佣贸易、旅游人员及国际列车服务人员,通过随身携带、过境车辆夹藏、包裹夹藏等方式携带毒品出境。

第二节 毒品犯罪处于高发多发期

总体来看,毒品犯罪活动仍然比较严重,走私、贩运、制造毒品问题突出,贩毒大案增多,零星毒品销售活动活跃,毒品犯罪有组织化、暴力化、武装化特点明显,境外毒品渗透和国内毒品制贩问题共同给缉毒执法工作带来了更加严峻的新挑战。

一、毒品渗透问题

从地理因素方面来看,我国处于世界主要毒源地和毒品生产加工国家、地区的包围之中,西南地区接壤"金三角"毒源地,西北边境邻接"金新月"毒品源产区,东北边境则毗邻朝鲜和俄罗斯合成毒品源产区。特殊的地理环境使我国成为境外毒品直接渗透的对象,并由此引发了一系列犯罪行为的发生。从毒品来源方面来看,我国毒品消费市场上的海洛因和冰毒片剂主要来自"金三角"缅北地区,"金新月"海洛因、南美可卡因也占领了部分市场,国内生产的冰毒晶体、氯胺酮既流入国内消费市场又走私境外。

(一) 西南地区毗邻"金三角"毒源地

"金三角"地区位于缅甸、泰国、老挝三国交界处,以种植罂粟、生产海洛因而闻名。19世纪末至20世纪初,英、美、法等国先后到该地区传授种植罂粟、提炼和加工鸦片的技术,并实行收购政策,极大地刺激了当地百姓从事种、制、贩毒的积极性,造就了20世纪50年代之后的罂粟种植、鸦片生产的鼎盛期。20世纪80年代中后期,随着国际毒品需求市场的急剧扩张,"金三角"地区开始了海洛因的生产和加工,并逐步形成了以输出海洛因为主的世界级毒品制贩中心。期间,缅北政局动荡诱发各类"民地武"组织"以毒养军、以军护毒",更加剧了"金三角"地区的毒源地特性。近年来,在联合国禁毒组织和包括我国在内的周边国家的帮助下,缅、老、泰三国政府对"金三角"地区毒品种植、制造、贩运进行了持续性的强力打击,并实施毒品原植物替代种植项目。各"民地武"组织迫于压力也逐渐开展了相应的禁种铲毒工作,使该地区海洛因对我国的渗透有所减少。20世纪90年代后期,随着冰毒、"摇头丸"等苯丙胺类合成毒品需求量的增长,"金三角"地区加工制造合成毒品复兴,渗透规模不断扩大,更成为我国冰毒消费市场的主要来源。

从入境通道来看,除中、缅边境"全线渗透、逐年加重"外,中、越边境已成缅北毒品入境的第二大通道,大量毒品从中越边境迂回走私,经广西中转流入广东、海南、四川、安徽、福建、湖南、江西等多个内地省份。数据显示,在广东、海南两省缴获海洛因中,70%、60%是从广西中、越边境流入。

这些来源于"金三角"的海洛因和片剂冰毒对我国国内毒品消费市场起到了稳定的支撑作用。罂粟种植面积反弹、海洛因制造问题持续、冰毒生产规模扩大共同导致了"金三角"毒源地对我国的现实危害。"金三角"地区毒品问题背景成因复杂,禁毒不确定因素多,尤其是受到长期经济发展落后、政局动荡不稳、民族矛盾复杂、地方武装林立、军事摩擦不断等因素的影响,毒品问题已经根深蒂固,严峻的毒情形势短期内难有实质改变,且有继续恶化的可能。因此,如何有效遏制缅北毒品以减少对我国的渗透危害,直接关系到毒情发展的有效控制,实现全国禁毒形势持续稳定好转,是禁毒工作不容忽视的现实问题之一。

(二)西北地区临近"金新月"毒源地

"金新月"地区位于阿富汗、巴基斯坦、伊朗三国交界地带,罂粟种植和制贩毒品活动十分猖獗。20世纪90年代末,该地区取代"金三角"一跃成为全球最大的罂粟种植地和海洛因主产区。其中,阿富汗是全球最大的罂粟种植地和鸦片产地。该国95%的罂粟种植面积集中在局势动荡、有组织犯罪活动多发的南部和西部省份,其中72%的罂粟种植面积集中在南部的赫尔曼德省、坎大哈省、乌鲁兹甘省、戴孔迪省和扎布尔省,23%的罂粟种植面积集中在西部的法拉省、赫拉特省和尼姆鲁兹省。当前,阿富汗政治军事和社会经济形势仍未见根本好转,连年战乱使阿富汗农业遭到毁灭性破坏。贫苦农民迫于生计,受高涨的鸦片价格吸引,不得不选择种植罂粟来养家糊口。毒品收益成为恐怖主义的重要融资来源,每年国际市场交易的阿富汗毒品市值约为300亿美元,其中相当多的部分流向了国际恐怖组织。

近年来,在我国境内毒品市场的需求增加和高额经济利益双重因素的驱使下,部分国际贩毒组织从西北方向通过我国新疆向其他省市渗透,或者迂回东南亚地区向广东、广西渗透,"金新月"毒品对我国的影响由潜在威胁变为现实危害。

从破案数量看,全国破获来自该地区的毒品案件逐渐增多,缴获的毒品总量虽然不大,但势头甚猛。与此同时,巴基斯坦、阿富汗等国家也相继查获以我国为目的地的毒品走私案件,"金新月"地区毒品从西北渗透入境的态势全面升级。

从组织形态看,"金新月"地区贩毒网络日益成熟。贩毒组织结构严密,核心成员、骨干和"马仔"的"金字塔"形结构特征明显,形成了"境外运作、分段交接、异地指挥"的贩毒模式。以尼日利亚为主的西非籍贩毒集团幕后操纵,与巴基斯坦、菲律宾、越南、马来西亚、泰国、印度等东亚、南亚国家毒贩勾结,构成了分工明确、网络众多,能量较大的国际贩毒网络。集团中有人专门组织货源,有人招募运毒人员,有人负责确定路线,联系制造夹带毒品的行李箱包,办理出入境手续,最后雇人经陆路或空港口岸入境。值得警惕的是,西北境外一些贩毒人员与境内外分裂势力相互交织,对新疆地区社会稳定构成潜在威胁。

从贩毒人员看,以非洲、中亚、南亚、东南亚籍人员为主,国内贩毒人员比例有所上升。尼日利亚、巴基斯坦、马来西亚、菲律宾、越南、加纳籍人员是向我国走私毒品的高危人群,占我国抓获"金新月"地区毒品犯罪人员的70%以上。近年来,国际贩毒集团在物色外籍人员作为运毒马仔的同时,拉拢、诱骗我国涉外运输工人、留学生和游客参与贩毒活动趋势明显。

从贩运渠道看,从以航空、陆路为主转向陆、海、空、邮路全面利用,尤其是邮包贩毒案件数量急剧上升。邮包主要从上海、桂林、杭州、兰州、沈阳等地入境,最终多指向广州。货运渠道发案虽少,但是单次缴毒数量巨大。贩毒分子采取公司化运作手段,将毒品藏匿于装有各类商贸物品的集装箱中,从巴基斯坦卡拉奇港或者孟加拉国吉大港起运,经由珠三角、长三角地区港口或天津港入境。

从入境地区看,广东、广西、新疆是"金新月"毒品贩运的主要通道和集散地,北京、天津、上海、杭州、厦门、武汉、深圳、海口等其他城市也发展成"点对点空港入境"。其中,新疆正由"金新月"毒品中转站逐渐转变为集散地和消费地。中亚籍毒贩从吉尔吉斯斯坦、塔吉克斯坦、哈萨克斯坦入境,利用与新疆地缘相连、语言相通等便利条件,与少数新疆毒贩勾结,以涉外运输车队为掩护,从与吉尔吉斯斯坦、哈萨克斯坦接壤的几个重点口岸,将毒品运往新疆分销。广东毒品消费需求旺盛,是"金新月"毒品入境的主要目的地。广西作为"金新月"毒品中转站的地位日渐突出。

此外,新疆暴力恐怖、民族分裂和宗教极端势力相互勾连,在阿富汗、塔吉克斯坦、吉尔吉斯斯坦和哈萨克斯坦等国与中国交界的地带活动,武装贩运毒品以筹集资金从事暴恐活动:一是通过贩毒敛财,为民族分裂活动、暴力恐怖活动提供资金支持;二是借毒品问题恶意攻击党和政府的现行政策,煽动群众对社会的不满。

(三)东南沿海成为海上毒品走私的重要通道

近年来,东南亚的氯胺酮、南美洲的可卡因等毒品从我国东南沿海走私入境的案件数量呈上升趋势。中国香港、中国澳门、中国台湾及日本、韩国等地的贩毒集团不断进行毒品贸易渗透,导致冰毒、摇头丸、氯胺酮、LSD致幻剂等合成毒品在东南沿海的经济发达城市产生泛滥之势。南美地区生产的毒品也通过远洋游轮、货轮夹带藏匿或邮递快件经由东南沿海向我国渗透。南美贩毒集团则多通过定制或雇佣中国籍渔船将可卡因运往广东、香港出公海,再用快艇迅速转运。此外,东南沿海地区也逐渐成为走私、非法买卖易制毒化学品的重点地区。

(四)东北境外成为毒品来源地之一

我国东北境外毒品入境犯罪活动多发。一方面,来自朝鲜半岛的毒品渗透问题凸显。毒品从辽宁、吉林边境口岸入境后再转运至内地其他省份,或转运至韩国、日本、俄罗斯等国。另一方面,中、俄边境毒品贸易量逐年增长。我国是麻黄素的主产区,而俄罗斯的海洛因价格又低于我国,双方互需互求,相互勾连开展双向走私贩卖活动。

二、毒品集散问题

国内毒品贩运问题持续发酵,重大贩毒案件增多,某些地方已经形成了较大规模的贩毒集团和贩毒网络,外流贩毒、特殊人群贩毒、网络涉毒、物流寄递渠道贩毒等问题突出,枪毒同流、武装贩毒案件时有发生。其中,广东在国内毒品贩运集散中占据了中心地位。

(一)复杂的贩运体系

1. 外流贩毒

数据显示,外流贩毒占毒品犯罪活动的比例高达29%。近8成的外流贩毒人员是农民和无业人员,近9成是初中以下文化程度。这一庞大的外流群体文化素质偏低,谋生技能较差,法制意识淡薄,容易被贩毒团伙组织操纵,受雇成为毒品运输、贩卖犯罪活动的主要群体。特别是四川省凉山彝族自治州、贵州省毕

节地区、安徽省临泉县等外流贩毒重灾区[①],呈现出外流贩毒人数多、所占人口比例大、迅猛蔓延等特点。究其原因,主要有:

一是贩毒致富现象的产生造成的恶性循环。上述地区多自然条件恶劣,经济状况落后,部分人员缺少基本法律意识和辨别是非的能力,在毒品暴利的诱惑下,不惜铤而走险,参与毒品违法犯罪活动。外流贩毒发家后,起到了致富"榜样"作用,刺激了当地群众贩毒发家的欲望。禁毒职能部门严厉打击外流贩毒人员,但难以追缴其全部贩毒所得,因而未能很好地起到震慑作用。

二是外流贩毒跨区域、流动性大、隐蔽性强,难以发现和打击。外流贩毒人员在外、毒源在外、犯罪在外,涉及地域面积广、成分复杂,公安机关对这部分人员的情况难以充分掌握,失控漏管现象突出。加之,很多地方的农村基层组织薄弱,禁毒法制宣传教育的广度、深度和力度不够,对外出务工人员缺乏必要的追踪管理措施,禁毒责任制未落到实处,综合治理的整体功效未能发挥。可以预见的是,在城镇化加快发展的进程中,越来越多的农村劳动力会向城镇二、三产业转移,或将加剧外流贩毒活动。

2. 网络贩毒

在信息技术发展和现实毒情蔓延共同作用下,互联网打破了地区间的物理隔阂,成为涉毒活动的重要手段和载体,迅速发展为毒品违法犯罪新的传播平台和联络渠道,全国至少半数制毒案件、1/3 以上制造制毒物品案件涉及网上技术传播;部分吸毒人员在网上聚集交流吸毒体会、集体进行吸毒活动、引诱发展新吸毒人员;部分制贩毒分子通过互联网发布毒品及其他涉毒物品销售信息、交流制毒技术、联络实施毒品犯罪。综合来看,网络毒品违法犯罪行为包括利用网络聊天交友平台组织吸毒、贩毒,通过网络购物平台、以保健品等为名贩卖毒品或其他制毒原料,利用互联网学习制毒技艺、订购制毒原料,制造毒品并通过网络出售,利用互联网组织策划、通信联络和指挥毒品犯罪等。基于互联网的虚拟、隐蔽特性,当前网络涉毒活动"大行其道",涉毒人员借助视频聊天室,表演吸毒活动,交流吸毒感受,商谈毒品交易,通过"网上聊天、网店交易、网银支付、快递运输"的毒品买卖过程,真正达到了"人货分离"的目的。

此外,网络涉毒违法犯罪活动的另一个主要表现是众多网络即时通信工具

---

① 外流贩毒严重地区主要包括:四川省凉山彝族自治州(昭觉县、布拖县、金阳县)、遂宁市大英县、泸州市叙永县、达州市(开江县、大竹县、万源市)、宜宾市筠连县、重庆市永川区、江津区、万盛区、贵州省黔南布依族苗族自治州瓮安县、毕节地区(纳雍县、毕节市)、遵义市(湄潭县、正安县)、湖南省衡阳市祁东县、永州市道县、娄底市新化县、湖北省武汉市硚口区、云南省昭通市镇雄县、广西壮族自治区南宁市隆安县、新疆维吾尔自治区喀什地区巴楚县、安徽省阜阳市(颍州区、颍东区、颍泉区、太和县、颍上县、界首市、阜南县、临泉县)等。

（如腾讯QQ、微信等）逐渐成为涉毒违法犯罪活动的重要平台，涉毒人员通过其进行贩毒、传播制毒技术、兜售制毒原料及设备、共同吸毒等各种违法犯罪活动。而作为国内最大的即时通信工具的腾讯QQ已成为涉毒违法犯罪分子的首选，贯穿毒品犯罪的吸、贩、制全部三个环节，成为网络涉毒活动的重灾区。

3. 邮路运毒

近年来，随着我国经济建设的高速发展，物流中心、快递公司等专门从事货物运输的私营企业应运而生，目前我国从事物流寄递业务的营业点、代办点、配货站或信息服务部等网点多达70多万家。在服务经济建设和为人民生活提供便捷的同时，物流寄递"点对点"服务的方式，隐蔽性强、监管相对宽松的特点被贩毒分子利用进行毒品集散，使得邮路运毒成为贩毒活动的重要形式之一，其主要特点是：

一是贩运成本低。毒品犯罪分子采用人体夹藏等方式从云南边境运输1千克毒品至昆明，再转到广东约需成本1万～2万元，而采取物流寄递的方式运输每千克毒品的成本少则几十元，多则几百元。邮路贩毒大大降低了毒品交易的成本，贩毒分子只需承担普通邮件、包裹的货运费用和保价费用即可，免去了人体贩运的其他伪装费用和运输费用。低廉的成本加剧了零包邮路贩毒的严重程度，相比起来单宗案件查缉工作的耗费高、效益低。

二是贩毒风险小。物流寄递渠道贩毒属于典型的"人货分离"贩运方式。毒贩填写快递、物流单据不使用真实姓名和真实联系方式，常将收件地址写在配货站、宾馆、饭店等公共场所，指使不知情人员帮助投递和收取交运单、包裹，毒贩仅在幕后操纵，避免了人赃俱获的危险。与此同时，一些物流中心、快递公司打出"方便、快捷、高效"的口号，不登记核实寄件人员身份，疏于查验投递物品，而公安、邮政等相关业务部门对此的监管工作仍存在较大漏洞。

三是贩毒手段多样。一方面，邮路贩毒的载体多样，平信、特快、包裹等各种寄递手段都可被贩毒分子利用；另一方面，邮路贩毒的伪装手段也呈现出了多样化的特点，例如，采用专业密封手段，对油画、电脑主机、香烟、茶叶包进行替换并重新封装等。

（二）多元的犯罪主体

1. 职业团伙趋势明显

一是集团化特征。毒品犯罪团伙的发展壮大与毒情蔓延的态势基本一致。起初，境外贩毒势力与我国境内贩毒团伙相互依托，将毒品供应网络延伸至我国境内，由此形成了"内外勾结、逐级分销、遍布城乡、延伸海外"的供销网络。这一庞大供销网络多是以地缘、家族和血缘关系为纽带的职业贩毒团伙，其内部组织严密、分工明确。例如,在云南大理巍山县、甘肃临夏州、宁夏同心县和广东普宁县一带纠合成的贩毒团伙,多与境外毒枭保持长期的毒品供销关系。新疆籍涉毒人员则多分布于上海、北京等地,长期从事零星贩毒活动。少数带有家族特征、地域特征的毒品犯罪团伙建立起组织严密的地下毒品购销网络,甚至操纵、把持着国内个别地区或城市的毒品贩运活动。犯罪团伙聚居地已成为辐射周边数省的毒品集散地和中转站,控制着当地地下毒品零销市场,其中,云南、广东更是贩毒团伙交织聚集的重点地区。2013年12月29日,广东多地警方联合行动,出动直升机、边防艇、防暴犬等设备装备,"清剿"涉毒"第一大村"——陆丰市博社村,一举摧毁以陆丰籍大毒枭为首的18个特大制贩毒犯罪团伙,抓捕嫌疑人182名,缴获冰毒近3吨、制毒原料23吨。

表1-1 近五年全国公安机关打掉制贩毒团伙情况

年 份	打掉制贩毒团伙数量(个)	年 份	打掉制贩毒团伙数量(个)
2012	3 331	2015	5 834
2013	—	2016	5 459
2014	4 040		

二是职业化特征。一些长期从事跨境、跨区域大宗毒品贩运活动的团伙,已完成了资金原始积累,开始网罗人员向职业化贩毒集团发展。这些贩毒集团组织化程度高,分工明确,专人负责货源、改装、运输、收取毒资和洗钱。例如,某些贩毒集团长期坐镇边境地区,组织指挥贫困地区农民、孕妇等特殊群体从事蚂蚁搬家式人体带毒活动,形成了以重庆、武汉、兰州等地为毒品集散地和中转站的区域性贩毒组织。再如,某些国际贩毒集团专门雇佣非洲、南美洲、中亚籍人员从事走私贩毒活动。

2. 贩毒人员构成多元

毒品犯罪主体的构成日趋复杂。总体来看,贩毒人群以青年和农民为主,还包括国家公务员、学生、白领职员、工人、个体工商业者等其他社会阶层,其中女性、少数民族占据了一定比例。来自我国香港、澳门、台湾地区,以及非洲、南亚、中亚、美洲等地的毒贩为数不少。需要注意的是,由于警车、军车等具有特殊牌照的公务用车一般不受检查,个别意志不坚定、法律观念淡薄的执法人员经不住金钱的诱惑,利用特殊身份和职务便利贩毒,对社会造成了极其不良的影响。

3. 特殊人群贩毒突出

禁毒工作所指的"特殊人群"包括怀孕和哺乳期妇女、严重传染病患者、残疾人及未成年人等。为逃避打击、降低风险,毒贩利用、组织特殊人群进行贩运毒品的现象日益增多,以四川凉山籍孕期、哺乳期妇女外流贩毒较为严重。幕后毒贩难被发现、涉毒特殊人群难以处置,成为很多地区面临的难题。部分吸毒特殊人群以身患严重疾病、传染病、残疾等为"护身符",为筹集吸毒资金长期从事盗窃、抢夺、抢劫、贩毒等违法犯罪活动,严重扰乱社会治安秩序。公安机关查获这些涉嫌违法犯罪的特殊人群,却无法将其送进羁押场所,更难以追究其责任,导致"抓了放,放了抓"的恶性循环,危害人民群众的生命财产安全,成为社会治安的"毒瘤"。

4. 外籍人员贩毒增多

外籍人员贩毒问题涉及亚洲、欧洲、美洲、澳洲、非洲等的 46 个国家和地区,抓获地集中在云南、广东等地,呈现出涉案人数多、缴毒量大的特点。西非裔涉毒犯罪嫌疑人中,以尼日利亚、加纳籍人员为主的涉毒人员已经在我国广州及周边形成了多个长期盘踞的贩毒团伙,从最初的仅贩卖"金新月"海洛因逐步发展到同时"进口"非洲大麻、南美可卡因,并"出口"广东产冰毒等多种贩毒活动,贩毒网络遍布全球多个国家及国内多个省份。

(三) 多样的犯罪手段

1. 智能化

毒品犯罪分子常将现代化的生产、交通和通信设备用于制贩毒活动,制贩毒数量大增,反侦查能力大幅提高。在我国境内发生的大宗过境贩毒活动通常由国际贩毒集团或黑社会性质组织在境外遥控进行。犯罪集团周密策划、严密分工,采用单线联系方式贩运毒品。此外,毒品犯罪分子还常常采取"反跟踪""防技侦""防打入"等各种措施逃避打击,反侦查意识和"技能"日趋成熟。

2. 暴力化

毒品犯罪风险大、处罚重,且贩运过程还可能面临其他暴力因素袭扰,毒品犯罪枪毒同流、武装贩毒现象颇为常见。究其原因,主要有以下三点:

一是许多贩毒集团具有黑社会性质,接货、运输、转手、出手过程中防止"同行"见财起意"黑吃黑"。

二是为了与缉毒人员对抗。在打击毒品犯罪的高压态势下,毒贩自知一旦所从事的犯罪活动暴露,将会面临法律的严厉制裁,因此大多抱着"事情败露就'拼个鱼死网破'"的心态,坚持与缉毒人员对抗到底。

三是部分境外国家和地区的枪支管理较松,枪支走私入境问题突出。如在有的贩毒活动中有这样一条不成文的约定——购买 10 克海洛因免费赠送 54 式手枪一支、手榴弹 2 枚,以此强化贩毒人员"豁出去"的意识。

随着武装掩护走私贩毒的暴力对抗程度不断提高,缉毒执法工作将面临更加严峻的考验。

3. 隐蔽化

一是贩运手段更加隐蔽。例如,将毒品藏在汽车备用轮胎、收录机、汽车门夹层、汽车和拖拉机的坐垫、油箱、空气滤清器等内。再如,遥控操纵玩具飞机偷运毒品①,利用衣服藏毒②,利用信鸽、地道运毒等。

二是运作方式更为周密。贩毒分子综合利用陆路、海路、空路和邮路等贩毒路线,使用海事电话、多机多卡、暗语、小语种、口信、QQ 等通信方式联络;选择多条线路、分段运输、昼伏夜行、绕关避卡等运输方式;临时雇用人员接取毒品或约定地点直接取钱取毒;通过电子汇款、银行汇兑或地下钱庄转移交付毒资。

三是多种途径洗钱掩饰犯罪收益。为掩饰贩毒收益,犯罪分子通常会采用以下方法"洗钱":其一,用非法所得直接购置动产或不动产;其二,利用"空壳公司"洗钱或设立掩护性质的企业,通过该公司或企业从事常规商贸活动,从中将非法资金洗净;其三,利用网上银行、手机银行、网上赌场等形式洗钱;其四,利用银行职员、会计师等协助洗钱。需要注意的是:世界经济一体化、金融市场国际化的趋势,为毒品犯罪分子跨国洗钱提供了可乘之机。洗钱者将非法资金在银行、证券交易所、拍卖场等场所作多次转换,将非法所得改头换面,使执法人员无从追查其真实来源。

三、毒品制造问题

(一) 毒品原植物种植

境内禁种铲毒工作面临的形势总体趋稳,但受庞大毒品消费市场和毒品暴利的影响,各地频繁发现毒品原植物的非法种植。2016 年,全国禁毒部门充分运用卫星遥感和无人机等科技手段,组织实施"天目-16"铲毒行动,加大非法种植毒品原植物发现铲除和打击处理力度,全国监测面积达 58 万平方千米,共铲除非法种植罂粟 84 亩(1 亩约合 666.7 平方米)116 万株、非法种植大麻 147 亩 139 万株,同比均有较大幅度下降,破获非法种植毒品原植物案件 5 578 起,抓获非法种植违法犯罪嫌疑人 5 345 名,继续保持了国内大规模非法种植毒品原植物基本禁绝。

1. 零星非法种植罂粟问题

甘肃、内蒙古、新疆、云南、四川、山西等地非法种植罂粟的情况较为严重。

---

① 该遥控飞机上一般都安装自爆装置,如果被警方查获,则立即毁灭罪证,断绝侦查线索。
② 将毒品溶解后浸蚀在衣物中,而后阴干,待到达目的地后再加工提炼。

毒贩多选择在省市县交界处、人迹罕至的大山深处和悬崖绝壁上隐蔽种植,并通过异地种植、错季种植、伪装种植、化整为零种植等手段对抗航测监测。

2. 非法种植大麻问题

非法种植大麻犯罪案件主要发生在新疆、宁夏、内蒙古、黑龙江、吉林、辽宁等西北、东北地区,个别地区发现室内或大棚种植大麻活动。

3. 非法种植毒品原植物犯罪活动的特点

一是隐蔽性强。纵观我国非法种植毒品原植物的高发地区,一般是位置偏远的农村、山区、多省多地交界处和有种植传统的地区。这些地区交通闭塞,人烟稀少,空间区域相对封闭,甚少人员进出。

二是铲除难度大。非法种植毒品原植物地区一般山高林密,道路不通,铲除机械很难进入,主要靠人工铲除,增加了铲除难度。

三是具有一定的历史性。从目前毒品违法犯罪较为泛滥的地区来看,大都是旧社会毒品盛行的地区。在一些偏远、落后的地区,种植、吸食毒品相沿成习,毒品违法犯罪活动治理难度大,甚至有部分人认为种植、贩卖毒品是上辈传下来维持生计的本领而不是犯罪。

四是形成了非法种植、加工、运输、销售的犯罪链条。山西、河北、内蒙古、黑龙江、福建等地均有发现全面组织种植、收购鸦片、加工毒品的犯罪集团。

(二) 易制毒化学品流失

国内外制毒案件多发,对原料配剂需求加大,国内非法生产贩卖制毒物品问题越来越突出。由于制毒物品可选择性和替代性强,其流失品种、环节不断发生变化,未被列管的制毒物品流失用于制毒的潜在风险持续增大。当前,流失情况较为严重的包括易制毒化学品(苯乙酸、醋酸酐等)、麻黄碱复方制剂(新康泰克、复方茶碱麻黄碱片等)和非管制化学品(邻酮、苯乙腈等)。数据显示,2015年,全国共破获制毒物品案件531起,其中公安部毒品目标案件60起,同比增加1倍,缴获各类制毒物品1 566.1吨。2016年共破获制毒物品犯罪案件449起,缴获制毒物品1 584.6吨。

1. 大量易制毒化学品流入非法渠道

易制毒化学品是制造毒品的重要化学试剂,在毒品生产中具有重要作用。我国是化学品的生产与使用大国,醋酸酐、乙醚、苯基丙酮、胡椒基甲基酮、高锰酸钾等化学品被走私至"金三角"、欧洲和北美洲等地用于制造毒品,易制毒化学品非法外流情况亟须改善。

一是醋酸酐流向缅北和阿富汗海洛因加工厂。缅北及阿富汗等地的毒枭绞尽脑汁走私我国醋酸酐、乙醚、三氯甲烷等易制毒化学品,而我国对于醋酸酐等易制毒化学品的管理仍存在着较大的漏洞。不法商贩为了巨大的经济利益不惜铤而走险，采取挂靠合法企业、骗取购买证明、无证购买等方式非法购买后，通过物流托运或雇佣司机将易制毒化学品运至昆明囤积，后转运到边境地区伺机走私出境。

二是麻黄素、苯基丙酮流向缅北冰毒加工厂。麻黄素和苯基丙酮是制作冰毒的重要前体，麻黄素主要是从麻黄类植物中提炼获取的。我国新疆、甘肃、内蒙古等地都盛产这类植物，麻黄素的年产量达到400吨到500吨。境内毒贩将麻黄素走私至缅北冰毒加工厂，用于制造、加工冰毒。

三是胡椒基甲醛流向欧洲、南非、澳洲摇头丸加工厂。胡椒基甲醛具有（亚甲二氧基）苯环取代结构的原料，是制造"摇头丸"的重要前体。不法分子通过伪装、夹藏、伪报品名等方式，将胡椒基甲醛经由广东的蛇口、盐田等港运至荷兰的鹿丹港、比利时安特卫普，流向欧洲、南非、澳洲用于制造摇头丸。

四是高锰酸钾流向南美可卡因加工厂。高锰酸钾是提炼高纯度可卡因的重要前体。国际毒枭便想方设法地将高锰酸钾运至南美，提炼出高纯度的可卡因。

易制毒化学品流入国内制毒现象同样严重，主要包括麻黄碱复方制剂、麻黄草、邻酮等物质。其中，麻黄碱复方制剂已成为国内制造冰毒的主要原料，品种主要有麻黄碱苯海拉明片、复方茶碱麻黄碱片、复方氨酚苯海拉明片、呋嘛滴鼻液等10多种，自20世纪90年代以来被不法分子用于制造冰毒；涉案麻黄草主要来自新疆、内蒙古、甘肃等生长地或四川、陕西、安徽等地中药材市场，流向四川、广东等地提取麻黄碱后制造冰毒；邻酮是工业合成羟亚胺的主要原料，而羟亚胺是制造氯胺酮的重要物质。

2. 部分非列管化学品被用于制毒活动

目前，全球制毒化学品流失已呈现出从管制的易制毒化学品向非管制物质转移趋势，由此我国加强对易制毒化学品的监管后，毒贩为逃避侦查打击，弃用已列入特别管制的易制毒化学品，并依据化学中"结构相似、性质相近"的原理，改用未被列入管制名单中的易制毒化学品，作为替代物用于制毒活动。从化学性质和制毒需要来看：可用于制造海洛因、可卡因、甲基苯丙胺、氯胺酮等常见毒品的易制毒化学品多达上百种。未来，非管制物质流入制毒渠道这一趋势将更加明显，易制毒化学品监管工作将不断面临新的挑战。

（三）加工制造毒品问题

目前，境内制造毒品问题主要集中在制造冰毒晶体、氯胺酮和个别地区土法加工海洛因上。国内制毒活动呈现出由南向北、由东部沿海向内陆地区迅速蔓延的态势,呈现出团伙化、专业化的特征。其中,团伙作案占此类案件的八成以上,犯罪活动的亲缘化特征明显,侦查人员很难打入团伙内部,给缉毒工作带来了较大的难度。

1. 制造冰毒晶体、氯胺酮问题

20世纪90年代以后,国内不法分子开始加工制造合成毒品。特别是进入21世纪以后,受国际毒潮影响,加工制造合成毒品在国内部分地区兴起,对广东陆丰博社村的重点整治仅揭开了国内制毒问题的一角。

(1) 制造晶体冰毒

晶体冰毒主要产自国内,主要产地为广东、四川。其中,广东是制造晶体冰毒的最活跃地区,制毒方式向小规模、分段式加工转变,向更大范围扩散。综合广东陆丰清剿制毒情况以及国家毒品实验室检测数据,估测国内自制晶体冰毒年均生产规模在100吨以上。

(2) 制造氯胺酮

早期的制造氯胺酮活动多与制造冰毒、摇头丸活动交织在一起,氯胺酮常常作为冰毒和摇头丸的掺杂剂出现。氯胺酮成瘾性弱、尿检难以认定、法律界定模糊,加上其药效温和,价格又相对低廉,市场需求不断扩大。地下非法制造氯胺酮工厂纷纷出现,批量生产、批量销售,据估算国内氯胺酮年均生产规模约40吨。

2. 局部地区土制海洛因问题

20世纪90年代,受"金三角"传统毒品侵袭的影响,加工制造海洛因的犯罪活动比较猖獗。目前,一些地方仍出现土法加工鸦片和海洛因,用于满足本区域的消费市场。其中,鸦片加工问题较为突出的是东北三省和内蒙古、河北等地;土法加工海洛因问题则集中在山西、河南等地,所制"料面"成为高质量、受欢迎的地方产品;内蒙古西部地区也曾发生利用鸦片膏、罂粟壳、咖啡因等加工制造安钠咖和通过土法掺杂制造土制海洛因的案件。

第三节 毒品滥用处于危害凸显期

据联合国毒品和犯罪问题办公室统计,全球吸毒人数约1.62亿～3.24亿,其中,吸食大麻者1.6亿,吸食冰毒者3 375万,吸食可卡因者1 370万,阿片类毒品滥用者1 649万人。吸毒人员数量正以每年3%～4%的速度增长,每年有10万人因吸毒死亡、1 000万人因吸毒丧失劳动能力。

我国毒品滥用问题继续呈现"冰升海降"的特点，即"滥用海洛因等阿片类毒品人员比例下降，滥用冰毒等合成毒品人员比例上升"，毒品滥用区域扩大化、滥用人员低龄化、滥用种类多元化和滥用方式多样化趋势更加明显。由此引发的性病、艾滋病传播等公共卫生问题和重大交通事故、暴力杀人、劫持人质等社会治安问题不容小觑。

一、毒品滥用现状

近几年，全国毒品滥用问题发生新变化，涉毒人群遍及全国9成以上县级行政区域，吸毒人群覆盖各个年龄段、不同文化程度、多个社会职业群体，以青少年为主体的滥用合成毒品问题突出，互联网、移动通信平台开始成为毒品问题滋生的新温床。笔者将其总结为全社会层面吸毒现象的持续高发，即毒品的销售传播途径更为广泛普及，非吸毒群体更容易接触毒品，首次尝试吸食毒品行为维持在较高水平等。

（一）吸毒人员数量平稳上升，总量增速放缓

1. 登记在册吸毒人员数量不断增多

截至2016年底，全国现有吸毒人员250.5万名（不含戒断三年未发现复吸人数、死亡人数和离境人数），同比增长6.8%，其中，滥用海洛因等阿片类毒品人员95.5万名，占38.1%；滥用合成毒品人员151.5万名，占60.5%；滥用大麻、可卡因等其他毒品人员3.5万名，占1.4%。合成毒品滥用规模居首。

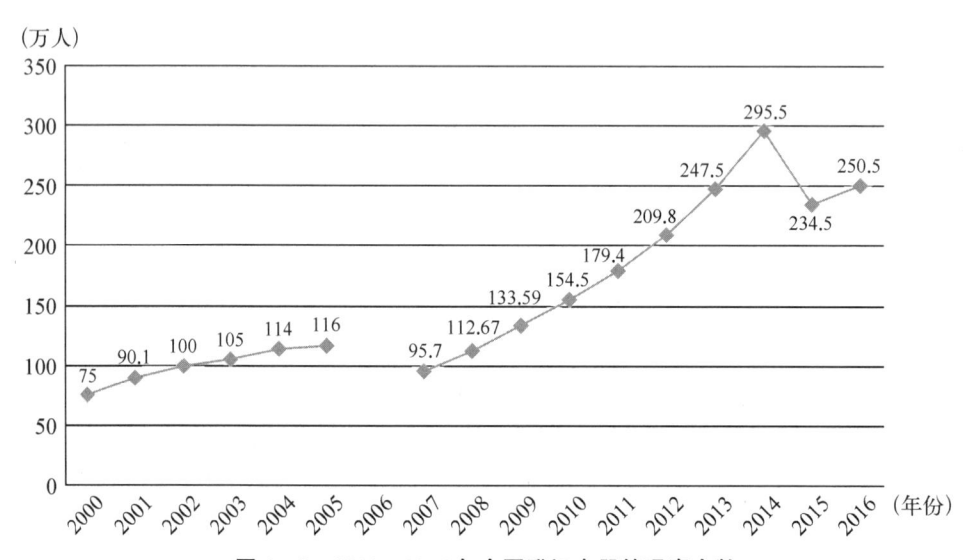

图1-5　2000~2016年全国登记在册的吸毒人数

2. 查获吸毒人员数量大幅增加

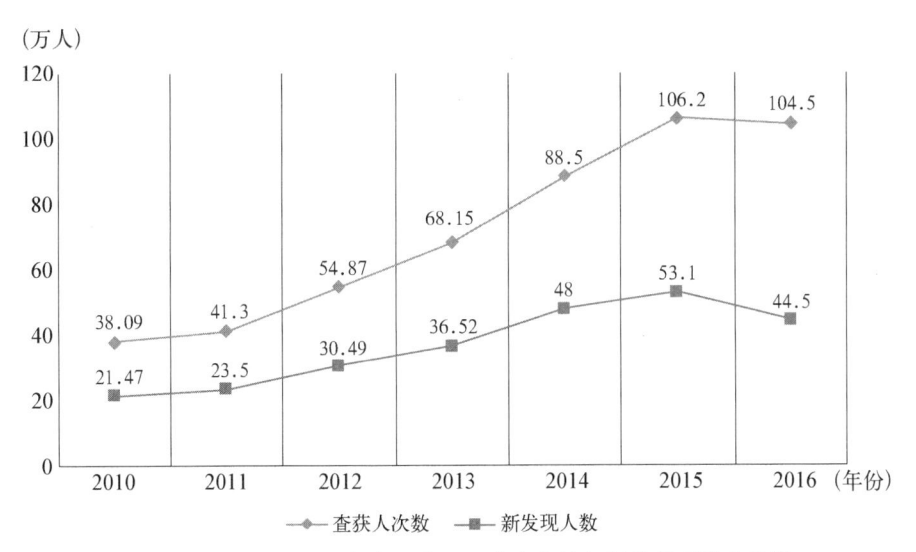

(万人)

图中数据：
- 查获人次数：2010年38.09，2011年41.3，2012年54.87，2013年68.15，2014年88.5，2015年106.2，2016年104.5
- 新发现人数：2010年21.47，2011年23.5，2012年30.49，2013年36.52，2014年48，2015年53.1，2016年44.5

图1-6　2010~2016年全国查处吸毒人次数和新发现吸毒人员数

3. 新滋生吸毒人员数量明显上升

通过公安机关日常执法活动、参加药物维持治疗登记、自愿戒毒等途径，发现和掌握的新滋生吸毒人员不断增多。其中，公安机关2016年新发现的吸毒人员44.5万名；滥用阿片类毒品人员占15.7%；滥用合成毒品人员占81.1%。全国27个省份新发现滥用合成毒品人数超过了阿片类。从年龄结构看，新登记吸毒人员35岁以下青少年占75%以上。笔者根据走访调研情况估计，尚未被发现的隐性吸毒人数远大于此，滥用毒品势头有增无减。

(二) 吸毒人群结构发生变化

2014年底，全国滥用合成毒品人员145.9万名，占登记在册吸毒人员总数的49.4%[①]，合成毒品滥用群体比例首次超过海洛因滥用群体比例，尤其是79.1%的新发现吸毒人员滥用合成毒品，反映出我国毒品滥用人群结构已经发生深刻变化。

1. 吸毒人员低龄化

截至2016年底，全国250.5万名吸毒人员中，不满18岁的有2.2万名，占0.9%；18~35岁的有146.4万名，占58.4%；36~59岁的有100.3万名，占

---

① 全国滥用合成毒品人员占在册吸毒人员总数的比例逐年增长，分别为2010年占28%、2011年占32.7%、2012年占38%、2013年占42.6%。

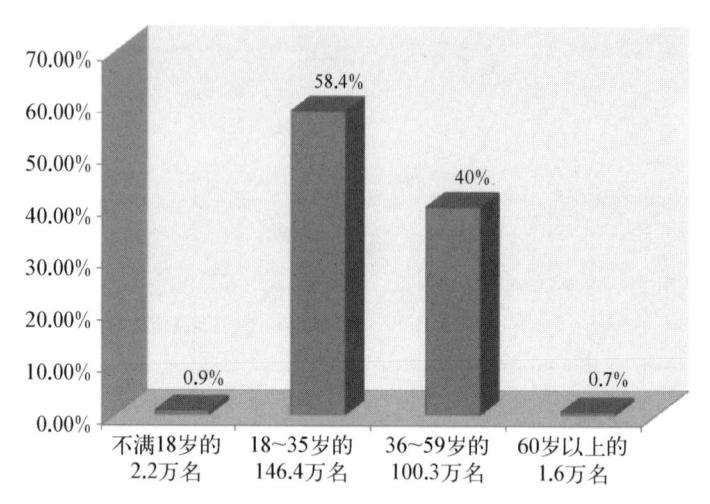

图 1-7 吸毒人员低龄化特征明显（来源：2017 中国禁毒报告）

40%；60 岁以上的有 1.6 万名，占 0.7%。滥用人群低龄化趋势明显，现有吸毒人员中年龄最小的仅为 10 岁。

2. 吸毒人群多元化

吸毒人员主要是社会闲散人员、无业人员、娱乐服务业人员等，并逐步扩散至公私企业老板、白领、演艺人员、农民、学生、公务员、军人等，呈现出多元化特点。其中，全国已登记滥用合成毒品的公务员、军人多达数千人。

（三）滥用毒品种类不断增多

总体上看，国内传统毒品市场正在萎缩，海洛因等毒品消费得到遏制，合成毒品消费市场仍在扩大，海洛因和合成毒品交叉滥用情况突出。截至 2016 年，滥用阿片类毒品人员 95.5 万名，占 38.1%，占总人数比例继续下降。滥用冰毒、氯胺酮等合成毒品人员 151.5 万名，占现有吸毒人员总数的 60.5%，滥用大麻、可卡因等其他毒品人员 3.5 万名，占 1.4%，滥用人数急剧增加。黑龙江、山东、吉林、江西、江苏、辽宁等地新发现吸毒人员中滥用合成毒品占九成以上，合成毒品在绝大多数地区已经超过海洛因成为头号毒品，尤其在青少年群体中，冰毒已成为滥用最多、危害最大的毒品。目前，这些形态的新精神活性物质已在江苏、浙江、四川、重庆、山西、新疆等多个地区发现。氯胺酮则是滥用人员平均年龄最低的毒品。咖啡因、甲卡西酮滥用人数也出现大幅上升。值得注意的是，滥用大麻人数达 3.5 万名，各地查处种植、加工、贩卖大麻活动增多，表明国内毒品大麻消费群体正在扩大。

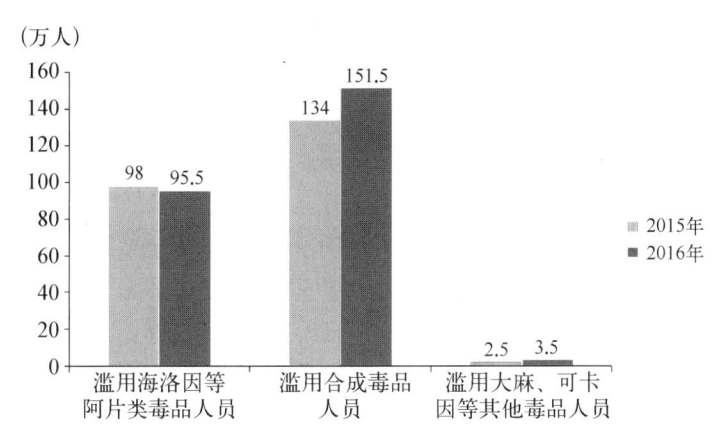

图 1-8　2016 年底，滥用毒品种类结构（来源：2017 中国禁毒报告）

（四）吸食行为特征

毒品形态多样化，除传统的片剂、晶体外，毒品还出现被伪装成"奶茶""咖啡"等样式形态。例如，2016 年 3 月，海珠警方在成功侦破一宗制贩毒案件后继续深挖线索，排查出吸毒人员彭某（男，37 岁，广州人）有重大贩毒嫌疑。经过一段时间的调查，民警发现以彭某为首的贩毒团伙日常租住在广州市荔湾区的一个出租屋内，收购"K 粉""摇头丸"后按一袋约一克的比例掺入咖啡和奶茶粉末中，最后使用封口设备重新封装。这些"新型毒品"有的被下家在广州市内贩卖，有的则被运至珠海、肇庆以及湖南等地的娱乐场所内贩卖。在充分掌握该团伙的犯罪证据后，专案组展开收网行动，一举抓获犯罪嫌疑人彭某等 8 人，缴获毒品"K 粉""摇头丸"11.991 千克。再如，2014 年 4 月 24 日，九江警方在一家酒店查获 60 多包伪装成橙汁跳跳糖的新型毒品，这种毒品遇水即溶，即冲即饮，与各种饮品混合后，口味都不发生变化，甚至香味都相似。警方当场抓获一名 1991 年出生的毒贩。犯罪嫌疑人毒品尿检呈阳性，被抓获时还沉浸在新型毒品带来的兴奋当中。

吸毒地点由公共场所向私人住宅、宾馆和出租屋等私密场所转移趋势明显。2016 年 2 月 28 日晚，桂林市七星公安分局穿山派出所接到一名男子报案，称其同伴躺在房间的地板上不能动弹。民警迅速到场后发现，出租屋内有三名男子，其中，一名全身僵硬躺在地板上，另一名昏睡在床上，而报案男子神情恍惚，走路踉跄。医护人员检查证实躺在地板上的男子因吸食毒品过量死亡，民警对其余两名男子进行尿检，结果均呈阳性。

涉毒区域不断扩大，地域特征明显。东北、华东、华中地区滥用冰毒问题突出,氯胺酮滥用主要集中在南部省份,西南、西北地区滥用海洛因居多。例如,近年来,"甲卡西酮"作为一种新类型的毒品,在山西省长治市及其周边地区(以下简称"长治地区")出现大规模滥用。由于最早甲卡西酮是作为提高效能的"筋"被添加到咖啡因中进行滥用的,且主要滥用发生在长治地区,因此也俗称为"长治筋"。此外,河南、湖南、山东、四川、贵州、云南、湖北、内蒙古、浙江、安徽等地也发现零星滥用甲卡西酮案件。2015年10月,河南省公安厅禁毒总队在信息研判中发现,在开封区域内有人在网上公开叫卖毒品"长治筋"。获得线索后,开封市公安局立即成立专案组对案件进行调查。经过多日调查,警方摸清,犯罪嫌疑人何某燕(湖北利川人)和刘某宏(河南杞县人)充当"技术员",由王某某(兰考人,26岁)和庞某某(兰考人,28岁)提供资金,先后在一废弃水厂里制造毒品"长治筋"41千克,获利数十万元。警方适时收网,将4名犯罪嫌疑人抓捕归案。

二、吸毒造成的危害日益增大

我国毒品滥用问题日趋严重,不仅严重侵害人民群众特别是青少年的身心健康,影响家庭和谐幸福,而且极易引发自伤自残、劫持人质、交通肇事、寻衅滋事等行为,危害社会治安和公共安全。

(一)严重危害吸食者身心健康

吸毒者平均寿命较一般人群短10~15年,死亡率较一般人群高15倍,自杀率较一般人群高10~15倍。2012年,全球报告的毒品相关死亡人数估计为18.3万人,死亡率为0.4‰(40人/百万人)。一份针对全国8省区24个城市4 320名药物滥用人员的调查结果显示,吸毒人员丙型肝炎感染率达70.2%,远远超出全国3.2%的平均感染率;乙型肝炎感染率达17.2%、梅毒感染率达10.2%、淋病感染率达5.4%、肺结核感染率达2.2%。2012年,国家药物滥用监测中心监测数据显示,海洛因滥用监测人群艾滋病病毒感染率平均为3.4%,共用注射针具者感染率高达14%;合成毒品滥用监测人群艾滋病病毒感染率为1.9%。

(二)直接影响家庭生活稳定

从对吸毒人员的家庭造成的影响看,1 400多万吸毒人员(含隐性)直接遭受毒品侵害,占总人口1%多,占15岁至59岁劳动年龄人口1.4%左右。数据同时表明:50%吸毒人员处于单身状态,30%因滥用毒品导致夫妻离异、家庭破裂,吸毒人员的离婚率远远高于全国2.3‰的离婚率。沈阳45岁妇女林丽(化名)于2008年与赵阳(化名)结婚,2年后因赵阳吸毒被警方抓获,这才发现赵阳已经吸毒成瘾。得知赵阳吸毒,心软的林丽并没有想过要离婚,而是想用自己的真情唤醒赵阳,挽回家庭。谁知赵阳越陷越深,一没钱购买毒品就追着林丽要钱,不给便殴打林丽,毒瘾犯了也对林丽拳打脚踢。8年来,赵阳先后向林丽索要400万元用于购买毒品,林丽还因此承担100多万元的债务。2016年6月,林丽在皇姑区人民法院起诉与赵阳离婚。

(三) 消耗大量社会经济财富

据调查,海洛因滥用者每天平均花费220元(以每年平均有250天有效吸食天数计),冰毒类毒品滥用者每次平均花费350元(以每年至少36次计),氯胺酮滥用者每次平均花费240元(以每年至少36次计)。按我国实际吸毒人数上千万规模估算,全国吸毒人员每年购买毒品开销总额至少在4 500亿~5 500亿元,人均花费在4万~5万元,超过全国城镇职工平均年工资收入水平。此外国家还投入巨额资金用于矫治吸毒成瘾、打击毒品犯罪、开展预防教育等工作,仅2011~2013年中央补助地方禁毒专款即达30亿元。

(四) 容易诱发违法犯罪活动

2011~2013年,全国破获吸毒人员引发的刑事案件达73.7万起,占同期刑事案件总数的3.6%。其中,抢劫、抢夺、盗窃等侵财性案件45.8万起,杀人、绑架、强奸等严重暴力案件8.8万起,涉毒犯罪案件19.1万起。2015年,全国破获吸毒人员引发的刑事案件17.4万起,占刑事案件总数的14%,其中,抢劫、抢夺、盗窃等侵财性案件7.2万起,涉毒犯罪案件7.4万起。吸毒诱发的违法犯罪成为了影响社会治安的重要不稳定因素。根据发案、立案、破案大致关系比例和显隐性比例估算,每年吸毒人员引发的刑事案件达920万~1 100万起(不包括零包贩毒案件)。如以海洛因滥用者每周购买一次毒品、合成毒品滥用者每月购买一次毒品测算,从1 300万~1 500万吸毒人员每年购买毒品的次数推算,我国每年发生毒品交易行为在3.5亿~4亿次。吸毒人员为筹毒资实施违法犯罪活动,由此引发一系列治安刑事案件。2016年9月,潮州市中级人民法院审结一宗飞车抢夺案件,被告人吴某、陈某分别被依法判处有期徒刑1年2个月和10个月。被告人吴某、陈某均系吸毒人员,为筹毒资,吴某、陈某两人于2月25日上午合伙驾驶摩托车窜至潮安区江东镇中庄村商业街路口,乘驾驶摩托车路经该处的被害人许某不备,抢走其挂在摩托车车头的钱包,钱包内有价值3 510元的苹果手机一部及现金180元。

(五) 引发公共安全问题

吸毒引发的自杀自残、劫持人质、戕害亲子、弑父杀母、集体淫乱、毒驾肇祸等案事例频发,具有不可预知性和不可控性。2015年,全国报告发生因滥用毒品导致暴力攻击、自杀自残、毒驾肇事等极端案件事件336起,查获涉案吸毒人员349名。吸毒行为已经成为诱发犯罪、危害安全的社会突出问题。

一是吸毒者极端暴力犯罪。吸毒人员吸食毒品后极易出现幻觉，导致肇事肇祸案事件的发生。例如，2016年9月27日晨，广州天河警方接报，称在天河区员村一横路南社某巷有一名疑似吸毒男子持刀挟持一名送小孩上学的妇女。接报后，广州市公安局"羊城突击队"和天河警方立即派出民警赶赴现场处置。民警到场后发现，一名男子将水果刀架在一名女子颈部上，情绪异常激动，女子颈部有划伤及血迹。现场民警立即疏散现场群众，并对男子展开谈判解救工作，令男子情绪稍微稳定。最后，民警抓住时机，上前成功解救被挟持的女子，并夺走该男子手中的水果刀，将其控制。经查，持刀男子邹某（47岁，广东惠东人）系因前一天晚上吸食冰毒，产生幻觉引发此举。警方对嫌疑人邹某的尿液样本进行毒品检测，结果呈阳性。再如，2014年7月25日上午，经最高人民法院核准，在中山市民众镇犯下连杀两婴伤三人恶性案件的黄明兴被执行死刑。2013年3月5日，黄明兴吸食毒品后产生幻觉，携带镰刀等工具上街，先后刀砍被害人头、面部，最终导致2名婴儿死亡、3人受伤。再如，2013年11月19日，北京市一基层公务员刘某（1982年生）因贩卖冰毒被判有期徒刑一年，罚金2 000元，并因此被单位清退。据悉，刘某来自山东农村，以优异成绩考入北京一所名牌高校，毕业后通过考试成为公务员，后因不堪生活压力接触毒品，为满足购买毒品的巨大开销终走上以贩养吸之路。

二是"毒驾"频发严重危害公共交通安全。近年来，关于吸毒后驾驶机动车发生重大交通事故和意外伤害的报道频见报端，造成的严重后果触目惊心。毒驾严重影响道路交通安全秩序，对道路交通安全的影响已到了不容忽视的地步。例如，2013年6月21日晚至6月23日早上，被告人戚宏（化名）在四川省眉山市一网吧打游戏机，其间多次吸食冰毒提神。23日凌晨5时许，戚宏吸食完冰毒后，驾驶号牌"川L20631"中型罐车从青神县往乐山市五通桥区方向行驶。8时许，当车行至省道104线乐山市五通桥区牛华镇和邦集团处，戚宏突然产生幻觉，驾驶汽车先后与其他车辆连续冲撞，随后逃离现场，事故造成2人死亡，1人重伤，2人轻微伤，车辆损坏严重。乐山市中级人民法院于2014年5月22日判决：戚宏犯以危险方法危害公共安全罪，判处无期徒刑，剥夺政治权利终身。再如，2016年9月23日，车牌号为"闽CW733G"的白色小轿车行至泉州市张经四路时，撞向路边的摆摊，造成1人死亡，6人受伤，4辆机动车受到不同程度损毁。事发后，小轿车驾驶员骆某鑫（1990年生）弃车逃逸。次日，骆某鑫投案，民警对骆某鑫进行甲基安非他命尿检，结果呈阳性。经认定，骆某鑫未取得机动车驾驶证，在服用国家管制的精神药品后驾驶机动车，正式被指控交通肇事罪。2013

年至2016年,全国依法注销17.9万名吸毒驾驶人驾驶证,拒绝申领驾驶证2万余人,拒绝申请校车驾驶资格的近百人,一定程度上降低了该部分人群存在的安全隐患。

三是出现严重暴力抗法袭警事件。2013年11月9日,湖南省武冈市铜宝路发生两辆小轿车擦碰的交通事故,交警部门将双方事故车辆和驾驶人一起带回交警大队进行处理时,其中一名驾驶人肖某突然情绪失控,持刀刺伤协警周翔、刺死民警杨明洪。后经毒品检测,肖某甲基苯丙胺呈阳性。

四是吸贩毒行为存在涉恐风险。新疆已发现少部分涉毒人员成为各类涉恐组织、专案的关系人,或直接参与涉恐、涉暴等犯罪活动。"以毒资恐""以毒养恐"、毒恐交织,严重危害国家统一和社会安定。

第四节 毒品治理处于集中攻坚期

可以预见的是,当前和今后一个时期的禁毒工作将承担巩固海洛因治理成果和应对合成毒品以及新精神活性物质快速蔓延的双重压力。面对合成毒品滥用规模的持续扩大,禁毒部门要准确把握不同时期禁毒工作的重点,坚持把毒品预防教育作为治本之策,以减少毒品需求、遏制吸毒人员滋生为重要目标,扩大禁毒工作社会影响力和公众参与度,有效提升公众识毒、防毒、拒毒意识。

一、禁毒工作成效

禁毒部门在党中央、国务院和地方各级党委、政府的领导下,积极采取措施,加大经费投入,改善禁毒装备,有力推动了当前禁毒工作,为今后禁毒事业的发展奠定了良好基础。2014年中共中央、国务院印发《关于加强禁毒工作的意见》(以下简称《意见》)后,各级禁毒部门坚持源头治理、系统治理、综合治理、依法治理,统筹运用法律、行政、经济、教育、文化等手段,对毒品问题打早、打小、打苗头,有效遏制了吸毒人员迅猛增长的势头,及时排除各类涉毒隐患,防止毒品问题进一步扩散,开创了禁毒工作的新局面,为维护社会稳定、促进经济发展、保障人民群众安居乐业作出了积极贡献。

(一)持续加大禁毒执法力度,打击毒品犯罪战果突出

为遏制毒品犯罪上升势头,各地公安机关坚持严打方针不动摇,始终保持了对毒品犯罪的高压态势。

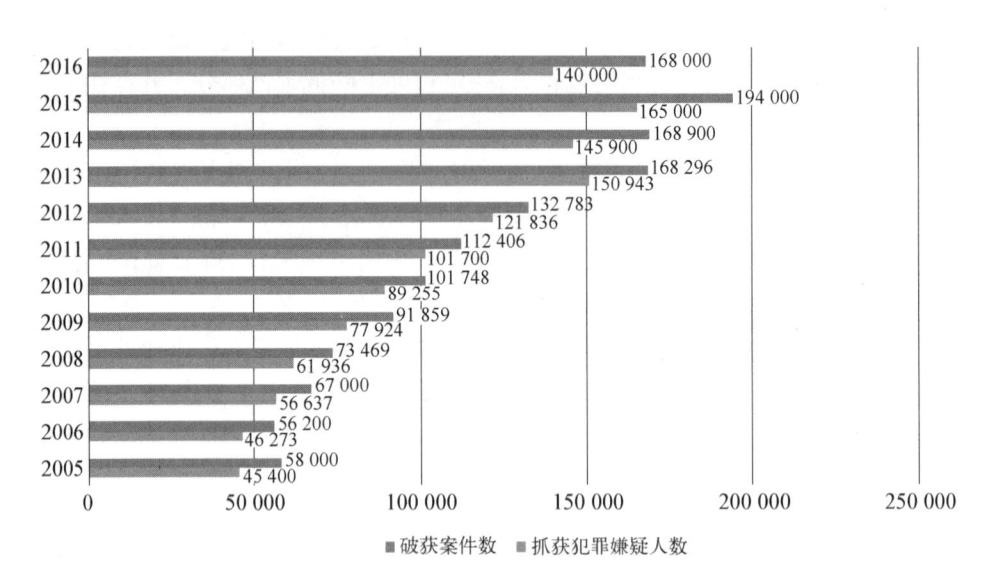

年份	破获案件数	抓获犯罪嫌疑人数
2016	140 000	168 000
2015	165 000	194 000
2014	145 900	168 900
2013	150 943	168 296
2012	121 836	132 783
2011	101 700	112 406
2010	89 255	101 748
2009	77 924	91 859
2008	61 936	73 469
2007	56 637	67 000
2006	46 273	56 200
2005	45 400	58 000

图 1-9　2010～2016 年全国破获公安部毒品目标案件数和抓获犯罪嫌疑人数

1. 堵源截流

针对境外毒品大量走私入境的问题，毗邻境外毒源地的西南、西北、东北边境地区持续加强堵源截流工作，强化对重点方向、地区、环节的公开查缉，云南、广西、新疆、吉林等边境省份通过分析研判入境毒品路线和入口，合理分布查缉站点，充分利用流动检查站与固定检查站，建立起全天候、全方位、全环节的公开查缉体系阻止境外毒品流入。2015 年 10 月，在"利剑"专项打击整治行动中，昆明市公安局盘龙分局禁毒大队根据线索破获一起万克运输毒品案，抓获两名在我国境内运输毒品的缅甸籍男子和一名购买毒品的嫌疑人，查获毒品 12.735 千克。

在强化边境地区堵源的同时，贵州、四川、重庆、湖南、湖北等毗邻重点地区的省份实施二线堵截，有针对性地在重要进出省公路口、机场、车站、港口开展点对点查缉，切断毒品内流通道，进一步遏制了毒品走私渗透的态势。2015 年 3 月 27 日，为期 15 天联合 20 个市州公安机关开展的四川省首届公安禁毒公开查缉大比武活动圆满落幕。活动共破获各类案件 119 起（其中，毒品刑事案件 39 起，带破获其他刑事案件 2 起，治安案件 78 起），抓获违法犯罪嫌疑人 148 名，缴获各类毒品共计 24.79 千克，查获一批仿真枪支、子弹、管制刀具等违禁物品，有力震慑了毒品违法犯罪活动。此外，禁毒部门通过推动堵源截流工作向境外延伸，推动缅甸、越南等有关国家主动开展查缉。

2. 案件侦破

通过实行目标案件挂牌督办，逐级落实目标案件侦破责任，强力打击毒品犯罪团伙和毒枭,禁毒部门成功破获了一批重特大跨国、跨省区毒品案件,抓获了一批毒枭和重要毒品犯罪嫌疑人,打掉了一批重大制贩毒团伙和网络。2015年底,湖南湘乡市公安局禁毒大队侦办一起公安部督办的跨省贩毒案件,专案组两上长沙,三下广州,配合做好了案件侦破相关工作。经过半年的苦心经营,专案组于2016年5月4日及时收网,抓获涉毒违法犯罪嫌疑人20名,缴毒5 500余克。至此,公安部"2016 - 291"号毒品目标案件圆满告破。

同时,各级禁毒部门通过缉毒执法考核机制指导多发性零包贩毒案件的侦破。2015年12月,四川西充禁毒民警在日常工作中破获一起零包贩毒案件,缴获毒品冰毒1克。随后,民警通过该案件为线索,对嫌疑人毒品来源沿线侦查。经过四个多月的寻线追踪,禁毒民警追查出这个犯罪团伙背后的7级网络,摸清团伙成员身份和活动情况后,民警辗转南充、成都等地将7名犯罪嫌疑人全部抓获归案,缴获成品冰毒1 100余克、半成品液态冰毒1 000余克、麻古200余克、麻黄素14千克,查获自制仿64式手枪1支、子弹27发、砍刀匕首等管制刀具9把,收缴毒资13万余元。

从目标案件等大要案侦破到零包贩毒案件的侦办,从打击跨区域贩毒活动到侦办跨国毒品案件,各地禁毒部门始终保持对毒品违法犯罪活动的持续高压态势,确保禁毒工作各项指标的持续增长,坚决遏制毒品违法犯罪活动的高发势头。

3. 联动缉毒

海关、民航、铁路、交通、边防、出入境、交管、禁毒、邮政等部门、警种建立了多部门、多警种分兵把口、协调配合、联动查缉的执法体系,形成了情报会商、阵地控制、人员培训、激励奖惩等一体化运行机制,积极利用人、机、犬等多种手段,特别是民航、旅店、通信等信息系统,初步实现了对涉毒可疑人员的动态分析、查控,探索出一批"人机结合、信息导查"的战术战法,查缉能力明显增强,查缉战果连年攀升。例如,2016年9月28日,一对推着装有一名3岁幼儿的婴儿车的中年夫妇引起了罗湖海关的关注。一家三口除了一个小书包外几乎没有携带其他行李,海关官员心生怀疑,马上对婴儿车进行详细检查,后发现婴儿车下方的置物篮内有一个月饼盒,里面的月饼被换成两瓶散发出刺激性气味的绿色液体。经过检测,该绿色液体为美沙酮溶液,共计2 347.1克,夫妇两人均交代自己有吸毒史。目前案件正在进一步处理中。再如,2015年4月12日,珠海禁毒民警接到群众举报,河南籍男子梁某伙同其女友谢某,将700余克毒品夹藏在海鲜干货内,通过中国邮政快递邮寄至北京市朝阳区某地。民警将取货人张某查获后,顺藤摸瓜将梁某、谢某二人抓获。经鉴定,收缴的包裹夹藏毒品系甲基苯丙胺,共计769.79克,含量为64.6%。两人因涉嫌运输毒品罪被提起公诉。

4. 禁种铲毒

通过分析近年来国内非法种植毒品原植物的区域、人员等信息,禁毒部门深入研究非法种植活动的趋势特点及规律,综合运用卫星遥感监测、航测踏查等手段,按照抓早、抓小、抓实的方针,采取日常排查与联合检查、重点踏查相结合的方式,进一步提高对非法种植毒品原植物活动的主动发现能力、及时踏查铲除能力和延伸侦查打击能力。在国家禁毒委的领导下,各地公安机关积极开展了"天目"系列禁种铲毒专项行动。同时,各级禁毒部门进一步落实禁种铲毒工作责任制,加大禁种宣传、踏查铲除、执法打击、重点整治工作力度,有效遏制了非法种植毒品原植物反弹。2016年,全国禁毒部门充分运用卫星遥感和无人机等科技手段,组织实施"天目-16"铲毒行动,加大非法种植毒品原植物发现铲除和打击处理力度,全国监测面积达58万平方千米,共铲除非法种植罂粟84亩116万株、非法种植大麻147亩139万株,同比均有较大幅度下降,破获非法种植毒品原植物案件5 578起,抓获非法种植违法犯罪嫌疑人5 345名,继续保持了国内大规模非法种植毒品原植物基本禁绝。

(二)深入推进禁吸戒毒工作,确保毒品防范成效显著

1. 禁毒宣传

各级禁毒部门充分运用电视、广播、报纸等主流媒体和各大门户网站,坚持经常性宣传与集中性宣传相结合,以"6·1""6·3""6·26""12·1"等纪念日为重点,深入开展了一系列形式多样的宣传教育活动,不断掀起了宣传的高潮,形成强大的声势。工作有力宣传了禁毒成效,深度揭示了毒品危害,有效增强了人民群众识毒、防毒、禁毒的意识,为毒品问题的综合治理创造了有利的社会环境、舆论氛围和群众基础,为我国毒情形势的持续好转作出了重要贡献。例如,2016年9月21日,2016年广州市禁毒宣教图片百校巡展启动仪式暨花都区禁毒志愿宣传进中职活动在花都区职业技术学校顺利举行,禁毒工作专家、禁毒志愿者及职业技术学校师生等近500人参加了活动。2016年5月27日,湖南古丈公安局禁毒大队深入罗依溪九年制学校开展禁毒知识宣传教育进校园活动。民警用通俗易懂的语言、生动活泼的事例方式,深入浅出地讲解毒品知识,同时通过开展禁毒主题班会、征文竞赛、美术作品展等形式教育孩子珍爱生命远离毒品。2016年6月12日,以"无毒青春,健康生活"为主题的新疆兵团"毒品预防教育读本进校园"宣传教育活动在新疆兵团第三中学举行。活动共发放毒品预防教育读本1 600册,发放其他各种禁毒宣传品600余份,并开展了学生禁毒宣誓、观看禁毒专题教育片和禁毒签名等活动,使学生们识毒、防毒、禁毒意识和能力得到进一步提升。

表 1-2　国际禁毒日历年主题一览

年　份	主　题
1992	毒品,全球问题,需要全球解决
1993	实施教育,抵制毒品
1994	女性,吸毒,抵制毒品
1995	国际合作禁毒,联合国90年代中禁毒回顾
1996	滥用毒品与非法贩运带来的社会和经济后果
1997	让大众远离毒品
1998	无毒世界我们能做到
1999	亲近音乐,远离毒品
2000	面对现实,拒绝堕落和暴力
2001	体育拒绝毒品
2002	吸毒与艾滋病
2003	让我们讨论毒品问题
2004	抵制毒品,参与禁毒
2005	珍惜自我,健康选择
2006	毒品不是儿戏
2007	控制毒品
2008	依法禁毒、构造和谐
2009	毒品控制了你的生活吗？你的生活,你的社区,拒绝毒品
2010	参与禁毒斗争,构建和谐社会
2011	青少年与合成毒品
2012	全球行动共建无毒品安全社区
2013	抵制毒品,参与禁毒
2014	希望的信息：药物使用障碍是可以预防和治疗的
2015	抵制毒品,参与禁毒
2016	无毒青春,健康生活

2. 毒品预防教育

国家禁毒办会同中共中央宣传部等11个部门联合制定了《全民禁毒教育实施意见》，国家禁毒办会同团中央等4部门下发了《关于推动禁毒志愿者行动的通知》，国家禁毒办室会同中宣部等部门联合制定了《全国青少年毒品预防教育规划（2016—2018）》，进一步推动了全民禁毒教育和禁毒志愿者行动。尤其是针对青少年吸食合成毒品问题严重的情况，以10岁至25岁青少年为重点，构建起完善的青少年毒品预防教育工作体系。各级禁毒部门注重实现活动效果与媒体宣传效果的有机统一，通过认真策划形式新颖、富有特色的各类禁毒主题宣传教育活动，提高广大人民群众，尤其是青少年群体防范和抵御合成毒品侵害的能力。2016年9月29日，贵阳开通首家"青少年禁毒教育热线"（800-810-0234），旨在帮助青少年预防和拒绝毒品，并对毒品药物成瘾人员进行心理疏导。同日，该热线机构与贵州师范大学共同建立了禁毒教育实践基地，积极做好青少年禁毒宣传工作。

3. 吸毒人员管控

禁毒部门以吸毒人员动态管控机制为抓手，以"重嫌必检"工作措施为载体，组织、推动各相关警种共同参与吸毒人员查处工作，因地制宜开展社会面吸毒人员排查收戒管控行动，排查出了一大批隐性吸毒人员，并纳入管控戒治环节，推动吸毒人员动态管控工作取得了新进展，有效减少了毒品需求和毒品危害。

4. 戒毒康复

针对吸毒人员戒毒难、康复难、巩固难、融入社会难等问题，禁毒部门坚持以人为本、依法管理、科学戒毒、综合矫治、关怀救助的原则，积极探索，大胆实践，帮助吸毒成瘾人员戒除毒瘾，回归社会。在戒毒康复工作中，各级禁毒部门清理整顿全国自愿戒毒医疗机构，规范和发展了自愿戒毒工作，基本建立起覆盖全国毒品危害较为严重地区的美沙酮维持治疗网络；完善强制隔离戒毒工作制度、机制和体制建设，规范对强制隔离戒毒人员的戒毒管理、治疗康复和教育矫治，进一步提升强制隔离戒毒工作水平；推进以就业安置为核心的社区戒毒、社区康复工作，落实戒毒康复人员的最低生活保障和临时救助，将戒毒康复人员纳入劳动职业技能培训总体规划，推动落实相关培训和鉴定补助政策；依托美沙酮药物维持治疗工作，对所有接受治疗的吸毒人员实行免费的艾滋病毒筛查制度，并对发现的感染者提供有针对性的治疗。

（三）全面推进易制毒化学品管制，从源头治理制毒犯罪

国家对易制毒化学品管制工作取得了新进展，形成了符合国情、富有特色的管制体系。

吸毒人员查处、管控工作流程

初次查获 治安拘留 →

初次查获且不符合《吸毒成瘾认定办法》第7条、第8条规定情形的,处10日以上15日以下拘留,可以并处3 000元以下罚款;3年内不得申考驾驶执照,户籍地派出所按重点人口列管,建立管控工作台账,录入系统平台。
初次查获吸毒人员同时具备以下情形的,经人体生物样本检测证明其体内含有毒品成份:(1)经人体生物样本检测证明其体内含有毒品成份;(2)有使用毒品行为;(3)有戒断症状或者有证据证明吸毒史,包括曾经被公安机关查处或者曾经进行自愿戒毒等情形。

二次查获 社区戒毒 →

吸毒人员同时具备以下情形的认定为吸毒成瘾:(1)经人体生物样本检测证明其体内含有毒品成份;(2)有证据证明其有使用毒品行为;(3)有戒断症状或者有证据证明吸毒史,包括者有戒断症状或者有证据证明吸毒史,包括曾经因使用毒品被公安机关查处或者曾经进行自愿戒毒等情形的,裁决处以社区戒毒。
派出所定期进行吸毒检测,第1年每个月1次,第2年每两个月1次,第3年每3个月1次。社区戒毒人员应当在接到社区戒毒决定书之日起15日内到街道(乡镇)与其签订社区戒毒协议。对于社区戒毒超期未报到或严重违反协议的可直接裁决强制隔离戒毒。

三次查获 强制隔离戒毒 →

吸毒人员除具备吸毒成瘾认定情形以外,同时还具备以下情形之一的,认定吸毒成瘾严重:(1)曾经被责令社区戒毒、强制隔离戒毒、社区康复或者参加过戒毒药物维持治疗、再次吸食、注射毒品的;(2)有证据证明其采取注射方式使用毒品或者多次使用两类以上毒品的;(3)有证据证明其吸食毒品后伴有聚众淫乱、自伤自残或者暴力侵犯他人人身、财产安全等行为的。
采取刑事强制措施同时裁决强制隔离戒毒、需送交强制隔离戒毒所矫治的,直接送强制隔离戒毒所执行

社区康复 →

强制隔离戒毒期满解除后,由原决定机关裁决社区康复3年,户籍地派出所按期定期进行吸毒检测,第1年每个月1次,第2年每6个月1次,第3年每6个月1次。对于社区康复期间因违反协议又被报到或严重违反协议目被查获的应当裁决提前解除强制隔离戒毒,不得提前解除强制隔离戒毒。
强制隔离戒毒所经诊断评估建议提前解除强制隔离戒毒的,原裁决机关应当在接到建议书后7日内给予书面批复意见。同意提前解除的同时裁决社区康复

图1-10 吸毒人员查处、管控工作流程

1. 实施依法管制

国务院颁布《易制毒化学品管理条例》，明确指导原则、管制范围、职责分工和管制措施，推进了易制毒化学品管制工作的法制化、规范化。公安部、商务部、海关总署、安全监管总局、食品药品监管局等部门制定《易制毒化学品购销和运输管理办法》《进出口管理规定》《向特定国家（地区）出口易制毒化学品暂行管理规定》《非药品类易制毒化学品生产经营许可办法》《药品类易制毒化学品管理办法》等部门规章，最高人民法院、最高人民检察院、公安部出台了《办理易制毒化学品犯罪案件适用法律问题的指导意见》，进一步规范了易制毒化学品管制工作。目前，我国已形成以《刑法》《禁毒法》《易制毒化学品管理条例》为基础，各种部门规章、地方条例和司法解释相配套的易制毒化学品管制法律体系，为加强易制毒化学品管制工作提供了法律保障。

2. 理顺监管机制

各级公安、安全监管、食品药品监管、商务、海关、工商行政管理、农业等部门把易制毒化学品管制纳入工作范围，成立联合管理办公室，建立联席会议制度，推进行业协会建设，形成了齐抓共管、综合治理的工作格局。各部门积极适应境内外制毒活动发展变化，及时调整管制重点品种，联合开展专项检查行动，严格落实各项管理措施。在各方的努力下，我国羟亚胺、麻黄碱等重点品种流失明显减少，普通配剂流失得到有效控制。另外，针对网上非法贩卖易制毒化学品突出的情况，各职能部门集中开展了清理网上涉毒信息专项行动，查封了一批公开贩卖易制毒化学品的网站、栏目、论坛。公安、安监、商务等部门加强了易制毒化学品管理信息系统建设与应用，实现了信息共享、网上审批、远程监管，提高了管理和服务效能。

3. 严厉打击整治

公安机关紧密结合打击制毒犯罪和毒品走私活动，采取公开查缉、专案侦查、来源倒查、流向追踪等手段，依法严厉打击走私、非法买卖易制毒化学品违法犯罪活动。海关部门加强风险评估和情报研判，加大出口监管力度，预防和减少了易制毒化学品走私出境。禁毒部门精心组织开展禁毒严管战役，易制毒化学品管制工作取得明显成效，为从根本上预防制造毒品犯罪、减少国内毒品来源、遏制毒品问题蔓延发挥了重要作用。

4. 开展国际合作

禁毒职能部门认真履行国际禁毒公约义务，积极开辟易制毒化学品领域国际合作渠道，先后与欧盟、荷兰等国家和组织签署合作协议，建立了情报交流、执法协作机制，同时不断加大国际核查力度，严格控制醋酸酐、麻黄碱等重点化学

(起/10吨)

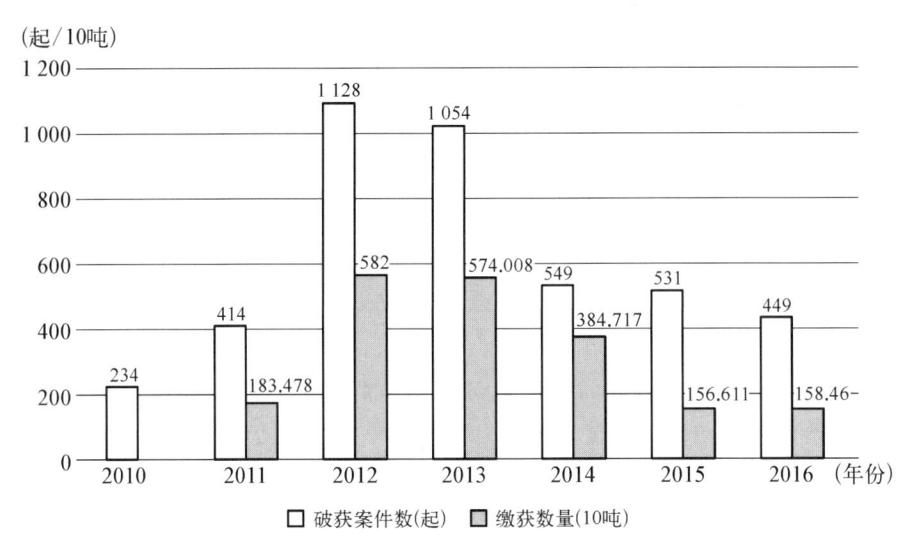

图1-11 2010~2016年全国共破获易制毒化学品犯罪案件数

年份	破获案件数(起)	缴获数量(10吨)
2010	234	—
2011	414	183.478
2012	1 128	582
2013	1 054	574.008
2014	549	384.717
2015	531	156.611
2016	449	158.46

品出口,遏制了境外制毒能力。此外,禁毒职能部门积极参与国际麻醉药品管制局、联合国毒品和犯罪问题办公室倡导发起的"聚合行动""棱柱行动",共同打击走私易制毒化学品犯罪。国际社会和有关国家对我国易制毒化学品管制工作取得的成效给予了充分的肯定,从误解指责转变为理解认可、主动合作,为我国开展禁毒斗争营造了更加有利的国际环境。

(四)积极参与禁毒国际事务,禁毒国际合作取得实质进展

禁毒部门围绕我国总体外交大局,从减少境外毒源危害出发,务实推进多边、多层次、多领域的禁毒国际合作,不断拓宽禁毒国际合作领域,开创了缉毒执法、司法协助、情报交流、人员培训相结合的禁毒国际合作格局,扩大了我国在国际和区域禁毒事务的影响,有力促进了国内禁毒斗争。

1. 国际和区域禁毒合作

(1)联合国层面。我国于1985年加入联合国《1961年麻醉品公约》和《1971年精神药物公约》,1988年积极参与制定《联合国制止非法贩运麻醉品和精神药物公约》,并于1989年1月批准加入了该公约,是最早批准加入该公约的国家之一。中国国家禁毒委员会连续多年组团参加了联合国麻醉品委员会年度会议,重申我国与国际社会共同努力应对世界毒品问题的政治承诺,积极参与有关会议文件、决议的磋商和修改,先后参加了国际麻醉品管制局(INCB)协调下的"紫色行动""黄玉行动"等多个易制毒化学品管制国际合作机制,对高锰酸钾、醋酸酐等易制毒化学品以及制毒设备等进行国际核查和管制,维护了我

国在国际禁毒领域的良好形象。例如,为更好应对世界毒品问题新形势,建立平等相待、互利共赢的伙伴关系,完善责任共担、社会共治的禁毒体制,国务委员、国家禁毒委员会主任、公安部部长郭声琨率中国代表团于 2016 年 4 月 19 日出席了在美国纽约召开 2016 年世界毒品问题特别联大会议,并发表讲话。再如,为纪念 1909 年上海"万国禁烟会"召开一百周年,中国政府于 2009 年 2 月 26 日至 27 日在上海主办纪念活动,并邀请来自泰国、英国、美国、越南等 16 个国家以及联合国毒品和犯罪问题办公室、国际麻醉品管制局的代表出席活动。

(2) 多边禁毒合作。禁毒部门通过深化国际和区域禁毒合作机制,推动多边、双边禁毒合作向更深层次发展。为减少"金三角"毒品危害,禁毒部门积极支持和参与东亚次区域禁毒谅解备忘录(MOU)机制及中、老、缅、泰湄公河流域执法安全合作机制,先后参加了亚太禁毒执法机构负责人会议(HONLEA)国际缉毒大会(IDEC)、亚太地区禁毒执法合作会议(ADEC)等区域禁毒执法合作会议。2013 年,我国禁毒部门成功侦破了举国震惊的湄公河"10·5"案件,将长期横行于"金三角"地区,在湄公河流域制贩毒、绑架杀人的大毒枭糯康及其主要骨干成员全部抓获归案。这也是我国首次将境外抓获的外籍嫌犯押回国内公审公判,极大地震慑了"金三角"地区的毒枭毒贩,充分展示了中国政府保护我境外公民权益的坚定决心和能力,弘扬了国威、振奋了民心。

(3) 双边禁毒合作。自 1984 年与美国签署双边禁毒合作谅解备忘录以来,我国已与俄罗斯、墨西哥、哥伦比亚等多个国家签署了政府间双边禁毒合作协议、议定书或者谅解备忘录。在"与邻为善、与邻为伴"以及"睦邻、富邻、安邻"的周边外交政策指导下,我国与缅、老、泰、柬等周边国家开展了禁毒合作,并已在边境联合执法、遣返毒贩、替代发展等领域取得了显著成效。针对缅北局势复杂多变、老北罂粟种植反弹的形势,中国国家禁毒委员会积极加强与缅甸、老挝等国政府的协调沟通,积极推进境外罂粟遥感监测工作,推动境外罂粟替代种植工作稳步开展。

2. 情报交流和案件合作

针对境外毒品入境和跨国毒品犯罪突出的问题,中国加强与有关国家的缉毒情报交流和执法合作,在打击跨国跨区域制贩毒犯罪方面取得了实质成果。2016 年"6·26"国际禁毒日前夕,广州海关与泰国、越南、柬埔寨的海关和警方开展国际执法联合行动,破获走私冰毒大案,摧毁一个由西非籍人员主导操控、中、泰、越、柬等多国人员参与实施的跨国走私贩毒团伙,在境内外抓获犯罪嫌疑人 6 名,缴获冰毒 28.4 千克。

3. 对外经验交流和执法培训

禁毒部门利用在本地区开展的国际禁毒项目活动,在努力争取国际社会对我禁毒技术、资金和装备方面的援助的同时,与有关国家交流禁毒经验和技术。例如,国家禁毒委组织人员赴英国、法国、美国就毒品犯罪案件立案追诉标准、禁毒法律法规体系、缉毒执法程序等开展考察研修;举办和参加了中澳禁毒情报分析培训班和苯丙胺类毒品案件侦查员培训班;参加加拿大皇家骑警国际禁毒执法观察员培训、东盟打击非法贩运毒品控制下交付培训;参与缅甸、老挝、柬埔寨、巴基斯坦、阿富汗等初级和中高级禁毒执法官员培训班等项目;加强对周边国家的禁毒援助和执法培训,向缅甸警方援助了汽车、发电机、光学器材等价值200万元人民币的警用物资,为巴禁毒部队援助了一批缉毒犬和查毒设备,为本区域开展务实禁毒合作奠定了坚实的基础。

二、禁毒工作中亟待破解的若干难题

回顾已取得的成绩,我们更能清醒地认识到,面对当前越来越严峻的毒品形势,现有的禁毒措施已经不能完全满足实际需求,主要表现在以下几个方面:

(一)毒情监测、评估、预警体系尚不健全

毒情监测是制定禁毒政策与具体举措的前提基础,监测指标的变化结果也是衡量毒品问题治理成效的重要标准。全球毒情形势的评判依据主要来自各国毒情监测评估的结果,但各个国家(地区)的毒情监测技术、标准并不平衡和统一。

2015年起,我国官方公布的吸毒人员统计数据由原先的登记在册吸毒人员总数(即查获总人数)调整为现有吸毒人员总数(去除3年内未发现复吸的人数)。从吸毒人数统计标准的变化能够反映出,我国毒情监测尚且缺乏客观准确的评价标准和科学有效的评估手段,对未来一段时间内毒情的变化趋势做出预警分析也存在很大困难。我国的毒情监测技术起步较晚,发展历程受到政府职能部门和社会大众禁毒意识的影响。例如,近些年国家禁毒部门发布、整理及委托专业机构调查形成的《毒品形势报告》《境内外毒品形势分析报告》《关于国内重点城市毒品问题的报告》《关于我国毒品来源、滥用和危害情况的调研评估报告》《中国14个城市毒品滥用评估报告》等,内容大多局限于毒品需求(滥用规模、年龄结构、滥用种类等)和毒品供给(毒品来源、毒品贩运、毒品价格),缺乏对毒品危害(健康影响、经济损耗、公共安全、社会秩序等)的关注,样本数据来源也过于单一,难以真实反映全国或部分地区的真实毒情。笔者认为原因在于目前仍然缺乏独立的领导机构、专业的监测队伍、科学的要素指标和完善的评估体系。

《意见》明确提出要"建立健全毒品检测评估、滥用预警和毒情通报机制,全面检测评估毒品滥用情况,定期发布毒情形势和变化动态"。确保监测对象和指标更加贴近毒情实际,监测评估方法更具实证性,情报产品输出价值更有实践指导意义,而不单单是数学建模测评、价格曲线分析、社会网络分析、年度滥用人数比例分析、捕获再捕获分析,需要搭建起系统、完整的毒情监测预警体系,关键在于准确把握当前毒情变化趋势和规律特点。

(二)毒品、易制毒化学品列管机制缺乏动态调整

为应对层出不穷的新"毒品",一些国家和地区着手建立预警机制,力图寻找有效的管制手段,尽早遏制其蔓延势头。例如,第58届联合国麻醉品委员会会议及时将AH-7921列入1961年公约表一进行管制,将2,5B-NBOMe、2,5C-NBOMe、2,5I-NBOMe等3项物质列入1971年公约表一进行管制,将BZP、JWH-018、AM-2201、MDPV、Methylone、Mephedrone等6项物质列入1971年公约表二进行管制。在国内,要将新精神活性物质列入精麻药品管制目录需进行药品可行性专家论证,但新精神活性物质与临床药品本质不同,食品药品监管总局无法组织专家从药品角度进行论证;同时,将某种物质列入管制的前提是联合国已管制和已造成国内滥用,造成了列管的严重滞后。2015年10月1日,公安部、国家食品药品监督管理总局、卫生计生委和国家禁毒办联合制定了《非药用类麻醉药品和精神药品列管办法》,规定由非药用类麻醉药品和精神药品专家委员会对需要列管的药品进行风险评估和列管论证,禁毒部门根据建议在规定时限内完成列管。笔者认为,"红、橙、绿"三色预警管控机制只是给"准毒品"分级,并未形成动态的调整机制,"专家委员会"如何运作、研判标准如何统一的问题仍未解决。毕竟,毒品是强化药效的产物,其滥用存在地域性、个体性差异,仅根据五条依据(成瘾性或者成瘾潜力;对人身心健康的危害性;非法制造、贩运或者走私活动情况;滥用或者扩散情况;造成国内、国际危害或者其他社会危害情况)提供列管建议,不免存在一定盲目性。

目前,《易制毒化学品管理条例》正在修订,其核心理念应为如何避免简单管理,也就是要充分考虑到易制毒化学品既是可能的制毒原料,也是日常生产生活的重要物资。笔者认为,动态调整条例规定作为关键环节主要面临以下难题:一是增列品种或调整分类工作的权限高、步骤多、周期长,非列管制毒原料层出不穷、大量流失,管制工作滞后严重、易制毒化学品犯罪急剧增多;二是分类、分级管理的设置不够科学,"只进不出"将给相关职能部门造成极大的行政资源和司法资源的浪费。

(三) 毒品流通市场的治理手段针对性不强

1. 网络涉毒的治理困境

互联网信息传输不受时空限制、信息内容庞大复杂、不利监管的特点,加速了毒品传播蔓延,诱发新吸毒人员滋生,增大执法打击难度。贩毒行为被转移到网络空间后,在保留传统贩毒行为特点的同时,具备了网络空间违法犯罪行为的新特征。网络贩毒案件的特点具体体现为以下三个方面:一是隐蔽性强,犯罪黑数高。由于贩毒案件没有犯罪现场和被害人,本身的隐蔽性很强,而网络的虚拟性更是增强了网络贩毒案件的隐蔽性,导致了更高的犯罪黑数;从破获的案件来看,网络贩毒案件跨区域、跨省份,甚至跨境跨国,给缉毒工作带来了一定的挑战。二是时空跨度大,网络贩毒案件的侦查协作不易开展。网络毒品犯罪往往牵扯到多个地区、多个部门,公安机关打击毒品犯罪区域合作机制尚在完善中,如何破除地区壁垒同样成为打击网络毒品犯罪面对的难题之一。三是网络贩毒案件的证据获取困难。大部分网络贩毒证据以电子数据的形式存在于网络空间。虽然最新的刑事诉讼法修正案确认了电子数据的合法性,但电子数据的不确定性和易毁灭性使其很难确定和获取,给网络贩毒案件的侦破带来了很大的困难。此类案件的防范往往牵涉多个部门、多个领域,工作重点在于加强对网吧等娱乐场所、物流公司、网络聊天工具的监控力度,以防止不法分子继续利用这一系列平台谋划、实施毒品犯罪。

2. 特殊人群贩运毒品的治理困境

迄今为止,各地尚未能对特殊贩毒群体的幕后组织者展开有效打击,仍未找到有效根治特殊群体贩毒活动的治本手段。解决特殊人群贩运毒品问题的困境主要有:一是深挖幕后组织者、策划者和收集固定证据难。被雇佣、利用贩毒的特殊人群大多是运毒的"马仔",真正的"老板"和组织者深藏幕后,公安机关很难顺线延伸。特别是幕后组织策划者反侦查意识逐渐增强,大多使用化名,绝大多数被雇佣者对"上线"知之甚少,且大多被抓获贩毒特殊人群没有稳定工作,被查获后多以语言不通等为借口,拒不交待和配合,公安机关难以固定证据。二是由于对非羁押性措施缺乏有效的监管机制,涉毒特殊人群常常脱离公安机关的监管。受其身体状况、身份等条件限制,以及现有拘留所、看守所、监狱等场所羁押、管理和医疗条件等制约,对涉毒"两怀"妇女、艾滋病患者、急性传染病者等特殊人群不予收押或收监,而只能采取取保候审、监视居住、监外执行等非羁押性措施,在实践中相当于放人。涉毒特殊人群被"释放"后又重新被贩毒集团雇佣、诱骗参与贩毒活动,形成"抓了放、放了抓"的恶性循环。三是执法风险大,办案成本高。由于部分涉毒特殊人群是严重传染病及艾滋病毒携带者,侦查人员的人身安全常常受到威胁。目前,羁押场所普遍拒收涉毒特殊人群,办案单位只能临时选择固定场所,指派专人看管;对于怀孕、哺乳期妇女还需聘请专人照看或做亲子鉴定。

3. 外籍人员贩毒的治理困境

近年来,大量聚集在珠三角的西非裔人员的贩毒活动愈演愈烈,国内破获的"金新月"毒品走私入境案件大多是以尼日利亚籍人员为主的西非裔贩毒团伙勾结"金新月"贩毒团伙所为。西非裔毒贩的传播能力快、学习能力强、聚居环境特殊,打击西非裔人员贩毒活动的执法难度远远大于打击国内毒品犯罪。毒贩已从雇佣西非籍马仔、巴基斯坦马仔,后雇佣菲律宾等东南亚籍马仔,逐步发展到诱骗、指使中国籍妇女带毒、贩毒、收寄藏毒邮包。此外,外籍涉毒人群常常隐瞒真实身份,同时借口语言沟通困难拒不配合,致使办案取证难、周期长、移交难。

4. 外流贩毒的治理困境

四川凉山、新疆、缅甸"两怀"妇女等外流贩毒问题由来已久,成因复杂,需要综合运用政治、经济、文化、法律、行政等多种手段,坚持治毒、治乱、治愚、治穷多管齐下,否则难以得到彻底的治理。外流贩毒的治理工作,关键在于把打击矛头对准外流贩毒活动的组织指挥者和操纵当地毒品市场的后台老板,需要在全面调查吸毒网络、贩毒团伙、制毒窝点、零包市场和涉毒资产的基础上,锁定一批重点案件和重点人员,列入目标案件深入经营,争取打一批团伙、断一批通道、抓一批毒贩。此外,各地公安机关之间需要加强配合,流出地公安机关要及时将涉嫌外流贩毒人员情况向流入地通报。流入地公安机关要本着守土有责的思想,将涉嫌外流贩毒人员纳入监控视线,掌握其动向。

5. 邮路贩毒的治理困境

贩毒分子普遍使用假姓名、假地址甚至一次性联系电话进行邮路贩毒,雇佣不知情人员代收寄递物品。邮路贩毒案件打击难度很大,案件线索延伸困难。邮路贩毒已成为国内毒贩和国际毒贩常用的贩运方式,已从一线城市案件高发,发展到二线城市甚至偏远地区时有发生。例如,江苏、上海、北京等地均查获了通过邮寄渠道大肆向俄罗斯、澳大利亚等地寄贩"策划药"的案件。

(四) 吸(戒)毒人员的脱管问题依旧存在

毒品滥用场所越发隐蔽,公安机关发现查处越发困难。一些地方的公安机关对吸毒人员排查不深入、查处不登记、执法不规范、管控不到位,致使社会面大量隐性吸毒人员未被发现登记,被责令社区戒毒、社区康复的滥用吸毒成瘾人员脱管失控问题突出。

一是相当数量的吸毒人员流散社会面,许多吸毒人员长期处于失控脱管状态,给社会治安稳定构成很大隐患。受治理非正常死亡问题、病残吸毒人员收戒难等客观条件的影响,全国强制隔离戒毒平均执行率有所下降,相当数量的吸毒成瘾严重人员不能依法进入强制隔离戒毒场所执行,成为影响社会不安定因素。

二是人户分离吸毒人员的移交管理制度还需细化。户籍地和居住地的"转出"和"转入"措施衔接不畅,工作中普遍存在实际居住地派出所以各种理由拒绝接收,户籍地派出所上报跟进措施不到位,上级单位监管不力等问题,直接导致了吸毒人员脱管。

滥用毒品(合成毒品为主)引发的公共安全问题一直未能得到足够的重视。治理工作往往局限于"消除危害",没有从根本上解决其"潜在威胁"问题,其中最为突出的当属"毒驾"问题。面对已然呈现出"荷塘效应"的"毒驾"问题,立法机关、政府部门及社会公众的应对举措稍显滞后,出现了法律规范、协作机制、检测技术等一系列亟待解决的难题。

一是发现难。公安机关已将"毒驾"查处工作纳入路面检查站、治安卡口、重点地段检查点的工作范围,探索建立了路面"毒驾"查处机制。然而,相较于"酒驾","毒驾"查处工作对于执法人员的素质要求更高。多数情况下,公安民警在日常执法活动中只能依靠目测及经验发现"毒驾"行为,比如车辆行驶状态异常、车内存有疑似毒品或吸毒工具、驾驶员出现吸毒疑似症状等。这种识别率不高的筛查方式只能降低正在发生的"毒驾"危害程度,不能有效排除尚未出现肇事苗头的"毒驾"隐患,无法做到真正意义上的排查。

二是检测难。一方面,"毒驾"检测成本较高。无论是尿液还是唾液检测,均不及"酒驾"呼吸式检测方式的方便快捷,例如唾液现场检测时间至少需要3分钟,且毒品种类繁多,难有单种检测试剂全面覆盖所有毒品类型,一定程度上削弱了公安机关对"毒驾"的查处力度。另一方面,"毒驾"检测标准相对模糊。与酒驾"血液酒精含量"的定量检测标准不同,"毒驾""阳性"或"阴性"的定性检测标准容易受到其他药物的干扰。

三是处罚难。对于"毒驾"尚未发生肇事肇祸的吸毒人员,公安机关只能依照《禁毒法》《治安管理处罚法》和《机动车驾驶证申领和使用规定》对吸毒行为本身进行处罚或注销驾驶证件,即"不肇事不担刑责"。只有在"毒驾"造成严重后果且在事故中负主要责任以上,公安机关才能根据《道路交通安全法》《道路交通安全法实施条例》《道路交通安全违法行为处理程序规定》等以交通肇事罪或以危险方法危害公共安全罪对吸毒人员定罪处罚,在威慑力和惩戒力上都明显不及醉酒驾驶。

四是管理难。2012年9月,公安部修订《机动车驾驶证申领和使用规定》,

"三年内有吸食、注射毒品行为或者解除强制隔离戒毒措施未满三年"的人员不得申领机动车驾驶证,驾驶人发生"毒驾"行为和"正在执行社区戒毒、强制隔离戒毒、社区康复措施等戒毒措施"毒瘾尚未戒除的人员,一律注销驾驶证。在执法实践中,公安机关对驾驶员是否吸毒的审查判断仍停留在"驾驶员信息系统"和"吸毒人员动态管控库"的数据比对筛查阶段,缺乏完善的监测、预警、反馈、核查机制。

不难看出,"毒驾"问题的治理对策囊括了宣传教育、政策引导、法律规范和技术支持等诸多方面,涉及法学、社会学、管理学、生物学等学科领域。解决"毒驾"问题不能仅靠某个部门"单打独斗",需要采取综合治理的路径。

可以预见的是,未来一段时期内,受"毒驾"活动危害性不断扩散的影响,社会公众主动要求整治"毒驾"问题的呼声必越来越高,查处"毒驾"将成为公安机关的重要工作之一。除制定必要的法律规制外,系统、全面的治理政策和便于操作的应对措施,对于建立高效、和谐、有序的道路交通环境,深度打击涉毒违法犯罪活动,保障广大人民群众的生命财产安全都具有重大的现实意义。

第二章　毒品问题治理体系与能力建设

我国禁毒部门在长期禁毒斗争的过程中,以综合平衡、科学实证的禁毒战略为引领,坚持多策并举、综合治理、部门协同、社会共治的禁毒思路,取得了巨大的成绩,探索积累了丰富的成功经验。然而,面对严峻复杂的毒情形势,禁毒工作千头万绪,毒品问题治理任重而道远,如何保持禁毒政策的权威性、稳定性和包容性,使得禁毒措施具有较强的针对性、可行性和实效性,是毒品问题治理工作的关键所在。笔者通过对现行禁毒政策的考量,以毒品问题治理体系与能力建设为主要内容,探索论证了如何建立符合毒情现状和禁毒工作特点的模式方法。

第一节　禁毒政策导向与治理路径

我国现行的禁毒政策以"减少毒品非法供应""减少毒品非法需求"和"降低毒品危害"的禁毒战略为宗旨,以"预防为主,综合治理,禁种、禁制、禁贩、禁吸并举"的禁毒工作方针为引领,以《禁毒法》《戒毒条例》等禁毒法律法规为支撑,以禁毒宣传教育、毒品管制、戒毒措施、犯罪查缉及国际合作等禁毒措施为抓手,既是积极应对错综复杂的国际禁毒斗争形势、牢牢掌握国内禁毒斗争主动权的客观需要,又是认真吸取历史教训、防止毒品问题再祸国殃民的正确抉择。

一、当前禁毒政策的评析

科学合理的政策制定不能仅凭经验和直觉。受多种因素的制约,当前的禁毒政策仍存在着诸多不容忽视的矛盾和问题。尤其是面对合成毒品引发的更为复杂的毒情形势,应适时调整和完善禁毒政策的可行性和匹配性,以求提高解决问题措施的成效性和可接受程度。

(一) 沿袭既往经验的可行性探讨

从时间轴来看,我国跟毒品打交道的时间超过 200 年,改革开放后毒品死灰复燃问题的治理工作也有近40年。禁毒斗争的实践经验是解决当前毒品问题的一大法宝,但若缺乏紧扣时代脉搏、反映现实特点的改革创新,对理念思路、体制机制等关键问题过于因循守旧、照搬套用,则容易陷入理论和实践脱节、缺乏对未来禁毒发展预期考虑的盲目状态。例如,鉴于鸦片战争和近代中国半殖民地半封建社会的关联,传统毒品在社会价值观念里被烙印了"祸国殃民"的标签,禁绝毒品理念能够自发形成于个体与鸦片、海洛因等传统毒品的斗争行为中,政策导向的影响作用无须过分突出。然而,这种对传统毒品的"仇怨"式态度却很难复制给合成毒品,进而容易出现对于合成毒品相对宽容的社会态度。例如,针对娱乐明星涉毒事件的网络调查显示,51.67%的网民认为"演艺圈出现这种事很正常",35.16%的网民采取了回避或漠视的态度。[①]由此可见,以法律禁令为核心内容的禁毒政策,过于施力于减少非法供应策略,确实对涉毒违法犯罪行为起到了惩治作用,但由于对毒品防范理念的宣导力度不足,导致无法从根本上应对千变万化的毒品类型及其引发的各种问题。

(二)套用既有模式的匹配度分析

从实际工作来看,现行禁毒政策具有全面、综合、均衡的特点,以"三个遏制"(遏制毒品来源、遏制毒品危害、遏制新吸毒人员的滋生)为要旨,基本涵盖了禁毒各项工作,抓住了禁毒工作的重点环节。在业务范畴上,强调了坚持减少毒品供应与减少毒品危害并重;在空间范畴上,强调了从建立和创新机制入手,坚持国内禁毒斗争和国际禁毒合作相结合;在时间范畴上,强调了禁毒工作要坚持立足当前和谋划长远相统一。然而,囿于禁毒体制和机制问题,"三个结合"的思路并未能实现各项禁毒政策的均衡执行,结果出现了各国普遍存在的一个问题——重"打"轻"防"。即使"打"的方面,也惯于采取"运动式""严打"策略,并未能体现毒品刑事政策的科学性和预测性,经常陷入"越打越多""打不胜打"的被动局面。

正是基于对成功经验的有效汲取和实践模式的大胆创新,《意见》提出了"加大毒品治理工作力度,全面提升毒品问题治理能力和水平"的要求,将禁毒工作提升至"国家安全战略和平安中国、法治中国建设"的新高度。"治理毒品问题"这一理念强调建立一个融预防教育、打击整治、戒毒康复、监督管理等多方面工作于一体的综合治理体系,突出"法治化、长效化、全民化、国际化",代表了当前禁毒政策的发展方向,也预示着今后一个时期我国禁毒事业的未来走向。

---

① 李文君,聂鹏.毒品文化辐射研究[J].中国人民公安大学学报(社会科学版),2008,(01).

二、治理毒品问题的路径选择

"治理"概念的提出,既是社会管理视野下对待毒品问题的态度,也是禁毒政策革新形势下分级管控等毒品新制度的理念。为此,笔者从防范和控制两个方面阐述了如何治理毒品问题,同时基于现状特点充分考量了如何调整禁毒机制以适应禁毒新政策。

(一)以情报为导向调整缉毒执法思路

缉毒执法工作要继续坚持"以打开路、主动进攻"的指导思想,坚持出重拳、下猛药、治顽症,紧紧抓住外流贩毒、制毒犯罪等严重问题,集中各方面资源,采取超常规措施开展整治行动,为综合治理毒品问题赢得时间、创造条件。然而,要遏制毒品问题发展蔓延的势头,就得学会"如何打"才能打出成效。笔者认为,公安机关禁毒部门应该按照"摸→控→打"的基本思路,充分发挥情报分析提供线索、调整策略、锁定目标、精确打击的重要作用,有助于牢牢把握缉毒工作的主动权。

一是"摸得清楚"。获得秘密力量提供的重点对象、贩毒集团及网络线索后,缉毒部门应加强与行动技术部门的合作,借助技术手段的优势,获取更深层次情报线索。同时,结合线索信息,发动基层派出所对重点区域、目标开展地毯式排查。依靠各类情报信息的碰撞和比对,前期摸清涉毒窝点、人员、地形等案件基本信息情况。

二是"控得严密"。缉毒破案具有特殊的时间点,一方面,侦查战机稍纵即逝;另一方面,案件线索又需要深度经营,科学合理地部署专业防控力量,确保案件进展始终在公安机关的掌握之中,是打击毒品犯罪活动的基础。除了物建秘密力量获取线索外,还可以通过发动村治保会等基层组织采集大量动态消息情报,分析研判贩毒内部人员的活动情况,为抓捕行动的成功打下坚实的基础。

三是"打得利落"。面对毒品犯罪集团化、暴力化的严重程度,公安机关应结合本地实际,将一批重点地区列为集中整治的对象,从中分析提炼有价值的信息线索,准确把握涉毒违法犯罪活动的规律和动向,为实现依法、快速打击破案提供重要支撑作用,从而达到政治效果、法律效果和社会效果的多赢。

(二)以问题为导向制定毒品防范对策

预测是预防的前提,没有准确的毒情预测,毒品预防就会无的放矢、空耗资源。作为一种防范手段,禁毒宣传、毒品预防教育、戒毒康复治疗的成效很大程度上依赖于禁毒政策实施的方式是否规范、投入与产出是否合理、制度和措施能够长效等。只有找准毒品问题的发展趋势和毒品违法犯罪活动的发案规律,以问题为导向,实施分级分类预防,指导全社会做好相应的防范控制工作,才能实现禁毒防控体系建设适应毒情形势发展变化的治理目的。例如,互联网禁毒的防范对策应该立足于网络涉毒违法犯罪的主要特点,包括时空范围大、跨区域特征明显的地域特点,涉案人员数量多、文化层次低的主体特点,组织联系松散、犯罪成本低廉的手段特点,按照"网上问题网上解决"的治理思路,采取丰富和改进宣传形式,提高网民的毒品防范意识,明确互联网服务、网站维护等运营单位的管理职责,建立对虚拟网络空间的阵地控制等措施,预防网络涉毒问题的蔓延趋势。

(三)以成效为导向考评禁毒工作水平

过去,禁毒工作绩效考评以缉毒执法考评为主导,后来不断提升了禁毒宣传、戒毒康复等内容的权重比,实质上都是将毒情指标(破案数、缴毒量、社区戒毒人数)的变化结果作为禁毒工作考评的重要标准,甚至视为毒品问题治理成效的衡量标准。例如,某地方禁毒部门在其禁毒工作考核办法中按照组织领导20%、严厉打击25%、预防教育20%、禁吸戒毒35%的比重进行了分值设定。这种基本局限在禁毒工作数据申报分析的禁毒工作绩效考评机制,缺乏对禁毒工作资金投入、禁毒工作机构效率、公众认可度等和禁毒成效紧密关联的"大禁毒工作"方面的有效评估,只能起到督促和监控作用,不容易发现、纠正禁毒工作中的薄弱环节和重点问题,更难以发挥正确的引导作用。笔者建议,对于禁毒工作绩效的考评,以禁毒成效考核为主,考核项目的设置要做到定量分析与定性分析有机结合,项目权重、分值设定要兼顾地区毒情差异。其中,毒情评估结果的变化可以作为基础考核项目,通过引入相关指标的测算(如禁毒主要工作指标、禁毒专项工作指标、公众对禁毒信任度调查指标等),建立禁毒工作考评体系,从而有助于科学、客观评估各地禁毒工作。

第二节 毒品问题治理体系建设

毒品问题可以被看作是吸毒者、贩毒者与大多数社会群体之间发生的冲突,这种冲突导致了社会秩序的失衡,进而会出现违法犯罪、公共卫生、道德文化等领域的衍生问题。由此可见,禁毒是一项涉及法学、经济学、政治学、社会学、犯罪学、心理学、医学、教育学、人类学、历史学和地理学等多学科的综合工作,毒品问题治理体系建设需要遵循依法禁毒、系统禁毒、综合禁毒、科学禁毒的基本原则。

一、依法禁毒

鉴于毒品问题已经成为我国社会问题和国际毒品问题不可忽视的组成部分，禁毒工作需要秉承长远规划和依法治理的理念，从传统的治理方式和管控规制向法治保障转变。

（一）健全禁毒法律支撑体系

我国曾是世界上禁毒立法最早的国家。中华人民共和国成立以来，面对毒品问题的发展变化，我国政府不断加强禁毒立法，形成了一整套行之有效的政策、措施和工作模式，将其以法律的形式固定下来，制定了一系列禁毒法律法规[①]，实现了依法管理管制麻醉药品、精神药物和易制毒化学品，依法防范和惩治毒品违法犯罪。2007年12月29日，十届全国人大常委会第三十一次会议审议通过的《禁毒法》并于2008年6月1日起施行，这是为应对毒品违法犯罪形势、适应禁毒工作发展需要，在总结多年来禁毒斗争实践经验、吸收国内外已有法律规定、广泛听取各方意见的基础上，制定的第一部全面规范中国禁毒工作的重要法律，是指导中国禁毒工作的基本法。《禁毒法》的出台标志着党和国家把禁毒工作依法纳入经济社会协调发展的大局，标志着我国禁毒工作由此进入依法全面推进的新的历史阶段，标志着我国禁毒斗争已经站在一个新的历史起点上。与此同时，云南、四川、吉林、黑龙江、广东、内蒙古、山西、江苏、浙江、贵州等地人大都先后制定了地方的综合性或单项禁毒法规。目前，我国已初步形成了以刑事法律为主、行政法规和地方性法规相配套的禁毒法律体系，为禁毒执法提供了有力的法律依据。

目前，毒品违法犯罪出现了一些新情况、新问题，包括各地死刑判处标准不一的问题、少量贩毒不能严格依法追究刑事责任的问题、新型毒品犯罪缺乏定罪

[①] 1950年2月，中央人民政府政务院发布《关于严禁鸦片烟毒的通令》，开展了声势浩大的禁烟运动，禁绝了为患百余年的鸦片烟毒；1979年7月1日，五届人大二次会议制定的《中华人民共和国刑法》专门规定了制造、贩卖、运输毒品罪及其刑罚，对惩治毒品违法犯罪作出规定；1987年11月28日，国务院发布《麻醉药品管理办法》；1988年12月27日，国务院发布《精神药品管理办法》；1990年12月18日，七届全国人大常委会第十七次会议通过《关于禁毒的决定》，对毒品犯罪的种类及其刑罚、吸毒者的处罚及强制戒毒等作出全面规定，并明确规定了中国对走私、贩卖、运输、制造毒品犯罪的普遍管辖权；1995年1月12日，国务院170号令发布《强制戒毒办法》；1997年3月14日，八届全国人大第五次会议对《中华人民共和国刑法》进行了修订，在吸收、保留《关于禁毒的决定》主要内容的基础上，对第六章第七节第三百四十七条至三百五十七条有关毒品犯罪的法律规定作了重要修改和补充，使中国的禁毒刑事立法进一步得到加强；2005年8月，国务院颁布了《易制毒化学品管理条例》和《麻醉药品和精神药品管理条例》，为规范和加强易制毒化学品、麻醉药品和精神药品的管理，打击违法犯罪活动提供了较为完善的法律依据；2005年8月28日，十届人大常委会第十七次会议通过《中华人民共和国治安处罚法》，详细规定了涉毒违法行为的处理办法；等等。

量刑标准的问题、毒品案件管辖权的争议问题、毒品案件特殊证据的效力问题、对吸毒人员认定和处理以及感染严重传染疾病者收治收押的问题、孕妇、哺乳期妇女和利用婴幼儿贩毒案件处理难等问题。例如,艾滋病人、急性传染病人、严重疾病患者、残疾人、怀孕妇女、哺乳期妇女以及未成年人等特殊群体进行贩毒活动,由于法律冲突特殊群体无法收押以及实际工作中因受经费和力量等因素制约,对涉毒特殊群体监视居住和取保候审等强制措施难以落到实处,绝大多数涉毒特殊群体处于抓了放、放了抓的恶性循环状态,导致此类犯罪活动愈演愈烈,成了危害一方的严峻问题。

由此可见,完善和健全禁毒法律支撑体系迫在眉睫:一是及时制定、修订相关法律法规,着力解决制毒物品违法犯罪、互联网涉毒活动、娱乐服务场所涉毒活动、病残及怀孕哺乳期妇女等特殊涉毒群体收押收治、吸毒后驾驶机动车等问题;二是及时出台司法解释或指导意见,加大依法惩治毒品违法犯罪力度,规范和统一法律适用;三是建立健全地方性禁毒法规、规章,因地制宜解决当地突出毒品问题;四是加强执法监督检查,确保禁毒法律法规贯彻实施。例如,针对特殊群体"羁押难、惩治难"的疑难症结,江苏、湖南、广东、贵州、四川等地结合本地实际,主动作为,推动党委、政府出台地方性政策,先试先行,摸索出了一些做法,为探索解决这一问题积累了成功经验。

(二)完善禁毒执法规范化

除了禁毒法制建设有待完善,我国公安机关的禁毒执法水平也亟待提高。一些禁毒工作尚无法可依、无章可循,同时也存在有法不依、执法不严的问题,影响了禁毒执法活动的顺利进行和禁毒工作的长远发展。

公安禁毒部门要注重法律执行工作,以形成依法禁毒的工作格局。当前和今后一个时期,应当根据毒品犯罪形势的新变化,一是加快制定完善戒毒条例、吸毒成瘾认定办法、强制隔离戒毒人员诊断评估办法等禁毒法规,研究制定毒品犯罪案件立线调查规定、立案追诉标准、侦查协作规定以及毒品查缉工作规范、办理涉外毒品案件程序规定等有关制度规范,使各项禁毒执法工作有法可依、有章可循。二是制定公安机关禁毒执法程序规定,对执法程序、执法标准、执法细则作出统一规定和要求,为基层民警提供有操作性、清晰明确的执法依据,切实解决随意执法、粗放执法等问题。禁毒执法办案程序规定既有助于明确执法责任,规范执法行为,又能够防止发生违纪,减少人员伤亡。三是建立完善禁毒民警执法准入任职晋升训练管理机制和禁毒执法资格认证制度,全面推行"轮训轮值、战训合一""全警组训、全员轮训"的执法培训模式,不断提升执法素养,改进执法方式,提高办案质量。四是推进执法信息化建设,探索建立网上禁毒执法办案系统,推行网上受理、网上审批、网上办公,实现网上禁毒执法信息共享,搭建网上禁毒执法服务应用平台,逐步形成执法信息网上录入、执法程序网上流转、执法活动网上监督、执法培训网上进行、执法质量网上考核的执法办案新机制,促进禁毒执法工作规范化、制度化、信息化。

公安禁毒部门的执法活动应当严格贯彻预防为主,综合治理,禁种、禁制、禁贩、禁吸并举的禁毒工作方针,坚持打击、惩罚、宣传、教育、管制、治理并重的原则,坚持法律效果和社会效果的统一。同时,各级地方人大、政协坚持要对当地的禁毒执法工作进行定期或不定期的检查和监督;国家禁毒部门要组织各地禁毒部门认真开展禁毒执法大检查,进一步端正执法指导思想,转变执法观念,纠正执法检查中存在的问题,有力提高禁毒执法水平。

二、系统禁毒

禁绝毒品是一项结构复杂、规模庞大、因素众多、功能综合的系统控制工作。

（一）发挥禁毒协同作用

毒品问题治理体系具有较强的层次性,包含了若干子系统和诸多关键要素,例如毒品查缉系统包括了人防、物防、技防等,涉及公安、海关、邮政、航空等多家单位。所以,加强协作是禁毒工作的永恒生命力,大协作大发展,小协作小发展。跨部门的禁毒协作与公安机关内部的警种联动,需要通过协商共同制定互为支撑的禁毒防控合作机制,实现优势互补,提高整体治理能力和水平。国家禁毒委员会办公室连续多年在《中国禁毒报告》中强调了禁毒工作需要共同研究、部署和推动禁毒各领域工作的开展,形成齐抓共管、综合治理毒品问题的格局,充分体现了禁毒协作机制的重要地位。也就是说,各级禁毒委员会成员单位要视禁毒为己任,参照《国家禁毒委员会成员单位主要职责》规定的职能,充分发挥各自在禁毒宣传教育、禁吸戒毒、打击毒品犯罪、禁毒管理、国际合作等方面的作用,各司其职、各负其责,不等不靠,积极主动开展禁毒工作,将禁毒作为分内之事,而不是配合公安机关开展禁毒工作。而调动相关禁毒职能部门的关键在于协调,承担此项职能的禁毒委员会办公室基本设在同级公安机关,要通过落实人员编制、健全工作制度、完善工作机制,充分发挥其组织、指导、协调的职能,积极为党委、政府当好参谋助手。

（二）注重禁毒国际合作

鉴于毒品全球化趋势更加严重,尤其是周边毒源地的渗透力度不减,我国的毒品问题治理工作还必须站在全球合作的角度开展禁毒国际合作。我国的禁毒国际合作肩负禁毒和外交两个神圣的使命,要认真分析国际国内毒品形势,紧紧围绕国内禁毒工作重点,精心组织协调各项禁毒外事活动,提升我国在国际禁毒领域的声誉和地位,从而推动禁毒领域双边和多边外交的顺利开展。

一是建立与世界各国和国际组织多层次、全方位的禁毒国际合作格局。首先,要认真履行国际禁毒公约义务,积极参与联合国禁毒机构倡导的活动,进一步拓宽禁毒国际合作领域和渠道,提升合作层次和深度,建立"互利共赢、为我所用"的多边、双边禁毒合作机制;其次,积极参加麻委会等重大国际会议,进一步扩大中国在国际禁毒领域的影响;再者,推进中、老、缅、泰湄公河流域禁毒执法合作等区域禁毒合作机制建设,强化上海合作组织的禁毒协调能力建设;同时,加强欧盟、美国、俄罗斯、澳大利亚等毒品走私重点国家和地区的情报交流、联合办案和司法协助,坚决打击跨国毒品走私犯罪活动。

二是与周边毒源地国家的禁毒合作继续向深入、务实方向发展。为从源头上遏制境外毒源地对我国的危害,要继续与缅甸、老挝等"金三角"地区国家开展罂粟种植卫星遥感监测和地面踏查合作,加大境外罂粟替代种植和替代产业工作力度。同时,针对近年来"金新月"地区毒品产量连创新高,毒品问题与三股势力勾结的现实威胁不断加大,进一步加强与阿富汗等国家的禁毒合作。

三、综合禁毒

实践证明,综合治理毒品问题是社会治安管理的有效方法和成功经验,为打击和防范毒品问题发挥了重要作用,但由于过于仰仗公安机关的主体角色,呈现了"政府搭台、公安唱戏"的局面,社会参与度明显不足,尤其是随着毒品新问题日益突出,单纯依靠公安机关的"综合禁毒"不足以应对当前越来越复杂的毒情态势。事实上,所谓"综合"包括了禁毒理念、主体、手段和内容的集约。从理念来说,综合禁毒强调将预防和控制有机结合起来,突出控制的实效性,增强预防的严密性,切实搞好防与控的衔接与转换,做到"防"中有"控","控"中有"防",从而形成"寓防于控""防控同步"的长效机制;从手段来说,综合禁毒的手段多种多样,既包括政治、经济、行政、法律、文化、教育、技术等不同领域的专业手段,又包括"打""防""管""控"构成的公安业务专门手段;从内容来说,毒品犯罪的全过程包括毒品原植物的种植、毒品的生产、加工、运输、贩卖、消费及毒资运转等各个环节,综合禁毒理所应当包括对各个环节的防控,即毒品原植物种植防控、毒品生产加工防控、毒品运输贩卖防控、禁吸戒毒防控和毒品洗钱犯罪的防控等;从主体来说,综合禁毒重在把毒品问题的治理从政府单向管理向政府主导、社会多元主体共同治理转变,即禁毒工作社会化。

四、科学禁毒

毒品问题治理是指对现实或未来毒品犯罪行为与活动的预防和控制。运用科学的理念、方法和技术手段研究和掌握毒品问题的规律和特点,研判其发展趋势,体现了毒品问题治理的技术性特征,即科学禁毒,包括吸毒者治疗方法、毒品检测分析技术、毒情监测手段等。笔者以戒毒治疗为例,对科学禁毒的理念、技术、方法等内容进行解读。科学戒毒,首先要立足于治疗挽救的宗旨,正确认识和把握吸毒人员的性质、吸毒成瘾行为的特征和戒毒治疗科学规律,并由此确定戒毒工作的基点——以人为本的理念、科学治疗的方法。完整的戒毒工作包括身体脱毒治疗、心理康复和回归社会三个连续性过程。

身体脱毒治疗是戒毒治疗第一阶段,是通过药物和非药物的手段使病人摆脱生理依赖,恢复自然生活状态的过程。非药物戒毒法常见的有冷火鸡疗法、针灸疗法和手术疗法,药物戒毒法主要有递减法、替代法、亚冬疗法和中药戒毒疗法。其中,中药戒毒法和针灸疗法均为我国特有的戒毒方法,手术戒毒法的争议尚存,2004年11月2日,国家卫生主管部门向全国医疗卫生机构下发通知,要求停止用于毒品依赖者戒毒治疗的脑科手术。2015年,F地公安机关发现某戒毒医院存在非法开展纳曲酮埋植戒毒手术的嫌疑,犯罪嫌疑人文某因涉嫌销售假药被逮捕,当地卫生计生部门对涉案医疗机构和涉案人员依法进行了调查。纳曲酮为阿片受体拮抗剂,目前国家食品药品监督管理局批准纳曲酮的使用剂型为片剂,使用方法为口服。皮下埋植纳曲酮改变了药物的给药途径,该手术方法未经过国家食品药品监督管理总局批准,2009年原卫生部办公厅还专门下发了《关于立即停止开展皮下埋植纳曲酮治疗吸毒成瘾的通知》。由此可见,这一阶段的戒毒以科学的技术手段为主,注重戒毒方法的实用性和成效性。

心理康复指药物依赖者脱毒之后,其人格及行为方式存在的问题并未发生根本改变,需要通过多种方式,矫正药物依赖者的人格,改变其情绪反应及行为方式,培养其亲社会的态度,为药物依赖者保持操守,重返社会打下基础。吸毒治疗是一个长期的、复杂的过程,由医学、心理学、社会学相互联系、相辅相成的心理矫治至关重要。除了通过日常生活的思想教育和劳动训练,培养吸毒者的自我心理调节能力、行为的矫正和训练、人格的塑造以及社会功能的恢复等外,心理康复还需要采取更为科学的技术手段消除吸毒者的成瘾记忆,防止其脱毒后的复吸行为。由此可见,这一阶段的戒毒治疗除了转移疗法、支持疗法、关怀疗法等心理干预技术手段外,更强调建立心理治疗的渐进机制和长效机制。

回归社会就是建立帮教组织,采用法律干预、社会干预、家庭干预等各种方法，使重返社会的药物依赖者不再涉毒，成为一个正常的社会人。治疗这种反复发作的脑疾病，不仅需要医学，而且更需要家庭和社会力量的参与、后续帮助照顾。总结我国从20世纪80年代中期，经过30余年的戒毒工作历程，复吸率居高不下已是不争的事实。因此，对吸毒者单纯严于法律，疏于社会一系列长效管理机制，使众多吸毒者无法进入主流社会和回到原来的环境。事实上，如何解决复吸问题已成为世界性的难题。由此可见，这一阶段的戒毒治疗已经从单纯的技术方法拓展为了一个戒毒康复机制建设的问题，其中，包含了科学的以人为本理念、完整的戒毒措施、完善的社会救助体系等。

第三节 毒品治理能力建设

禁毒工作能够多维度地反映出一国或一地的社会治理能力。能力建设直接决定了宏观的禁毒策略能否细化落实到打击、防范、管理、戒断等具体的毒品治理措施。从业务领域角度来看，毒品治理能力包括了国际或区域禁毒合作的沟通和协作能力、毒品预防教育的社会动员能力、打击毒品犯罪的法治能力、戒毒康复的社会救助能力等；从能力运行角度来看，毒品治理能力囊括了禁毒战略决策能力、禁毒措施执行能力、禁毒资源调控能力、禁毒主体协同能力、禁毒方法革新能力等。由此可见，从不同角度提升毒品治理能力的手段并不单一。笔者认为，综合分析禁毒工作面临的整体形势，毒品治理能力的核心在于毒品形势研判能力和禁毒成效考评能力两个方面，这既是最紧迫的禁毒议题，也是全面提升毒品治理能力的关键所在。

一、毒品形势研判能力

毒品形势研判是制定禁毒政策与具体举措的前提基础。科学研判毒情态势是全面提高禁毒能力的前提，是促进禁毒职能部门科学决策，实现精细指挥、精确打击、精密防控和精度管理的一项重要基础工作。毒品形势研判是主观见之于客观的认识活动，需要运用科学的方法进行调查统计和综合分析，达到宏观和微观、定性和定量的有机结合。

（一）毒品形势研判方法

1. 宏观毒品形势研判

情报服务决策主要表现为宏观毒情分析服务禁毒工作全局。为牢牢掌握禁毒斗争的主动权，禁毒部门通过收集案例素材、分析犯罪特点、分批分期撰写毒情研究材料等方法,开展宏观毒情分析,建立了定期报送机制,在机制、方法和研究领域方面有所创新。

一是通过对涉毒犯罪规律特点的分析,为打击毒品犯罪提供导向。准确掌握毒情是有的放矢开展缉毒侦查工作的前提。各级禁毒部门分别以月、年为周期,对本地区毒品犯罪活动的基本情况及发展、变化的规律、特点进行分析,重点分析走私、贩卖、运输、制造毒品犯罪案件的作案手段、方法,毒品的来源及去向,毒品犯罪嫌疑人构成特点等,对毒品消费市场进行动态监测,准确把握毒品问题发展蔓延的总体趋势,服务于科学决策。

二是形成毒情分析报告,为制定禁毒策略提供参考。为及时全面掌握国内外毒情动态,客观反映毒品形势的特点和发展趋势,准确判断本地区毒品形势,国家禁毒部门坚持开展年度毒情分析,定期发布毒品形势年度报告,对各级领导全面掌握毒情变化情况、关注禁毒工作起到重要作用。每一份毒情形势分析报告均做到了有观点、有数据、有案例,判断可信,过程可推,结论可用。

2. 毒情专题调研

开展毒品犯罪专题调研要有针对性,这样才能及时掌握毒品犯罪的新动态、新情况。例如,针对邮路贩毒案件、特殊人群贩毒,禁毒部门将其作为毒情专题调研项目,通过引入大数据分析方法,总结得出利用寄递渠道贩运毒品案件的规律特点、特殊人群涉毒情况分析报告等,拓展了毒品形势研判的深度。同时,根据毒品形势发展变化的实际特点,禁毒部门可以开展各类专题毒情调研活动。例如,联合食药监管部门、教育部门组织开展"未成年人群滥用止咳药水抽样调查",深入摸清青少年滥用药物情况。还可以针对某地区某类群体开展毒情专题调研工作,如对在广州地区活动的巴基斯坦籍、非洲籍"三非"外国人等群体进行毒品犯罪活动调研。

3. 涉毒人员调查

以涉毒人员为对象的调查,也可以说是专门研究涉毒人员的生活环境、性格特质等因素的综合调查,其目的不仅是描述毒品问题的特点,更主要是为涉毒行为原因研究提供事实依据。涉毒人员的调查内容包括:戒毒所在戒吸毒人员情况调查、涉毒特殊人群情况调查、涉毒违法犯罪人员家庭背景调查、社会面吸毒人员普查、在册吸毒人员动态管控情况调查、复吸问题调查等。

(1) 开展普遍调查,有助于拓宽禁毒情报信息来源。普遍调查具有范围广、规模大、时效性强的特点,属于着重对某一类或某地区涉毒人员的一般调查。其主要目的是获得对毒品问题的比较全面、完整的了解,是禁毒工作重要的情报信息来源。例如,引导强制隔离戒毒所的管教民警向吸毒人员收集涉毒信息,再由办案民警收集案件情报信息。

（2）开展专题调查，有助于掌握涉毒行为的规律特点。调查工作应与基层现状有机结合，使其成为科学决策、推动工作的重要依据。摸准毒品问题的症结，对症下药解决具体问题，才能实现调查工作的目的，是实现调查活动价值的最佳途径。对涉毒人员的专题调查，主要目的是从微观毒情探视宏观政策的可行性，调查结果直接服务于禁毒策略的调整。例如，戒毒管理部门对强制隔离戒毒人员开展的以调查对象的成分构成、成瘾情况、身体状况、人格情况和心理特征为基本要素的专题调研。

（3）开展个案访谈，有助于深度了解涉毒个体情况。涉毒人员调查访谈是定性分析研究的基本方法之一，其根本特点是研究者以观察者的身份参与到被研究者的生活中，多用于个体研究。通过对戒毒人员采取面对面访谈调查的方法，全方位了解掌握其籍贯、学历、家庭情况、工作履历、收入水平、第一次吸毒情况、吸食毒品类型、戒毒信心、人生规划等内容，通过深入、系统地分析毒品违法犯罪行为的原因和背景，由个人考察社会，形成禁毒决策的参考依据。

4. 毒品社会危害调查

正确评价毒品问题的社会危害，有利于及时采取禁毒宣传预防教育、重点整治等措施，降低涉毒行为造成的社会消极影响。对吸毒问题的社会危害调查包括，毒品滥用行为对个体身心健康的现实危害和对家庭、社会的影响，及对公共安全的潜在威胁。笔者曾经参与的某项调查结果显示，吸毒群体对传统毒品的认识比较正确、全面，对合成毒品的危害普遍存在认知偏差。可见，禁毒教育宣传政策应提升针对性，加强对合成毒品社会危害的宣传力度，尤其是青少年的教育和戒毒社会服务工作需要紧跟步伐。毒品社会危害调查除了能够反映出毒品预防政策的匹配度，还可以反映出缉毒查控措施的适用性。例如，陆丰禁毒部门通过走访当地公安机关负责禁毒工作的领导和民警，访谈当地群众，获取直接、真实、客观的第一手资料，对博社村等重点地区制毒犯罪的危害后果进行研究，调查结论充分反映了群众对当地制毒问题现状、政府集中整治措施及效果的评价。

（二）毒品形势评估机制

考虑到毒品问题涉及因素复杂，隐蔽性很强，国内外对毒品问题的调查评估方法多样，结论亦有不同，同时受毒品监测、信息采集、情报基础等工作因素影响，调查评估结果与实际毒情不可避免地存在差距。因此，笔者认为，应该建立起一套"多源监测、专业评估、科学预警、制度通报"的毒品形势评估机制，把毒品来源、贩运、滥用及危害评估工作作为一项常态化、机制化的基础工作，通过建立良性的运行机制来最大限度地接近真实毒情。

所谓多源监测,是指多途径、多渠道的数据样本来源。一个体系、多个系统的毒情评估机制,有利于监测结果的准确性。除了现有的公安机关以涉毒案件和人员为核心的毒情监测和卫生部门的药物滥用监测外,鼓励第三方科研机构和社会专业调查组织提供毒情监测数据,通过多个数据库的碰撞和综合分析形成全面系统的毒情数据库。

所谓专业评估,是指数据分析的主体构成。鉴于原始的监测数据来源于社会不同领域,评估环节应引入相应领域的专业力量,才能实现所谓的"科学、实时、全面地监测和预警"。这种评估并非简单的数据建模分析,讲求技术评估和实证评估相结合,需要引入统计学、社会学、流行病学、犯罪学、管理学的研究方法,如卫星遥感监测、城市污水分析、毒品来源推断、毒品价格曲线分析等,还要注意参考毒情演变与发展态势、禁毒法律政策导向、地理区位特点等要素。

所谓科学预警是指科学设定预警值,赖于毒情指标的设立是否周全。笔者认为,要素指标应该涵盖毒品需求要素指标(包括滥用规模、年龄结构与职业分布、滥用种类等)、毒品供给要素指标(毒品价格、毒品纯度、毒品案件数量、毒品与易制毒化学品缴获量、新精神活性物质截获量、毒资缴获量、团伙及人员数量、涉毒重点地区)、毒品消费要素指标(毒品获取途径、吸毒场所类别等)、毒品危害要素指标(吸毒人员健康水平、城市公共卫生状况、环境污染状况、社会治安状况、吸毒肇事肇祸情况)等。确定某项指标的预警值时,要注意各地毒情发展的差异性,合理设置标准值和阈值。例如,调查毒品滥用主体时,根据吸毒人员的性别、年龄、职业等做定类测量;分析毒品犯罪机会比例时,通过对利润风险划分等级做定距测量;监测毒品价格区间变化时,按照制毒成本和流通距离做定比测量。

所谓制度通报,是指建立权限设定、责任追究的配套通报制度,例如,国家禁毒办负责定期通报全国毒情,不定期通报某地某类具有代表性的高发毒情;地方禁毒办负责定期通报本地毒情,不定期通报区域内某类具有代表性的高发毒情。

二、禁毒成效考评能力

禁毒成效考评是指依靠科学完整的评估指标、客观公正的评估程序和有影响力的评估结果,完善以旬、月、季度、年份为时间段的动态分析,定期研判毒品问题的突出动向和规律特点,以及影响禁毒效果的关键因素,及时发布专项或定期的评估报告来指导禁毒工作。这一机制通过建立考核标准,对政府及其所属职能部门的禁毒工作进行考查、评价、奖惩及监督,从而保障禁毒工作责任落实到位。目前，国家禁毒委员会在深入调查研究、广泛征求意见的基础上，已经制定了《禁毒工作责任制》《全国禁毒工作考评办法》和《年度全国禁毒工作考评细则》等一系列规范文件，通过加大绩效考评和督促推动力度，对各地和成员单位禁毒工作绩效进行全面考评，充分发挥了考核在禁毒工作中的"指挥棒""推进器"作用，进一步激发了各地区各部门开展禁毒工作的积极性和主动性，形成了"你追我赶、争先创优"的良好局面。但是，现有的考评机制重在对禁毒工作本身的量化考核，缺乏禁毒成效的综合评估，导致很多制约禁毒工作突出问题长期得不到解决。例如，国家禁毒部门通过全国缉毒执法绩效考评机制发现，为追求破案后尽快结案，部分地区公安机关禁毒部门对破获的毒品案件或制毒物品案件中指向毒品或制毒物品源头去向的情报线索不做进一步延伸侦查，浪费了大量情报线索。因此，笔者认为建立起一套完善的集考核、监督、制约、激励及责任追究为一体的考评机制，是提升禁毒成效考评能力的重要途径。

（一）科学完整的考评指标

考评制度是否科学，指标是关键。以禁毒要素为指标的考核评价体系，即所谓"禁毒 GDP"。一直以来，禁毒效果的评估习惯将侦破案件和打击处理犯罪嫌疑人的数量作为主要评价标准，忽视了防范工作带来的社会效益和经济效益，受指标因素制约，结果形成了"重打轻防"的局面，从而造成了"打不胜打、防不胜防"的恶性循环。客观而言，评价禁毒工作，不仅要看成绩现状，还要看发展后劲；不仅要看管理力度，还要看服务水平；不仅要看统计数据，还要看群众评价；不仅要看主观努力，还要看客观条件；不仅要看公安业务指标，还要看社会资源保障。

科学的禁毒成效考评制度应该由客观和主观两方面构成的，客观指标由数据支撑、主观指标由调查结果反映，综合起来构成了某项指标的真实情况。笔者认为，完整的禁毒成效考评的指标包括"禁吸戒毒""打击毒品犯罪""对毒品问题的感受""对社会治安的满意度"4 个维度，囊括"查获吸毒人次数、新发现吸毒人数、强制隔离戒毒人数、社区戒毒人次数、社区康复人次数、社区戒毒社区康复执行率、三年未复吸人数、破获毒品案件数、抓获毒品犯罪嫌疑人数、缴获毒品数、缴获易制毒化学品数、破获千克以上毒品案件数、打掉制贩毒团伙数、打掉制毒窝点数、流入外流贩毒人数、流出外流贩毒人数、破获特殊人群贩毒案件数、抓获特殊人群毒品犯罪嫌疑人数、打掉组织、利用特殊人群贩毒团伙数、破获外国籍人员贩毒案件数、抓获外国籍毒品犯罪嫌疑人数、涉毒人员违反治安管理案件数、涉毒人员刑事犯罪案件数、涉毒人员侵犯财产案件数、各种毒品价格、为外地破案的毒品来源地涉及案件数"26 个客观指标要素，和"毒品问题的严重程度、毒品违法犯罪活动的常见程度、毒品问题影响社会治安的程度、打击毒品违法犯罪活动的力度、毒品问题影响安全感的程度"5个主观指标要素。尤其是主观指标的设置更为关键。实施毒情公众测评时,可以对受访者满意度情况做定序测量。例如,要站在被调查人的角度设计指标。同样一项指标,"毒品违法犯罪活动的常见程度"(站在执法者的角度索要数据)应为"对涉毒活动的直接感受情况"(站在受访者的角度)。

(二)客观公正的考评程序

由谁考评、怎样考评等程序是影响考评制度的重要因素,程序是否规范直接影响考评的质量。

1. 确定考评项目

考评项目的确定,既要立足政府的禁毒决策需求,优先选择确实需要考评的禁毒具体项目,又要权衡客观条件,考虑到禁毒成效的滞后特点和主观色彩,尽量选择能够纳入指标体系衡量的禁毒具体项目。

2. 制定考评方案

考评方案应该包括以下内容:

(1) 考评对象。考评的对象多种多样,可以是某级政府的禁毒成效,也可以是某个或某几个职能部门的禁毒工作效果,还可以是某一项专门领域的禁毒工作效果,甚至是某个社会组织从事专门禁毒工作的效果。

(2) 考评的目的和要求。因考评对象的不同,每个项目的目的和要求存在差异性。禁毒成效考评的总体要求是,采集统计数据要客观、全面,最大限度减少人为因素干扰,尤其是考评对象的影响;分析考评结果要专业、理性,杜绝出现考评主体的臆测和感觉。

(3) 考评主体。禁毒成效考评的主体具有多元性,应根据考评对象的性质、特点和要求,选择适当的考评主体。例如,某些禁毒宣传项目的效果评估,可以改变以往公安机关牵头考评的模式,考虑将考评权交给社会组织或团体,以考评主体的置换、考评行为的广泛民主来促进考评的客观、公正、真实。

(4) 考评的指标体系和标准。鉴于毒情的地域差异,禁毒成效考评指标的4个维度31个要素中,客观指标的具体标准由禁毒决策部门测算、制定,主观指标的具体标准由考评主体制定。

(5) 考评方法。选择的方法是否得当直接影响考评的质量和效率。应根据考评对象的性质和特点,选择和确定合适的考评方法。总的原则是,坚持定性分析和定量分析的统一。例如,涉及的公众对社会治安状况的感受,个体主观不免存在一定的偏差,容易受到分配不公、家庭矛盾等非治安因素的干扰,所以数据采集的设置要科学、客观,尽可能涵盖不同地区、不同群体的评估范围,兼顾农村与城市、不同年龄、不同职业、不同类型的人群,提高评估结果的准确性和科学性。

3. 实施考评

考评实施是考评程序的核心环节,主要任务是参照考评指标体系和考评标准,利用各种有效手段全面收集考评信息,运用相应的评估方法,进行数据、信息的整理和加工,最终做出考评结论。目前,普遍采用网络和人工两种方式开展考评工作。

(三) 有影响力的考评结果

完整的禁毒成效考评机制,既要对事,也要对人。对事是指多元化的禁毒成效评估指标,包含毒情态势、禁毒宣传、毒案查处等;对人则是指切实落实科学的干部选拔任用制度,把禁毒成效和实绩纳入考核内容。建立健全客观、科学、公正、合理的禁毒成效考评制度,就是运用考核导向和奖惩激励的行政推动措施,最大限度地调动参与部门和人员的积极性和创造性,充分发挥其主观能动性,把"要我禁毒"变成"我要禁毒"。结果运用既是考评的延续,又是考评的"落脚点",充分发挥考评制度的工作导向作用和后续推动作用,能够对禁毒工作产生积极影响。

1. 通报

通报是公布考评结果的主要形式之一,其目的在于迫使被考评对象根据考评结果,寻找差距和不足,促进禁毒工作优化层级结构、创新运行机制、提高治理效能。

一是内部通报。将考评结果报党委、政府审定后,以适当形式在一定范围进行内部通报,同时将通报结果报送上级主管单位。

二是对外公布。将考评结果及其运用情况公之于众,充分保障公众的知情权,畅通公众投诉、评议渠道,接受社会监督。

2. 实施奖惩

实施奖惩是考评的根本目的和重要手段。根据考评结果,领导机关可以对被评部门进行奖惩。考评结果好的,应当受到表彰和激励;考评结果差的,应当受到批评和处罚。如果只有考评结果,没有相应配套的奖惩机制,考评与实际工作就成了"两张皮",再科学、完善的考评体系也就没有了实质意义。为确保奖惩激励机制的持续有效性,禁毒成效考评结果可以与预算决策相结合,包括对于政府职能部门下一年度的预算拨款安排、财政转移支付以及通过政府购买服务的公共项目规划等。

3.启动问责

对于考评结果较差且缺乏合理原因和未实施有效整改的地方党委、政府,禁毒职能部门以及禁毒社会组织,要全面启动问责制。通过进一步规范问责主体、范围、内容、程序和方法,实现问责方式从"权力问责"向"制度问责"转变,问责对象从单位向领导转变,确保对于禁毒工作"不作为""懒作为""乱作为"的单位和人员受到严厉惩治,对于个别领导干部和执法办案人员在禁毒工作中失职渎职、办理人情案、金钱案以及为毒品犯罪分子充当"保护伞"等违法违纪行为进行倒查追究。

4.干部选拔依据

对单位禁毒工作的考评结果要与领导班子考核适当挂钩,与领导干部考核直接挂钩,努力实现禁毒成效考评结果在组织、人事等部门的运用,将考评结果作为领导干部选拔任用的重要参考依据。

第四节 推进禁毒工作社会化

当社会管理摆脱传统的"单位"模式后,毒品治理工作需要从单中心管理模式发展为政府和社会合作的多中心治理服务模式,充分发挥禁毒社会组织和队伍的能动作用,促使机关、家庭、学校、行业协会、草根组织等每一个禁毒"单元"均能发挥出切实的防控效果。

一、禁毒工作社会化的解读

(一) 禁毒力量的多元化

禁毒工作社会化的首要环节是优化组合现有的禁毒主体,对其中政府、市场、社会、个人之间的权利和权力予以科学配置,重新建构符合现代社会需求的禁毒(实体)组织体系。禁毒力量的多元化主要包括:一是搭建社会力量参与禁毒工作的平台,积极引导企事业单位、社会组织参与禁毒工作,鼓励社会资金参与禁毒公益事业;二是建立禁毒社会工作专业人才和志愿者队伍,组织开展毒品预防教育、禁吸戒毒等禁毒社会工作和志愿服务活动;三是鼓励单位和个人通过捐赠、设立帮扶项目、创办服务机构、提供服务等方式参与禁毒工作,并按照有关规定予以税收优惠等政策支持;四是发挥中国禁毒基金会等禁毒社会组织作用,推动禁毒社会组织健康发展。此外,按照国家有关规定表彰奖励对禁毒工作作出突出贡献的集体和个人,建立举报毒品违法犯罪奖励制度,积极引导人民群众同毒品违法犯罪行为作斗争。

以基层禁毒工作为例,禁毒工作社会化所倡导的理想状态是,在各级禁毒部门支持下,培育禁毒社会力量,建立"基层干警＋专业社工＋志愿者"的禁毒工作队伍。其中,公安机关负责牵头抓总、培育扶持、指导培训;禁毒委相关成员单位协作配合、搭建平台;社会组织和社工机构承担具体任务、提供专业服务。

(二) 禁毒职能的分化

禁毒工作社会化需要进一步理顺政府与社会的关系。一方面,政府部门既要动员和组织各类社会防控力量参与禁毒工作,又要做好这些组织和人员的引导和培训;另一方面,公众参与禁毒社会事务,有利于扩大毒品问题治理体系的覆盖程度,减少政府在社会公共领域的负担,集中精力开展专业禁毒工作,尤其要发挥志愿机制在社会动员中的重要作用,通过网络招募等渠道,组建具备法律、医疗、心理咨询及社会帮教等多领域专业特长的禁毒志愿者队伍。禁毒职能的合理分化,即政府和社会的相对分离,是禁毒工作社会化的关键环节,主要包括分工和互动两个层面的关系问题。

所谓分工,即选择政府禁毒职能的实现方式。大包大揽的亲力亲为是一种实现方式,通过社会转移或委托代理给企业、社会团体、群众组织等也是一种实现方式。从禁毒工作的整体需求来看,政府借助社会力量实施禁毒管理和服务职能,兼具社会效益和经济效益。例如,将禁毒领域的社会性服务和部分管理工作,交给社区、基层自治组织和非政府组织等进行。

所谓互动,是指"政社分开"后形成"相对独立、互为作用"的合作伙伴关系,产生"1＋1＞2"的协同效应。在禁毒组织体系中,政府和社会之间必须保持适度的张力,维系一种平衡,否则政府容易陷入传统的家长式管理模式,进而挫伤了社会的主动性和积极性,也不难以践行服务和管理并重的理念。

(三) 禁毒成效的最大化

一是"群"策"群"力的社会支持,有助于强化缉毒情报信息的搜集。中华人民共和国成立初期开展的禁烟运动是禁毒史上第一次也是迄今为止唯一一次成功战胜毒品问题的禁毒斗争。这次运动最鲜明的特点就是,充分发动广大人民投入到运动中来,使禁烟成为广大人民群众的自觉要求和行动,使烟贩和吸毒者真正陷入了觉悟了的人民群众的汪洋大海之中,从而有效地保证了烟毒的彻底肃清,保证了禁毒成果的巩固。发动群众参与禁毒斗争,积极举报各类涉毒案件线索,能够形成强大的情报信息网,有助于提升毒情预警能力,直接影响查缉毒品的针对性和科学性。

二是禁毒人民战争的社会氛围,有助于提升打击毒品犯罪的能力。充分运用传统和新兴媒体,主动宣传重大战果,及时报道毒品案件,形成整治毒品的强大声势和浓厚氛围,营造拒毒、防毒、禁毒的良好社会风气,形成社会广泛参与的防毒御毒氛围,通过群众形成的社会网络节点,制造毒品犯罪的预警体系,净化犯罪空间,缩小或消除毒品犯罪人可利用的犯罪情境,从而起到从社会面上预防毒品犯罪的效果。

三是多元社会力量的禁毒参与,有助于固化缉毒战果的长效性。作为一种趋利性的犯罪,单纯依靠惩罚并不足以遏制毒品犯罪的动机,反而会刺激毒品犯罪人趋利的心态。依靠社会化的主体,例如,禁毒协会、禁毒志愿者、社区工作者等多重社会组织和力量,能够形成防范毒品犯罪的风险管理体系,有助于合理应对我国毒品问题在"打击中发展、在治理中蔓延"的客观现状。

四是禁毒社会工作的管理创新,有助于解决缉毒执法技术难题,提高缉毒执法工作的效率。近年来相关社会行业开展的打击行邮、货运、网络等渠道涉毒专项行动中,邮政寄递、互联网企业通过尝试实行开箱验视制度、实名登记制度、举报奖励机制、设立禁毒信息员等措施,较好地减少这些领域的查缉盲区,通过完善行业规范主动介入,为缉毒执法工作提供了必要的辅助,在破解行业监管难题的同时,也缩减了毒品犯罪的发展和蔓延空间。

二、构建禁毒工作社会化格局

《意见》提出要形成"党委和政府统一领导、禁毒委员会组织协调、有关部门齐抓共管、全社会共同参与的禁毒工作社会化格局"。笔者主张,实施以禁毒规律为导向的法律(政策)推进式改革,即通过顶层制度设计的完善来提升各种禁毒力量的管理服务能力,从而引导禁毒实践活动的调整。通过构建禁毒工作社会化格局,充分利用社会管理、教育、医疗、劳动等资源优势,逐步健全多元化、多层次的社会禁毒体系,建立和完善社会防控毒品侵害的有效载体,使之具体化、规范化、系统化、法制化。

(一)从政府领导到政府引导

当前,新旧利益关系纠结在一起,社会治安问题多发,政府显然难以承担一肩挑之责,需要摆脱"大包大揽"的固有管理模式。尽管融预防教育、打击整治、戒毒康复、监督管理等多方面工作于一体的禁毒综合治理体系已经逐步将政府定位于领导组织的角色,但实践操作中创建主体、具体实施、考评机构仍由政府负责,或许能够发挥出立竿见影的效果,但无法适应禁毒持久战的客观需要。为此,需要调整这种表面是"政府领导"、实则是"政府落实"的禁毒工作模式,促使政府部门的禁毒行为转化为全社会的行为,最大限度地吸纳社会资源,鼓励各种社会力量积极参与禁毒工作，尤其是重点组织引导其在禁毒宣传教育和戒毒社会管理等禁毒公共服务领域开展工作。以吸毒人员管理为例，将大量吸毒人员纳入网格化社会管理服务体系，通过风险评估实施分类、分级管理和动态管控，政府职能部门立足于制度设计的引导和监管，最大限度地盘活社会优势资源，加大社会组织禁毒工作管理的考评力度，促使其形成良性的自我发展模式。例如，社会帮扶工作交由一些社会服务组织，甚至民间的草根组织比政府职能部门更为有效。

（二）从社会参与到社会主导

社会参与禁毒工作主要表现为：搭建社会力量参与禁毒工作的平台，积极引导企事业单位、社会组织参与禁毒工作，鼓励社会资金参与禁毒公益事业。例如，逐步建立禁毒社会工作专业人才和志愿者队伍，成立禁毒志愿者协会，组织开展毒品预防教育、禁吸戒毒等禁毒社会工作和志愿服务活动等。再如，鼓励单位和个人通过捐赠、设立帮扶项目、创办服务机构、提供服务等方式参与禁毒工作，并按照有关规定予以税收优惠等政策支持。然而，禁毒志愿者投身禁毒工作存在参与主体积极性高、效果不尽如人意的困境，究其原因主要是这类社会参与行为局限于"被动员参与"，即对于参与主体的定位不够明确。社会化的禁毒工作应鼓励和支持社会主体人员从参与者逐渐转变为主导者，真正实现人民群众由"被动员参与"到"动员人参与"的良性循环。以社区戒毒为例，应该明确区分禁毒办、公安禁毒职能部门、各街道（乡镇）社区戒毒、社区康复工作小组等政府禁毒专门组织和社会组织的职责范围，从吸毒人员的检测、认定、监测和治疗、康复、援助等各方面，充分发挥社会组织的配合作用，既有助于解决社区禁毒专门机构和队伍长期缺位等体制机制问题，又能够有效确保社区戒毒力量，落实跟踪服务计划，发现问题和需求，确保戒毒效果的连续性和完整性。

（三）从禁毒单位到禁毒单元

我国社会正在摆脱原有单位化的社会管理模式，逐步走向以社区建设为核心的社会秩序治理体系，传统意义上的单位管理逐渐被家庭、学校、机关、企业及自治组织等社会单元管理所取代。随着单位制解体或松散化，大量单位人成为社会人，更加重了社会禁毒单元的责任和负担。处于社会毒品防控体系中的各个禁毒单元，应注重禁毒对象的差异化、禁毒内容的全面化和禁毒形式的多样化。社会禁毒工作既需要确保社会层面的全员覆盖，又要求针对不同对象的分层、分级、分类，通过形式与内容的有机结合，实现普及大众（普通群众）、顾及小众（易染毒人群）的禁毒效果。实践经验表明，"禁吸戒毒"是开展社会禁毒工作的关键，也是带动其他各项禁毒工作的重要环节，但并不意味着是社会禁毒工作的全部内容。禁毒工作在社会化、制度化、专业化的进程中,必须统筹好"禁吸、禁种、禁制、禁贩"的关系,协调好"缉毒"和"戒毒"的关系,真正实现禁毒社会化的全面发展。

三、禁毒工作社会化亟待解决的若干问题

2013年6月21日,发生在南京的吸毒母亲饿死女童事件深深刺痛了国人的神经,媒体从各个角度去还原事件的来龙去脉,试图分析问题的根源所在,痛心、同情、愤恨随着这个家庭(社会)悲剧出现。媒体的深描不能替代学理的分析,悲愤谴责之余还需理性的思考。通过这一案例可以描摹出这位吸毒母亲的基本形象:20岁不到未婚先育、不会洗衣做饭等基本家务、没有工作、两个孩子基本依靠丈夫抚育,政府救济和邻里接济均被其挥霍……从中分明看到的是更多吸毒家庭的缩影。这样一个极端案例,既反映出包括吸(戒)毒人员管控在内的社会治理工作存在的困境和难点,也折射出政府职能部门的介入同样存在力量有限和被动特点。社会力量参与禁毒是自发的,能够有针对性地弥补管理部门的职能缺失。但是,如同体育比赛需要章程规范选手、市场竞争需要规则引导企业一样,想要盘活现有禁毒社会资源,推进禁毒工作社会化进程,急需解决以下三方面的关键问题。

(一)禁毒工作社会化的政策导向问题

一是社会化下禁毒工作的组织领导问题,具体包括如何进行"政府-社会"分离后的禁毒工作权限调整;如何划分政府在社会化改造后的禁毒工作体系中的权责界限;社团自主与政府领导之间的平衡关系;相关职能部门在禁毒工作社会化中的角色定位与协作配合;等等。

二是推进禁毒工作社会化的机制建设问题,具体包括确立禁毒社会组织的准入、保障、监督、评估制度;如何规范禁毒社会组织及个人参与禁毒工作的内容;如何完善禁毒宣传、戒毒康复等已经形成的社会化工作措施;如何确保禁毒社会组织所开展活动的相对人的权利;等等。

三是推进禁毒工作社会化的法制保障问题,具体包括如何运用法治方式支撑禁毒工作社会化;是否需要专门立法来规范禁毒社会组织及个人参与禁毒工作;如何制定和落实《禁毒法》关于禁毒工作社会化的指导性规范;如何促进禁毒工作社会化从政策指令型向责任法定型转变;等等。

(二)禁毒社会组织的自身建设问题

一是禁毒社会组织的制度建设问题,具体包括明确禁毒社会组织有哪些职责和权利;如何规范禁毒社会组织的自主运行管理;如何完善禁毒协会、禁毒志

愿者、社区工作者等群众性禁毒自治组织的准入和退出机制；政社分离后，禁毒社会组织需要健全哪些制度；如何协调禁毒社会组织与其他社会组织的关系；等等。

二是禁毒社会组织的人员建设问题，具体包括如何建立与毒情形势和任务相适应、职能配置完善、岗位设置科学的禁毒社工队伍；如何考察与确定专、兼职禁毒社工数量的合理比例；如何完善禁毒社工的工资福利待遇、职业技能培训以及社会保障制度；如何建立规范的禁毒社工奖惩与评价、岗位晋升与退出制度；等等。

三是禁毒社会组织的经费保障问题，具体包括禁毒职能部门与社会组织之间如何合理分配政府拨付经费；如何引导社会资本参与禁毒工作；如何建立禁毒社会组织经费的管理、使用与监督机制；等等。

（三）禁毒工作社会化的运行发展问题

一是禁毒工作社会化的成效评估问题，具体包括如何建立客观数据与第三方参与、群众反映相结合的禁毒工作社会化成效考核评估机制；如何对禁毒工作社会化开展常态化督导、检查、通报；如何建立动态的成效评估体系及配套奖惩措施；等等。

二是禁毒工作社会化的协调发展问题，具体包括如何协调禁毒工作社会化与开展禁毒人民战争的关系；如何协调禁毒工作社会化与创建"无毒社区""无毒村""无毒学校""无毒单位""无毒家庭"的关系；如何统筹禁毒工作社会化与城乡精神文明建设、法治教育、社会治安综合治理工作的协调发展；如何增进禁毒工作社会化与国民教育体系的关联；如何实现禁毒服务管理与救济救助机制的结合；等等。

三是禁毒工作社会化的宣传引导问题，具体包括能否纳入各级党委新闻宣传计划，推荐宣传重点、有价值的新闻线索和素材；如何通过媒体采访报道、创作文艺作品等形式，宣传禁毒工作社会化的成功经验，发挥示范带动作用；等等。

四、推进禁毒工作社会化的可行性途径分析

长期以来，各级禁毒职能部门存在"全能政府""保姆政府"的思维，习惯将大量本应"主导、推动"的禁毒任务变为"主持、推派"，而自身职责范围内的禁毒基础工作却愈发薄弱，大量吸毒人员处于"居住地管不到、暂住地也不管"的失控状态，使社会帮教等禁毒工作难以落到实处。目前，禁毒工作社会化进程只是刚刚起步，面对千头万绪的难题和问题，需要善于从中把握关键环节和突破口。笔者认为，面对推进禁毒工作社会化的瓶颈与制约，可以从以下几条途径予以破解。

(一) 依靠购买禁毒服务模式,健全禁毒工作社会化机制

一是抓住"政府购买服务"这个牵一发而动全身的关键,改变毒品预防教育资金的使用思路和方式,把"禁毒志愿服务"和"禁毒社会工作"等列入禁毒部门购买社会服务的目录,使禁毒社会组织和社工机构能够获得稳定的资金来源。同时,财政资金使用方式从单纯拨款变为合作、评审、监督等社会化流程,这也是创新社会治理、转变政府管理方式的具体举措。

二是完善项目化运作的工作机制。在开展常规的集中性宣传活动同时,以项目为牵动,通过组建项目库、规范项目申报和监督、优秀项目评选等方式,引导和扶持社会组织、社工机构深入毒品预防教育领域,针对不同领域青少年群体提供"菜单式"服务,让毒品预防教育不再浅尝辄止、遍地开花,而是细水长流、深耕细作。

(二) 引导禁毒社会组织发展,壮大禁毒工作的社会力量

现在全国注册的禁毒社会组织仅有上百家,禁毒社工机构刚刚起步,政策支持不够、资金来源不多、地区发展不平衡,大多处于"小、散、弱"的状态,在禁毒宣传教育、戒毒出所人员帮教、涉毒特困群体救助等领域发挥的作用还非常有限。笔者建议,通过综合施策,确保禁毒社会组织的健康发展。

一是将制度和规范作为禁毒社会组织发展的指导纲领。通过立法、行业自律等方式确定禁毒社会工作者以及志愿者的准入、待遇、职业保障、考核等制度;通过设立国家标准,健全禁毒社会组织的准入与退出机制,保障禁毒社会组织发展的可持续性和结构合理性。培育禁毒社会力量,政府扶持是路径,关键在于禁毒社会组织的自我管理。行业组织或协会是政府和社会组织的沟通中介和渠道,可以有效降低政府管理的财政负担。例如,首都高校禁毒公益联盟是基于首都高校组织参与禁毒宣传的重要平台,通过盘活各参与高校的优势资源,规范了禁毒宣传和提升了宣传成效。

二是通过政策引导禁毒社会组织的合理发展。禁毒社会组织的建设要因地制宜,考虑地域、毒情等因素来区分层次和标准,比如让直辖市、副省级城市、计划单列市是一个层次,东、中、西部地区的地市级城市是一个层次,按照数量和质量适应工作发展的要求,有计划、有目标地推动禁毒社会力量的发展、壮大和成熟。

(三) 培育禁毒社会工作人才,充实禁毒社工队伍

据不完全统计,禁毒、矫治、青少年事务这三个社团社工的流失率普遍较高,有的已达到15%左右。而这三个社团社工恰恰是承担禁毒职责的主力军。流失率高的原因是多方面的。其中,一个不可忽视的原因是禁毒专职社工的工作

负荷量不断增加。这与吸毒普遍化的整体毒情形势密切相关。例如,上海平均每名禁毒社工要承担50～70个戒毒者生计关怀、心理咨询、尿样检测等方面的管理帮教工作。笔者认为,禁毒社会力量既要"专业"也要"多元":

一是出台禁毒社工力量的培育计划。专职社工方面,依托高校、科研院所以及社会培训等教育资源培养专业的社会工作者,发挥专职社工在专业服务、贴近一线、无缝连接等方面的优势;兼职社工方面,鼓励志愿者等社工力量,最大限度地从事禁毒一线服务工作,鼓励志愿者等社会人员参与社会工作者职业水平考试及学历教育。

二是通过骨干培训、典型示范、业务指导等方式提高禁毒社会力量的专业水平。禁毒工作需要一定的专业基础,特别是针对重点对象和重点场所的毒品预防教育,更需要相应的知识积累和专业技巧。当前进入禁毒领域的社会组织、社工机构熟悉社会工作方法,但在毒品预防教育方面大多是"自学成材",有服务热情但专业素养不够,需要加强有针对性的培训。鉴于禁毒工作专业化程度较高,涉及医药卫生、心理、法律等多个领域,按照职能部门的培养计划,对已经从事禁毒工作的行政事业单位人员要开展专业化培训。

三是健全禁毒社会工作人员的岗位制度,包括准入与退出、薪酬保障等。准入与退出方面,可以根据工作岗位要求、工作对象、工作难易程度等因素,设定相应的岗位与等级,建立考核评估制度,同时设立国家考核标准,建立禁毒社会组织和社会工作人员的退出机制。薪酬保障方面,政府职能部门应统筹建立相应的机制,从人事、资金、政策等方面干预禁毒社会组织体系的层级结构和资源集中程度,合理确定禁毒社会工作者的薪酬待遇、职业保障与规划以及晋升制度。

第三章　禁毒防控理论与体系建设

　　禁毒实践工作离不开理论指导,禁毒理论研究又来源于实践经验的总结,两者之间貌似"鸡生蛋、蛋生鸡"的复杂关系,实则是相互影响、相互作用的耦合关系,关键就在于理论精髓与实践需求的契合度。一直以来,受限于公安研究范畴,将社会治理、犯罪打击、治安管理的成熟理论简单嫁接到禁毒领域,应用到实践层面容易出现"水土不服"症状;鉴于禁毒研究范畴庞杂的影响,将社会学、犯罪学、法学、医学等诸多领域的成果套用至禁毒研究,也容易出现"郑人买履"的弊病;而来源于实践经验的方法和认识,大多又局限于"一药治一病",且"治标不治本"的困境。由此可见,任何禁毒理论的提出必须立足于实践工作的需求,同时又不能一味满足于"问题导向"的被动研究,必须充分考量新理论能否解决当前的问题、又能否影响未来的问题。

第一节　禁毒防控理论

　　毒品问题日趋严重,俨然成为影响社会长远发展的重要因素。特别是全球毒潮泛滥,毒品犯罪组织化、集团化、国际化、武装化、智能化等特点,毒品来源多元化、毒品滥用多样化、制贩吸毒一体化的趋势更加明显,禁毒工作任重道远。正是立足于严峻毒情和禁毒斗争的需要,笔者提出了禁毒防控理论,旨在通过全面研究毒品问题现状,准确把握新形势下的毒品犯罪趋势,协调运用"防"和"控"的治理思维,有效解决现阶段毒品问题造成的社会危害。

一、禁毒防控理论的认识基础

(一) 无毒与禁毒的关系

　　相较于消灭毒品问题的终极目标,控制毒品问题是通过监测、分析和研判毒情发展变化,制定合理的禁毒政策,实施有效的控制措施,最终达到治理毒品问题的目标。面对常态的"毒",整个社会体系很难出现真正意义上的无毒概念。因此,就当前的毒情形势下,对现状问题的控制,其实效要高于一味追求"无毒"

的理想状态。

(二) 战果与效果的权衡

禁毒斗争是一项发展渐进的工作,面对正处在发展蔓延阶段的毒品形势,必须在尽快见到实效上下功夫、做文章,坚决遏制住当前毒品问题发展蔓延的势头,逐步从遏制毒品问题上升到控制毒品问题,直至根本解决毒品问题。

不论是打当前的攻坚战,还是打持久的治理战,都要处理好战果与效果的关系。既要看战果,这是各项主观工作力度加大的表现,更要看效果,这是评估工作的根本依据。毒品问题的有效治理,特别是毒情形势的根本好转,需要日积月累、循序渐进,从量变到质变。要抓好短期、中期、长期工作规划和衔接,持之以恒、久久为功,不达目的决不罢休,不获全胜绝不收兵。

(三) 防与控的协调

过去,一直将对毒品的"控"简单理解为"打"。过度迷信"唯价格执法"的"毒品战",认为只要切断毒品来源,减少毒品供应,迫使价格上扬,就可降低或减少毒品滥用和流行,从而彻底解决毒品问题。禁毒经验已然表明,以"堵源"为核心的"打控"效果并不理想。

"控"有着全新的定义,即控制毒品与禁绝毒品并非对立的。相较于消灭毒品的终极目标,毒品控制是通过监测、分析和研判毒情发展变化,通过制定合理的禁毒政策,实施有效控制措施,最终达到治理毒品问题的目标。

二、禁毒防控理论

禁毒防控理论属于实务禁毒学的研究范畴,涵盖了毒品预防教育、成瘾理论与治疗、禁毒情报、毒品查缉技术等领域,能够有效解决禁毒工作遇到的实际问题,具有较强的操作性。

(一) 禁毒防控理论的内容

禁毒防控不单是预防和控制毒品犯罪活动,还包括围绕影响毒情发展的人、地、物、事等基本要素,研究和分析其活动规律,从而采取有针对性的措施,实现预警、防范、治理、服务等功能。禁毒防控理论主要包括以下四个方面的内容:

1. 科学预警

综合运用多种手段,广泛收集社情、毒情信息,及时发现毒品违法犯罪的苗头和影响社会安全的危险因素,在分析和研判的基础上,形成可供公安机关和党委、政府决策的科学依据,起到对毒品问题的预警作用,防患于未然。

2. 全面防范

宣传教育和戒毒康复是从源头上防范和遏制毒品问题的滋生和蔓延。具体包括以下途径:一是通过禁毒政策和法律法规的宣传,普及禁毒知识;二是及时发现、制止和控制涉毒高危行为,开展有针对性的禁毒宣传教育,从根本上排除易染毒人群沾染毒品、走向歧途的可能性,努力减少新吸毒人员的滋生;三是依托禁毒预防宣传工作,宣扬禁毒工作涌现出来的典型人物事迹,树立全民禁毒的典范。

3. 综合治理

禁毒防控集打击犯罪与综合整治于一体,既能够发挥公安机关专业优势,重拳打击犯罪,又能够加强部门协作,系统治理、源头治理、综合治理毒品问题。禁毒防控理论兼具治标和治本的双重功能:一方面,通过以打开路、重拳出击,把毒品犯罪的嚣张气焰压下来,遏制毒情快速蔓延势头,从而发现更多的问题、更真实的毒情,为实行全面深入治理赢得时间、创造条件;另一方面,强化预防教育、戒毒管理等各项禁毒工作,把治理毒品纳入社会治理范畴,找准毒品滋生、蔓延的社会根源,着力消除毒品违法犯罪的土壤。

4. 管理服务

禁毒防控理论将管理与服务紧密结合起来,依靠基层组织,动员社会力量,在社区中对那些吸毒时间不长、成瘾程度不深、具有戒毒意愿、具备家庭帮教条件的吸毒人员进行戒毒治疗、康复指导和行为干预,既有利于巩固戒毒成果和化解社会矛盾,又有助于给予戒毒康复人员更多的关爱和帮助,提升了吸毒人员的服务管理水平。

(二) 禁毒防控理论的特点

1. 整体性

禁毒防控理论强调将彼此联系的事物加以系统化,形成整体,运用于实践,发挥出更大作用,即通过系统内各要素的有机整合,达到 $1+1>2$ 的整体效果。从毒品原植物的种植,毒品的生产、加工、运输、贩卖、消费及毒资运转等各个环节,禁毒工作都应该有相应的防控措施,且必须相互衔接、配套,真正发挥其整体功能和效应。有效的禁毒防控必须依靠系统的合力,而不是单个方面、单项措施的独力,这是禁毒防控理论的重要科学依据。

2. 综合性

禁毒防控理论强调综合各有关部门、单位和社会各有关方面的力量,特别是人民群众的广泛参与和支持,提高禁毒防控的实际效果。禁毒防控不仅需要党和政府的积极领导,更需要广大的参与机构和组织积极的参与,各司其责,各履其职,充分发挥职能作用。各环节之间渗透交织,相互影响,任何一环的工作效果对其他环节都有着不同程度的影响,集中体现禁毒防控理论的"综合"作用。

3. 层次性

禁毒防控理论具备严密的逻辑结构,既可以分为减少毒品非法供应和减少毒品非法需求两个互为联系又自成一体的两大系统,其中,减少非法供应的体系中又包含了禁毒情报协作机制、禁毒执法行动机制、毒品犯罪的控制机制等,减少毒品的非法需求体系又可细分为禁毒宣传教育的防控体系与戒毒康复体系,而戒毒康复体系又可再分为自愿戒毒体制、社区戒毒体制、强制隔离戒毒体制、社区康复戒毒体制等。由此可见,构建禁毒防控体系应该有层次的要求,每个层次都应该科学、完整、协调,层次之间有机衔接。

4. 动态性

禁毒防控理论既是相对稳定又是不断发展的。禁毒防控理论要想实现防治犯罪的高效益,必须根据、跟进不断发展变化的罪因结构呈现出动态、随机的能动性反映。因此,必须对禁毒防控体系实行动态管理,适时进行战略调整,能动地发挥体系的作用。此外,任何毒品犯罪对策都是针对犯罪原因或者犯罪原因结构体系设置,而犯罪原因或犯罪结构体系是处于动态化运动发展过程,禁毒防控理论必须随之运动、发展、变化,时刻呈现出一种高度灵敏反馈效果的动态结构体系形式,以便更及时、更精确地防控毒品问题。

三、禁毒防控理论的核心要素

禁毒防控理论倡导综合治理、防控同步和多机构协作三个核心要素。

(一)综合治理

自1979年提出综合治理的理念,我国的社会管理工作已经形成了较为完整的融打、防、管、控、教、改为一体的综合治理体系,成为独具中国特色的社会治理模式。治理理念的提出,是一场国家、社会、公民从着眼于对立对抗到侧重于交互联动再到致力于合作共赢善治的思想革命,是一次政府、市场、社会从配置的结构性变化引发现实的功能性变化再到最终的主体性变化的国家实验。笔者认为,禁毒防控理论所蕴含的综合治理体现在以下三个方面:

1. 力量的综合

禁毒防控体系的主体不仅包括党委、政府、公安机关和其他禁毒职能部门,还包括各种禁毒社会组织和个人等。禁毒防控主体的社会化实现了政府职能部门和社会力量从"我们"和"你们"到"咱们"的角色转变。

(1)党委、政府领导。各级党委、政府对禁毒防控工作的领导主要表现为禁毒政策的引导和禁毒制度的设计。各级党委、政府应把禁毒工作作为事关经济社会协调发展的大事,纳入当地经济社会发展的总体规划,统一考虑,统一规划,统一部署,切实加强组织领导。为官一任,守土有责。各级党委、政府主要负责同志应切实承担起禁毒工作第一责任人的职责。

(2) 职能部门分工负责。禁毒委员会各成员单位应发挥各自在禁毒宣传教育、禁吸戒毒、打击毒品犯罪、禁毒管理、国际合作等方面的职能作用,明确自身的职责任务,严格落实应负的责任,主动开展禁毒具体工作。禁毒委员会办公室基本设在同级公安机关,既是组织、协调机构,又是禁毒工作实体,通过落实人员编制、健全工作制度、完善工作机制,充分发挥其组织、指导、协调的职能,积极为党委、政府当好参谋助手。

(3) 社会组织积极参与。政府的力量是有限的,完全依赖政府职能部门开展禁毒防控工作收效有限。禁毒防控主体的社会化,主要是指一切在禁毒方面可以起到作用的其他组织和个人均可以"为我所用"。在长期的禁毒防控实践中,我国逐渐形成了包括禁毒基金会、禁毒协会等禁毒社会组织、禁毒服务企业和志愿者等组成的禁毒社会力量。但是就当前情况来看,社会力量参与禁毒工作仅依靠行政力量推动,缺乏对各参与主体的有效激励机制,参与主体敷衍塞责,防控效果将大打折扣。随着经济结构的调整、利益格局的分化和市民社会的发展,社会组织运用其资源与权力承担社会公共事务管理的现象将越来越多。经验证明,以政府购买服务的形式对禁毒社会组织进行支持资助,充分发挥其禁毒防控作用,是支持、引导、规范社会组织发展的有效途径。

(4) 广泛动员人民群众。群众路线是公安工作的根本路线,是渗透整个公安工作的基础工程。公安机关应以专门机关与群众工作相结合的方针为指导,采取多种方式方法,引导、鼓励人民群众积极参与到禁毒防控体系建设活动中,配合专门机关共同构成强大的防范力量。通过强有力的组织领导,努力形成党委、政府统一领导,禁毒委员会组织协调,有关部门齐抓共管,人民群众广泛参与、综合治理毒品问题的工作格局。

2. 手段的综合

治理手段的综合是指实现从运用单一行政手段向综合运用多种手段的转变,多种手段包括道德教育手段、行为规范自律手段、社会矛盾调节手段等。只要有利于防控毒品犯罪的手段均应该被采用。禁毒防控手段具有多样性和综合性特点,既有政治、教育、经济、法律、行政等多种方法,又有人防、物防、技防、打击、管理、建设、宣传、教育、改造等多种措施,既有应用于打击毒品违法犯罪的手段,又有服务于禁毒宣传预防教育的手段。

(1) 刑罚手段。刑罚手段是应对毒品犯罪行为最严厉的强制性段。当毒品犯罪行为发生后,刑罚无疑是最有效的办法。采取刑罚措施一定要注重打防结合,即立足毒情现状的背景分析,对已经发生的或正在发生的毒品犯罪适用刑罚,注意始终保持对毒品犯罪的高压态势,同时通过刑罚的警戒和威慑作用,最大限度地追求预防前置的效果,及时排除可能引发的毒品犯罪。

(2) 教育手段。教育手段是禁毒防控对象广泛适用的措施。作为防控毒品违法犯罪的间接手段,教育主要有两方面的功能,一是警示防范作用,即通过禁毒宣传引导和规范公民远离毒品、激励和鼓舞社会大众参与禁毒工作;二是挽救帮助作用,即通过协助吸毒人员开展戒毒康复治疗,对其心理产生感化效应,辅以文化知识、道德伦理观念和高尚的生活理想,促使其顺利回归社会。尤其是青少年毒品预防教育工作,需要通过学校、社会、家庭等多种教育渠道,帮助青少年树立正确的是非观、人生观、价值观,提升其文化素质和道德品质,从而预防和减少其毒品违法犯罪活动的发生。

(3) 经济手段。合理运用经济措施可以确保禁毒防控工作向纵深方向发展。例如,加大财政对社会治安综合治理工作经费的保障力度,为拓宽群防群治经费保障渠道提供政策支持等,同时奖励和表彰积极举报毒品违法犯罪、提供涉毒活动线索的公民,鼓励和调动群众与毒品违法犯罪作斗争,自觉维护社会治安秩序的积极性。

(4) 打击手段。打击是最有效的防控措施。打击毒品违法犯罪活动,一方面可以形成强大的震慑力,有效遏制毒品犯罪分子的嚣张气焰,使其不敢轻举妄动;另一方面能够及时发现防控存在的薄弱环节,堵塞漏洞,使犯罪分子无可乘之机。禁毒工作应该坚持严打方针,增强打击的针对性和实效性,抓住人民群众反映强烈的毒品犯罪活动类型,持续不断地开展专项打击和集中整治,始终保持对打击毒品违法犯罪的高压态势。

(5) 管理手段。管理手段是禁毒管理工作普遍采用且行之有效的防控措施。禁毒管理的范围相当广泛,包括易制毒化学品管理、精神麻醉药品管制、娱乐场所的管理、吸毒人员动态管控等。

综上所述,作为治理毒品问题的重要手段,刑罚、教育、经济、打击、管理等各种措施在禁毒防控体系建设中共同发挥着作用,它们之间相互联系、依赖、促进,任何厚此薄彼的割裂行为必然导致禁毒防控整体功能的削弱。

3. 职能的综合

根据禁毒工作的范围,"打""防""管""控"构成的综合治理是一个科学的、完整的体系和社会工程系统。其中,"打"是指对毒品违法犯罪的打击;"防"是指对毒品滥用的防范;"管"是指对禁毒工作的管理;"控"是指对毒品、易制毒化学品的控制以及涉毒行为的控制。

(二) 寓防于控,防控同步

防控是预防与控制的简称,虽防控并提,但本质要义是寓防于控,即于控制中达到预防的目的,实现防控同步。

1. 防

"防"即预防,是对毒品违法犯罪的事前应对。预防作为一种基础工作,应当以社会力量为主,赋予其社会面毒情调查、禁毒宣传教育、涉毒行为举报、戒毒康复治疗等权能。所谓的社会力量,包括组织和个人两个层面,例如吸毒学生的学校和家长。从力量投入方面来看,预防毒品违法犯罪的过程中,公安机关应当"退居"辅助地位,但并不意味着失去主导作用,尤其是宏观毒情分析、毒品隐患风险排查、涉毒高危人群管理等工作仍然需要公安机关的专门管理。此外,对于社会力量参与禁毒预防工作,公安机关应当切实发挥起监督和检查职责。

2. 控

"控"即控制,是对毒品违法犯罪的事后处置。控制作为一种作用力,以公安机关为主体,以毒品违法犯罪为客体,所采取的处置措施是施力过程的重要载体。控制作为一种系统,包括了法律控制、社会控制、条件控制、情景控制、环境控制、心理控制等不同层级。从这个角度讲,禁毒防控理论所倡导的"控制"以公安机关的合法强制权为基础,但并不局限于公安执法的单一途径,其他社会单元应充分发挥自身的辅助作用,形成完备的禁毒控制系统。例如,对于接受社区戒毒和社区康复的戒毒者,社区等基层组织应当派专人跟踪走访,掌握吸毒者回归社会情况,及时向公安机关反馈,发挥柔性控制的效果。

预防和控制始终是相辅相成的两个方面,禁毒防控理论将二者有机结合起来,突出控制的实效性,增强预防的严密性,切实搞好防与控的衔接与转换,做到"防"中有"控","控"中有"防",从而形成加强禁毒工作"寓防于控""防控同步"的长效机制。

(三) 多机构协作

这一理念最早是英国20世纪80~90年代由中央政府倡导的自上而下密切协作的"经理主义计划"发展而来。所谓多机构,是指国家职权机构(如政府部门、警察机构等)、私人企业,甚至还包括类似社区的公共组织之间的合作。多机构协作强调预防犯罪是全社会的共同任务,任何组织、机构和公民提出的政策方针和实践做法,只要能对预防犯罪发生影响,那么就应该贡献一分力量。多机构协作理念对于禁毒防控理论具有指导作用:

1. 多机构协作有利于禁毒职能部门间形成合力,优化配置禁毒资源

通过组织和协调各禁毒职能部门和其他力量,促使其整合为一个有机整体,优化配置现有禁毒资源。从国务院到县级人民政府建立的各级禁毒委员会,便是协调公安、司法、卫生、财政、药监、教育等数十个部门的协作机制,整合现有禁毒资源,分工到位、责任明确、协作顺畅,各尽其责,发挥禁毒整体合力。相对于整合群众力量,体制内的机构协作更具有可操作性。一方面,公安机关禁毒部门切实担负起同级禁毒委员会办公室的协调功能,督促党政主要领导切实发挥禁毒工作第一责任人的作用,无论是集中整治行动、跨部门行政管理、行业(场所)联合检查,还是禁毒宣传活动、戒毒康复帮教工作,切实推动各参与机构的互动联系,形成禁毒职能机构间的常态化联动机制。另一方面,整合公安机关内部各警种的警力优势、专业优势、资源优势和手段优势,形成多警种配合、多层次互补的联合作战格局,构建起"禁毒工作一盘棋"的良性互动协作关系。

2. 多机构协作有利于整合社会资源的禁毒力量

禁毒是一项开放性的社会工作,仅有政府部门的主导开展,不能使禁毒工作取得良好的效果。通过建立与社会团体、单位、公民的禁毒协作机制,聚合社会支持禁毒事业资源。尤其是禁吸戒毒方面,通过多方发动社会成员广泛参与禁毒宣传等公益活动、建立禁毒协会、聘请禁毒形象大使,组织禁毒志愿者、社工、义工,动员广大公民积极配合社区禁毒,有助于营造良好的社会禁毒氛围;鼓励、扶持社会力量投入自愿戒毒、戒毒康复场所的建设,建立戒毒基金会,吸收广大致力于的禁毒事业人士的热心捐赠,有助于扩宽禁毒经费来源。

3. 多机构协作符合禁毒事业变化发展过程连续性和完整性的专业特点

以戒毒工作为例,包含身体脱毒治疗、心理康复和回归社会三个连续性过程。其中,身体脱毒治疗是戒毒治疗第一阶段,通过药物和非药物手段使病人摆脱生理依赖,恢复自然生活状态。心理康复指药物依赖者脱毒之后,其人格及行为方式存在的问题并未发生根本改变,需要通过多种方式,矫正药物依赖者人格,改变其情绪反应及行为方式,培养其亲社会的态度,为药物依赖者保持操守,重返社会打下基础。回归社会就是建立帮教组织,采用法律干预、社会干预、家庭干预等各种方法,使重返社会的药物依赖者不再涉毒,成为正常的社会人。吸毒成瘾者回归正常社会生活,必须经历一个连续不断的戒毒过程,要保证其身体脱毒、心理康复和回归社会过程的完整性,必然需要多部门、多机构密切配合和通力协作。

第二节 禁毒防控体系建设

一、禁毒防控体系

毒品犯罪的复杂性特征造成禁毒防控工作的职能范围广、内容要素多,涵盖了毒品预防,毒品、易制毒化学品管制,禁毒情报信息,禁毒国际合作,缉毒工作和戒毒工作等多个职能,以及囊括了禁毒学基本理论、禁毒政策和禁毒法规等若干研究要素,只有动用全社会的力量,巧妙安排各类防控要素的优化组合,才能达到毒品犯罪防控的预期目的和最佳社会效果。因此,笔者提出的禁毒防控体系[1],是从维护社会稳定需要出发,依据系统论、控制论等理论,在党委、政府统一领导下,运用各种手段整合现有力量和社会资源,综合打击、防范、管理、服务等多种措施,建立科学、高效的工作运行机制,实施全方位动态防控的一项系统工程。

(一)准确的毒情预测

禁毒实践工作离不开理论指导,客观翔实的科学理论需要数据的支撑,唯有对毒品情况进行准确把握、正确分析,才能得出具有实践意义的科学论断。禁毒部门应该深刻认识和准确把握"禁毒工作、情报先行"这一核心理念,始终坚持情报工作为禁毒决策服务、为缉毒破案服务、为毒品防范服务的原则,依靠禁毒情报工作,主动掌握本地毒情,分析总结犯罪特点,准确摸排贩毒线索,实现对毒品违法犯罪活动的精准打击和主动防范。

1. 通过信息研判了解宏观毒情形势

一是借助覆盖全时空的禁毒情报网络,让禁毒信息搜集的触角广泛遍及各行各业,拓宽涉毒信息的大数据来源渠道。禁毒与刑侦、治安、监管、技侦等警种,海关缉私、邮政监管、铁路、民航、监狱等部门建立起全方位、多层面的立体情报网络和高效率的信息互动机制,加强对禁毒情报信息的收集、研判、交流和实战应用。除了横向层面的数据采集,完善的毒品形势评估制度还应包含科学、客观、可靠的省、市、县三级毒情评价体系。二是通过毒情专项调研活动,理清本地毒情的主要问题和症结所在,找准禁毒工作的定位和方向。各地公安机关禁毒

---

[1] 与单纯的毒品犯罪防控机制不同,禁毒防控体系是为达到打击毒品犯罪的最佳预定目标,依靠从整体上对结构、组成要素、信息传输、控制机制等进行分析、设计、规划、管理评价和控制的技术,实现其最优效果,是一项结构复杂、规模庞大、因素众多、功能综合的社会大系统。

部门要清楚本土毒情的基本态势，是生产、中转、贩运、消费还是化学品、毒品原植物种植的问题；善于分析本地区毒品消费市场的网络、团伙、人员等特点，总结得出造成毒品问题快速蔓延的关键因素；重视毒资来源、贩毒收益等财富调查工作对禁毒方向的引导作用。

2.通过模块分析掌握毒品犯罪特点

以禁毒案件信息管理系统为数据来源库，设置融合不同参数值的模块单位，对得到的数据进行统计和计算，从而分析该模块所指代的某种毒品违法犯罪行为（方式）的特点和规律。通过对当前毒情特点的综合分析，笔者罗列出了16个分析模块，包括毒源地（制毒地）分析[1]、毒品集散地分析[2]、打击吸、贩毒违法犯罪力度分析[3]、打击制毒犯罪力度分析[4]、毒品滥用现状分析[5]、毒品滥用趋势分析[6]、一类易制毒化学品制造地分析[7]、犯罪嫌疑人（非法买卖制毒物品案）户籍分析[8]、毒品价格分析[9]、毒品流向地分析[10]、毒品贩运路线分析[11]、在册吸毒人员分析[12]、抓

---

[1] 将"毒品来源地""一类易制毒化学品流向地""制毒地"所涉及地区为统计对象，根据所涉地区案件数量从高到低进行排序得出重点毒源地，并对流出毒品数量进行统计分析。

[2] 查获地与毒品去向地不一致时，查获地即为集散地，将查获地按案件数从高到低进行统计得出重点集散地，并对流出毒品数量进行统计分析。其中，跨省集散地：来源地或去向地与查获地属于同一省的不作为分析对象；跨市集散地：来源地或去向地与查获地属于同一市的不作为分析对象；跨县集散地：来源地或去向地与查获地属于同一县的不作为分析对象。

[3] 通过抓获吸毒人员和贩毒人员之间的比例判断一地打击吸贩毒违法犯罪是否有力。一是将各地吸贩毒人员比例与全国（或全省）平均比例进行比较分析；二是将本地吸贩毒人员比例与前3年平均比例进行比较分析。

[4] 将破获的贩卖毒品案、运输毒品案、非法持有毒品案等案件数之和与破获的制毒案件数进行比较，分析各地打击制毒犯罪力度。一是将本地该比例与全国（或全省）平均比例进行比较分析；二是将本地该比例与前3年平均比例进行比较分析。

[5] 围绕查获吸毒人员数量、在册吸毒人员数量、新增在册吸毒人员数量、在册吸毒人员占当地实有人口的比例（实有人口包括户籍人口和流动人口）、本地缴获毒品数量、抓获零星贩毒人员数量、外地查获流向本地的毒品数量等7个数据项，对各地进行比较分析。

[6] 将查获吸毒人员增速、在册吸毒人员增速、新增在册吸毒人员增速、在册吸毒人员占当地实有人口的比例增速、缴获毒品数量增速、抓获零星贩毒人员增速、外地查获流向本地的毒品数量增速等7个数据项进行分析，得出毒情趋势分析情况。

[7] 将一类易制毒化学品制造地按案件数量进行统计分析，得出一类易制毒化学品重点制造地区。

[8] 对非法买卖一类制毒物品案件的嫌疑人户籍地进行分析，统计非法买卖制毒物品重点户籍地区。

[9] 毒品价格是禁毒工作的"晴雨表"，从中可以判断出毒品的流向和贩运规律，为制定一个时期打击毒品犯罪的策略有十分重要的意义。通过近几年各地毒品购进价格、卖出价格分析全省平均价格，通过平均价格高低判断全省或各地毒品市场的供需关系。分析全省或各地购进、卖出价格的变化趋势。

[10] 对毒品案件中毒品流向地进行分析，按案件数高低将涉及地区进行排序。

[11] 从跨省、跨市、跨县三个角度进行统计分析重点贩运路线，重点经过的省、市、县，指导禁毒堵源截留工作。

[12] 按在册吸毒人员数、性别、年龄、学历、职业、吸食地点等数据项，对吸毒人员进行统计分析。

获吸毒人员分析[①]、打击处理分析[②]、藏毒方式分析[③]、外流贩毒分析[④]等。

(二) 多元的源头治理

党的十八届四中全会提出了"源头治理"。《意见》提出了对毒品问题实施"源头治理"的原则。源头治理是毒品治理的治本之策,是党的社会治理原则在禁毒工作的具体体现。源头治理从毒品问题根源着手,治理对象包括引发毒品问题的毒品犯罪和滋生毒品问题的社会土壤两个方面,治理方法涵盖了打击整治的"堵源"手段和减少需求的"预防"手段。

1. 对走私毒品的源头阻截

强化堵截查缉工作,遏制境外毒品渗透,切断毒品入境内流的各条通道。综合利用情报研判、公开查缉和专案经营等侦查措施,严防"金三角""金新月"等毒源地毒品流入国内,形成全方位、全环节、全天候的毒品堵截体系。同时,建立整体联动、区域联查、整体防控的查缉机制,摸清毒品流通渠道路线、进出口子、贩毒主体、行踪去向、方式方法,既延伸境外除源,打击境外毒枭毒贩,又延伸内地经营,打击内地团伙网络,侦破更多跨区域大案。

2. 对生产毒品的源头打击

铲除重点地区制毒问题,遏制国内制毒犯罪活动,从源头上减少毒品供应。制毒犯罪活动是各类毒品问题的源头性犯罪活动,制毒犯罪团伙和网络是各类毒品违法犯罪团伙中组织最严密、手段最狡猾、非法获益最多、危害最严重、打击难度最大的。打击制毒犯罪需要的"技术含量"最高,需要更多地开展研判和经营,需要付出更多的侦查智慧,需要具备更高的取证水平,需要开展更紧密的合作,需要开展更大范围的协作。公安机关通过跨部门、跨警种、跨地区联合开展情报研判和专案侦查,深入排查梳理制毒犯罪重点嫌疑人员,研判锁定制毒犯罪团伙,动态管控制毒犯罪活动,有效遏制国内制毒犯罪活动的高发态势。

3. 对药品流失的源头管理

按照《麻醉药品和精神药品管理条例》《非药用类麻醉药品和精神药品列管办法》的规定,对列入目录管理的药品种类,加大其生产、运输、经营、使用等环节的监管,依法查处非法生产、运输、经营、使用麻醉药品和精神药品的行为,保证麻醉药品和精神药品的合法、安全、合理使用,防止流入非法渠道。

---

① 根据吸毒人员数量、性别、年龄、学历、职业、吸食地点等数据,从百分比、增长幅度等角度对吸毒人员进行统计分析。
② 对抓获毒品犯罪嫌疑人处理情况进行分析,刑拘、取保候审、监视居住、逮捕、起诉各占多少,近几年变化情况。
③ 对缴获毒品的毒品案件藏毒方式进行统计分析,掌握藏毒特点,指导公开查缉工作。
④ 通过对本地抓获外地贩毒人员的户籍地进行分析统计,得出外流贩毒人员较多的地区。

4. 对制毒物品的源头管控

易制毒化学品管制工作是解决合成毒品来源问题的基础性、源头性举措。以《易制毒化学品管理条例》为法律支撑,公安、安全监管、食品药品监管、商务、海关、工商行政管理、农业等部门要联合开展专项检查行动,坚持两头延伸、追上游打下游,强化案件倒查,掌握化学品来源、流向,彻底摧毁走私贩运网络,彻底堵塞管理漏洞。针对一些地方易制毒化学品流失严重问题,通过明察暗访、清理整顿、限期整改、吊销执照等手段,建立起政府负责、部门监管、行业自律、全程管控的工作机制。

5. 对吸毒人员滋生的源头预防

对吸毒人员的"源头治理"主要是指预防新滋生吸毒人员和减少复吸人员的数量。一方面,是将预防置于禁毒工作的基础性、根本性、源头性地位,以遏制新吸毒人员滋生为重点,以人民群众自觉抵制毒品为目标,组织开展声势浩大、形式多样、内容丰富的禁毒宣传教育活动,使党和政府厉行禁毒的决心得到充分彰显,自觉防毒、拒毒的意识深入人心。同时,运用科学方法和现实案例讲解毒品致病机理、严重危害和防范技巧,揭示毒品的危害性、隐蔽性、欺骗性、违法性,消除部分公众认为合成毒品不是毒品、不易成瘾的认识误区,从源头上防范和遏制吸毒者的滋生。另一方面,做好戒毒康复治疗和戒毒人员的社会回归工作。习近平总书记在听取全国禁毒工作汇报时指出:"治理毒品问题,关键是抓住'人'这一核心要素,加强吸毒人员管理,扎实做好吸毒人员的管控、戒治、康复工作,让他们摆脱毒品、回归社会。"帮助吸毒人员戒断毒瘾、融入社会,既是做好戒毒康复的出发点和落脚点,又是防止戒毒人员失控或复吸的重要途径。加强戒毒康复治疗,依法落实强制隔离戒毒、社区戒毒(康复)、社区药物维持治疗和自愿戒毒等戒治措施,帮助吸毒人员戒断毒瘾、回归社会。

(三) 全面的毒品防范

全面提升全民禁毒意识,筑牢社会大众识毒、防毒、拒毒的思想防线,通过举报涉毒犯罪活动线索,积极投身参与禁毒行动,是综合治理毒品问题的根本举措,是预防和减少毒品犯罪的主要途径。所谓全面的毒品防范主要包含两层含义:一是形成政府领导、部门协同、社会参与的毒品犯罪防范格局,即防范主体的多元化;二是构建多层次、立体化的毒品犯罪防范体系,即防范机制的社会化。

1. 防范主体的多元化

(1) 政府及其职能部门。在党委、政府的统一领导下,禁毒委员会成员各单位分工把口、各司其职,按照"谁主管、谁负责"的原则,其中公安、文化、工商等部门负责对娱乐服务场所的管理,建立以行政部门依法管理为主、娱乐场所自律管理和全社会共同监督相结合的长效机制,并加大管理处罚力度,以杜绝娱乐场所毒品滥用的危害;公安、商务、海关、工商、食品药品监督管理等部门负责对易制毒化学品的管理,强化检查和监督措施;卫生、药监等部门负责对精神药物、麻醉药品的管理,防止其流入非法渠道;工会、共青团、妇联等社团组织负责关注涉毒家庭子女、失学失业青少年等高危群体,及时纳入网格化管理;等等。

(2) 学校等重点单位。学校是防范未成年人毒品犯罪的重要阵地。学校被认为对未成年人产生持久作用的社会化机构。教育行政部门、学校应当将预防毒品违法犯罪作为法制教育课程纳入学校教育教学计划,落实禁毒教学课时,统筹做好对教师队伍的禁毒培训,邀请公安民警担任校外禁毒辅导员;通过典型案例、动漫展示、专家讲授等形式,科学讲解毒品的危害性、依赖性和隐蔽性,驳斥合成毒品不伤身、不成瘾的认识误区;组织学生参观禁毒展览,联合教育部门开发内容新颖、适合学生特点的教育资料;结合少年的生理和心理特点,对不同年龄层的青少年开展针对性的毒品预防教育。

(3) 社区等基层组织。《禁毒法》第17条规定,"居民委员会、村民委员会应当协助人民政府以及公安机关等部门,加强禁毒宣传,落实禁毒防范措施"。作为基层群众性自治组织,居民委员会和村民委员会的日常工作最贴近百姓,而且与其他社会团体的社区基层组织和社区内的企事业单位有着广泛密切的联系,对辖区内的常住居民和流动人口的情况最为熟悉,在开展有针对性的禁毒宣传教育和掌握本社区毒情、落实各项禁毒防范措施方面都有着得天独厚的有利条件。近年来,各地广泛开展创建"无毒社区"活动中,居民委员会和村民委员会在协助政府有关职能部门,加强对本社区(村)的居民、村民的禁毒宣传教育,落实禁种、禁制、禁贩、禁吸等禁毒防范措施方面的成绩功不可没,因此,有必要以法律的形式将禁毒工作的这一成功经验巩固下来。

(4) 各类社会组织。吸纳和引导社会团体、慈善机构、非政府组织、民间组织、宗教组织、志愿工作者等社会力量投入禁毒宣传、戒毒康复等领域,充分发挥其优势和特点,协助政府职能部门防范毒品犯罪,能够产生事半功倍的效果。例如,通过政府购买服务方式,招聘禁毒社工协助公安机关开展管控工作,为戒毒康复人员提供救助服务;要发展禁毒志愿者,协助开展宣传、帮教工作;要充分发挥社区网格员的作用,协助社区戒毒社区康复工作机构做好信息采集、跟踪监控、帮扶救助、宣传教育等工作。

2. 防范机制的社会化

(1) 发挥政府的引领作用。禁毒实践中,融禁毒宣传、预防教育、戒毒康复等多方面工作于一体的毒品犯罪防范机制将政府定位于组织领导的角色,承担了制定防范对策、实施防范举措、考评防范效果的全能职责,或许能够发挥出立竿见影的效果,但无法适应禁毒持久战的客观需要。尤其是既有和新兴毒品问题纠结在一起,政府显然难以承担"打击"和"防范"一肩挑的职责,亟须摆脱"大包大揽"的传统模式。毒品犯罪防范工作应最大限度地吸纳社会资源,鼓励各种社会力量积极参与防范工作,重点组织引导其投入禁毒宣传教育和戒毒社会服务等领域。以吸毒人员管理为例,将大量吸毒人员纳入网格化社会管理服务体系,通过风险评估实施分类、分级管理和动态管控,政府职能部门立足于制度设计的引导和监管,最大限度地盘活社会优势资源,加大社会组织禁毒工作管理的考评力度,促使其形成良性的自我发展模式。此外,政府制定相关税收优惠政策,来鼓励和支持单位和个人通过捐赠、设立帮扶项目、创办服务机构、提供服务等方式参与禁毒工作。

(2)鼓励社会力量参与禁毒。社会力量参与毒品犯罪防范机制的主要形式包括:搭建参与禁毒工作的平台,引导企事业单位、社会组织参与禁毒工作,鼓励社会资金参与禁毒公益事业,建立禁毒社会工作专业人才和志愿者队伍,成立禁毒志愿者协会,组织开展毒品预防教育、禁吸戒毒等禁毒社会工作和志愿服务活动等。然而,社会力量投身禁毒工作存在参与主体积极性高、效果不尽如人意的现实困境。究其原因主要是社会参与行为局限于"被动员参与",即对于参与主体的定位不够明确。而毒品犯罪防范机制的社会化实现了社会力量从参与者逐渐转变为主导者。以社区戒毒康复为例,鼓励和引导社会组织参与戒毒人员的监测、治疗、康复、援助等服务,既有助于解决社区禁毒专门机构和队伍长期缺位等体制机制问题,又能够有效确保社区戒毒力量,落实跟踪服务计划,发现问题和需求,确保戒毒效果的连续性和完整性。尤其是社会帮扶工作交由一些社会服务组织,甚至民间的草根组织比政府职能部门更为有效。

(四)高效的重点打击

长期的禁毒斗争经验表明,打击是禁毒工作必不可少的手段,是治理毒品问题最有效的方法。然而,一些重点地区的毒品问题在打击中蔓延,一些突出的毒品问题在治理中恶化,而毒品问题严重的地方,大多治安形势恶化,刑事犯罪高发,群众缺乏安全感,形成毒品犯罪肆虐的沃土。因此,从维护社会治安稳定大局的角度出发,公安机关要把"重点打击"作为牵引禁毒工作的一条主线,以严厉打击毒品犯罪的实际行动,减少毒品犯罪的社会危害。

1."以打开路",抓住最突出的问题,治理最要害的难点

治理毒品问题关键靠打击。"打什么、如何打"这一基本问题直接影响到惩治毒品犯罪的成效和禁毒策略的整体部署。

（1）要下好先手棋，打好主动仗。通过对主要毒品过境通道、主要毒品集散地和中转站、外流贩毒及特殊群体贩毒重灾地区、制毒活动重点发案地区、重点的制毒原料流出地区、严重毒品消费地区进行前期调研，梳理分析本地毒情的突出问题，找准问题症结，制定有针对性的行动方案。尤其是对于群众反映强烈的"毒、枪、黑、恶"交织问题及屡查屡犯的涉毒地区、场所，要实行重点打击，彻底打掉幕后主使和毒品供应网络。

（2）要因地制宜、突出重点。对于涉毒重点地区和重点部位而言，伤其十指不如断其一指。采取针对性的专门行动，把打击锋芒对准制毒团伙、网络，强力推进破案攻坚，端掉一批制贩毒窝点，打掉一批重特大制贩毒团伙，把犯罪分子的嚣张气焰打下去，从根本上扭转毒情被动局面。

（3）要派驻工作专班，制定深入推进打击工作的时间表和路线图。以专项行动为抓手，发挥专班侦破大要案件的主导责任，提供足够的人力、物力、技术支持，加大对当地及周边地区公安机关打击涉毒团伙网络的支持力度。借专案合力，将所有盘踞在重点地区的制贩毒团伙、所有隐藏在周边各地的制贩毒团伙、所有向制毒分子供应制毒物品的犯罪团伙等一举围歼。

2."一打到底"，始终保持高压态势，坚决防止事后反弹

对于初见成效的重点地区，打击工作丝毫不能放松，需要深入持久治理。如若不及时出重手、用猛药，"毒瘤"势必复发，再次成为积重难返的涉毒乱点。

（1）要坚持露头就打，有效挤压所有制贩毒活动的生存空间，对犯罪分子形成强大震慑。重点打击行动中，无论是入境内流毒品的堵源截流、跨区域贩毒活动的侦查协作、跨国毒品案件的侦查合作，还是零包贩毒案件的侦办，要始终保持对各类毒品违法犯罪活动的持续高压态势，保持禁毒工作各项指标的持续增长，坚决遏制毒品违法犯罪活动的高发势头。

（2）要开展规模化打击，积小胜为大胜、积大胜为全胜，直至实现"禁绝毒品"的理想目标。以目标案件为牵引，认真挖掘梳理、锁定贩毒团伙网络，联合侦查、同步收网，实施跨区域、跨警种联动作战的规模化打击，使本地目标案件形成规模效益，对其他缉毒执法工作起到支撑作用。随着持续的高压严打，重点地区及流窜各地的制贩毒团伙受到重创，区域内制贩毒活动出现明显萎缩，向其他空间转移现象明显增多，对此，要协调周边地区公安机关，共同构筑针对重点地区制毒犯罪向外转移的防波堤。

（3）要辅以常态性清理清查工作，对潜在的涉毒地区采取地毯式、不间断的轮番清理整治行动。一方面，结合社会治安秩序管理，加大清查力度，增加检查频次，重点发现和打击容留、贩卖毒品犯罪活动，净化社会环境；另一方面，加强

涉毒阵地控制工作,物建一批情报信息员,加大对贩毒通道沿途公路加油站、汽车修理厂、收费站、停车场、宾馆、物流公司以及重点车次、重点航班、重点邮政窗口的控制,和对公共娱乐服务场所、吸毒和零星贩毒窝点及有关人员情况的掌握。

二、禁毒防控体系建设

(一)禁毒防控体系建设的目标

构建禁毒防控体系是为了预防、发现和制止毒品违法犯罪活动,查处涉毒案件,挽救吸毒人员,提供戒毒康复的社会服务,保护人民群众的合法权益,使社会治安状况持续保持良好状态。

从长远角度讲,禁毒防控体系的目标与禁毒工作的终极目标一致,即"禁绝毒品"。防控毒品违法犯罪现象是个长期角力的过程,其力图通过构建禁毒防控体系消除所有毒品问题,一劳永逸地实现"无毒社会"的目标,这显然是不切实际的。社会总是处于不断发展变化之中,毒品问题在治理中蔓延、在蔓延中治理的复杂态势短期内不会发生根本改变,禁毒防控体系的现实目标在于有效控制毒品违法犯罪活动,即通过对毒品案件的打击和处理,将毒品违法犯罪活动规模控制在公众可承受的范围内,有效治理和改善毒品引发的社会治安秩序混乱问题,提升群众的社会安全感。

只有做到长远目标与现实目标的有机结合,才能确保禁毒防控体系的顺畅运行,实现预防与控制毒品犯罪的目的。

(二)禁毒防控体系建设的模式①

1. 流程模式

流程模式是指,为了完成毒品及涉毒行为的控制,按照禁毒工作开展的先后次序将各个工作环节有机地组合在一起,构成完整的禁毒防控体系。其基本内容包括:

禁毒学基础理论 → 禁毒预防体系 → 禁毒政策研究 → 禁毒法律研究 → 禁毒情报体系 → 缉毒工作 → 戒毒工作

图 3-1 禁毒防控体系流程模式

流程模式具有分工明确、职责清晰,便于单项禁毒工作深入研究的特点,多被传统的禁毒防控体系所采用。流程模式适用于毒品品种单一、毒情不太严重、

---

① 部分内容节选自李文君、聂鹏.禁毒防控体系构建模式初探[J].中国人民公安大学学报(社会科学版),2007,(03).

涉毒范围集中的禁毒工作系统。这种模式可以帮助查清毒品泛滥的主要原因，从而有针对性地制定合理的禁毒方案。同时，它的缺点也是不容回避的。该模式忽视了禁毒工作各个环节的内在联系，容易犯"教条主义"的弊病，不利于禁毒工作的系统开展。

2. 树形模式

禁毒工作是一个涉及多学科、多领域、多部门的系统工程，明确具体分工，划清各自职责，有利于禁毒工作的开展，采用树形模式可以达到此目的。其主要内容：

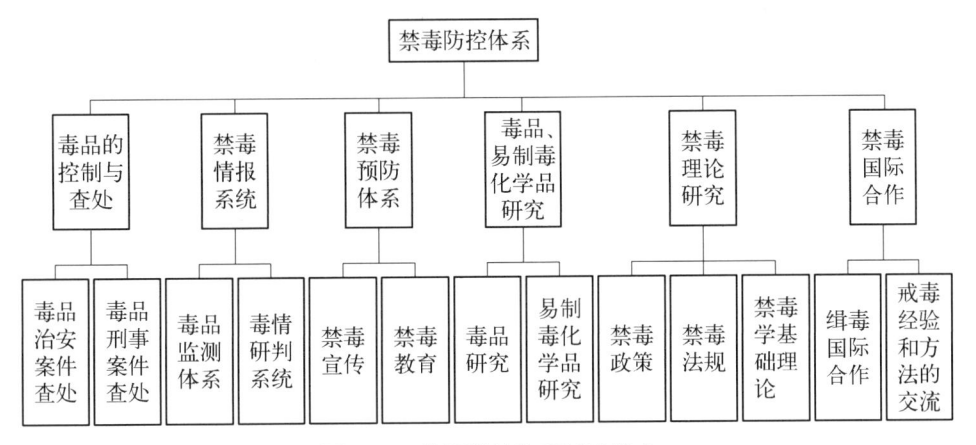

图 3-2　禁毒防控体系树形模式

树形模式对禁毒职能部门有实际指导作用。采用树形模式，明确禁毒防控体系中各环节职责划分、涵盖内容、所属关系等，有助于业务部门开展相关工作和业绩评估。同时，构建树形模式禁毒防控体系要求禁毒职能部门具有完备的业务分工，丰富的工作经验和合理的管理体系。当前，我国大多数禁毒机构符合树形模式，随着禁毒斗争的深入和广泛，也开始暴露一些问题。当不同职能部门业务交叉时，往往出现越位、错位和缺位等矛盾和漏洞。究其原因，主要是忽视各环节之间的内在联系，各个部门"单打独斗"，从而导致禁毒资源缺乏有效整合，没有达到最优化效用等问题。

3. 网络模式

网络模式具体内容可见图 3-3：

网络模式由于复杂程度和实际操作性等问题的存在，仅适合于一个地方、国家、区域或者全球构建禁毒防控体系时参照使用，其对禁毒工作各环节之间的渗透和结合的突出特点具有独特意义。例如，云南省曾在全省推行吸毒人员"外转内"管控模式，力图摆脱长期以来"打不胜打、防不胜防"的被动局面，以戒毒工作

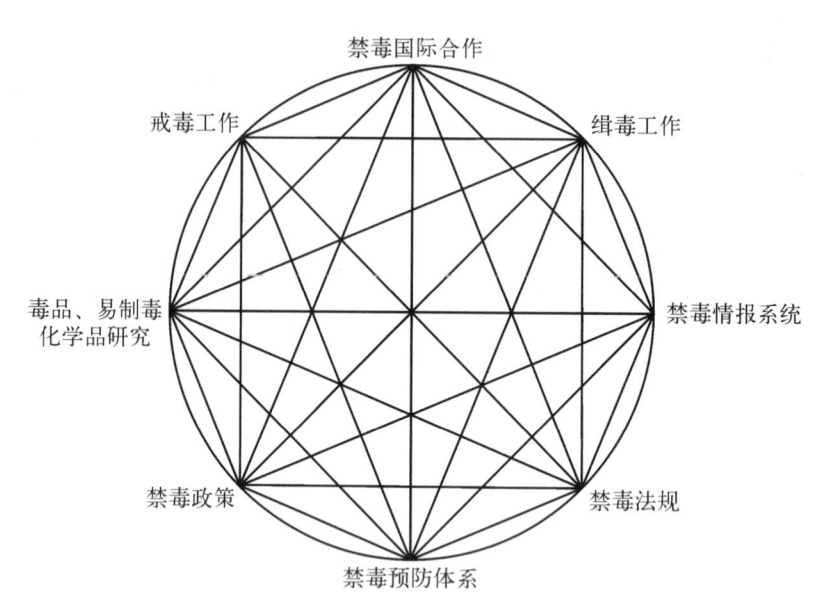

图 3-3 禁毒防控体系网络模式

为中心,调整禁毒策略,整合禁毒资源,强化预防体系,完善情报系统,使吸毒人数得到了有效控制,而且稳中有降,维护和促进了社会稳定,充分发挥了网络模式的作用。我国禁毒防控体系的构建是一个系统工程,需要调动社会各方面的力量,从人力、物力、财力上给予支持。每一项具体工作环节都能够构成一个防控网络,这些网络之间相互作用又构成一个大系统的防控网络,其功能将大于各个具体防控体系相加之和。这个系统将是严密的、开放的,将对毒品的非法滥用形成巨大的打击力量,使禁毒斗争有长足的进展,使社会向和谐、稳定、健康的发展。

(三)禁毒防控体系建设的经验样本

1."海路、陆路、航空、邮路"禁毒立体防控

多年来,公安和铁路、交通、民航、林管、海关、邮政等部门充分发挥各自优势,忠实履行查毒职责,构建起海、陆、空、邮立体防控体系,有效打击毒品运输与贩卖,拦截毒品流通渠道,"海陆空邮"查缉战果连年攀升:一是网络更加严密,建立了"远点设障、外围筑墙、内部织网、主动进攻"的查缉工作模式,形成了由机场、车站、交通要道、物流及寄递等重点部位构建的堵截毒品入境的三道防线;二是机制更加完善,建立了多部门、多警种分兵把口、协调配合、联动查缉的执法体系,形成了情报会商、阵地控制、人员培训、激励奖惩等一体化运行机制;三是手段更加先进,积极利用人、机、犬等多种手段特别是民航、旅店、通信等信息系统,初步实现了对涉毒可疑人员的动态分析、查控,探索出一批"人机结合、信息导

查"的战术战法,查缉能力明显增强。

"海路、陆路、航空、邮路"禁毒立体防控体现了控制理论的层次性要求,各层次主体相互配合、相互衔接,构成了科学的禁毒防控体系。

2."全警禁毒"联动防控

当前,毒品犯罪跨地域运作、枪毒合流、武装贩毒趋势明显,打击难度、打击风险高,单打独斗越来越不适应形势需要,多地多警种的优势互补、联勤联动、协同作战是必由之路,禁毒、巡警、交警、刑侦、治安、经文保、网监、技侦、武警、边防、消防、派出所等警种间的协作配合将更加密切,全警种、全方位控制毒品违法犯罪活动的禁毒联动防控模式将成为公安机关治理毒品问题的有效途径。治安、交警、巡警、边防等警种都负有查缉毒品的重要职责,都具有查缉毒品的独特优势。各警种在各自岗位上开展查毒工作,不是在帮禁毒部门的忙,不是业余工作,而是职责所系、任务所在、工作所需,是大局意识、主体意识、责任意识的充分体现。公安机关多警种协作配合,全方位控制毒品违法犯罪活动,构建形成的禁毒联动防控,真正把查毒工作纳入分内之事、作为一项主业,积极主动地找问题、想办法、堵漏洞,加大查缉的力度和密度,形成强有力的威慑,让毒贩确确实实感到明显的压力,大幅度地增加其贩毒的成本和风险。

3."全民禁毒"的社会化防控

禁毒防控是一项系统工程、社会工程。由于我国禁毒工作体制的行政架构以及制度设计均强调职能部门作为禁毒工作的主体,形成了"重打击、轻预防"的局面。禁毒防控则更注重调动各种组织、力量和资源的有序衔接,职能部门的执法打击工作和其他主体承担的毒品预防教育、社区戒毒、社区康复等社会工作,二者之间需要形成彼此协调配合的互动局面。如果专业化打击一手硬,社会化工作一手软,减少供应、减少需求工作不能同步推进,禁毒事业注定难以成功。因此,结合禁毒工作社会化的大方向,通过落实党委、政府的领导责任,督促相关部门履行禁毒责任,动员社会力量、发展禁毒志愿者参与禁毒宣传教育、戒毒康复和扶持救助等禁毒社会化工作,构建起"全民禁毒"的社会化防控体系,推动与发展社会力量参与禁毒工作,既可以从社会面控制毒品犯罪的发生环境,监控毒品犯罪的活动态势,也能够为职能部门的工作起到有效的辅助,从而提高毒品犯罪打击效率。

4.禁毒文化防控[①]

毒品及涉毒行为的控制手段有很多种,社会控制只是其中的一种分类方法,

---

① 部分内容节选自28. 李文君,聂鹏.毒品文化辐射研究[J].中国人民公安大学学报(社会科学版),2008,(01):122-127.

其内容和形式主要包括法律控制、社会规范控制、社会行为控制、思想道德控制、文化意识控制等方面。其中，文化控制手段具有非强制性、自觉性和广泛性的特点，能够有针对性地解决毒品亚文化在伦理道德、风俗习惯、信仰信念和社会舆论等方面的消极影响。

禁毒工作是一项艰巨复杂的系统工程，需要有雄厚的物质基础、政治保障，更需要有强有力的精神文化支撑。多年来，各级禁毒职能部门和志愿者组织、文化社团、基层社会单元等群众组织积极展开合作，调动一切有利因素，组织开展了形式多样、声势浩大的全民禁毒宣传教育，建立社会预防的心理机制，形成了比较完善的禁毒文化防控体系。

禁毒文化防控强调主流文化的主导性作用，突出"文化特色"，防止毒品亚文化的蔓延：一是普及毒品预防知识，号召全社会同毒品违法犯罪作斗争；二是广泛开展禁毒法制宣传教育，使全社会了解国家和地方的禁毒法律、法规和规章制度，通过法制教育，提高公众识毒、防毒和拒毒的意识和能力，甚至能够积极投身到禁毒斗争中；三是加强对高危人群，尤其是青少年的思想、道德、文化教育，以点带面，以主动的态势发挥毒品文化防控的作用。

禁毒文化防控能够将禁毒工作与精神文明建设相结合，营造和谐文化的环境氛围。精神文明的创建工作和禁毒工作的相互协调配合，能够共同为构建和谐社会营造良好的文化氛围。例如，在对文化娱乐市场的管理整顿中加强禁毒工作的力度，尤其是毒品预防知识的宣传教育，将禁毒宣传体系纳入精神文明建设整体规划，使社区帮教和基层组织工作有机结合，把毒品预防教育融入学校教育之中，创建"文明城市""文明村镇""文明行业""文明家庭"与创建"无毒县市""无毒社区""无毒单位""无毒学校""无毒家庭"结合起来，等等。与此同时，建设和谐文化，营造积极健康的舆论氛围，有利于化解各种社会矛盾，形成良好的人际关系，有助于塑造健全的人格和良好的社会心态，促进人的心理和谐，从最大程度上降低高危人群涉毒的环境诱因，又可以有效地辅助戒毒康复者的社会回归。

第四章 毒品犯罪查缉与控制

面对严峻的毒情态势,全国公安机关禁毒部门坚持重拳出击、重典治乱,以重点地区突出问题为导向,以前所未有的声势和力度打击毒品违法犯罪活动,成功侦破"10·5"湄公河大案等一批跨国、跨区域涉毒犯罪案件,成功抓获了包括糯康在内的一大批跨国、跨区域制贩毒毒枭和重要毒贩。通过严打整治,确保毒品问题始终没有成为严重危害社会和谐稳定、影响群众安全感的突出社会问题。但是,当前面临的禁毒形势依然严峻、复杂,整治效果难稳固、不均衡,一些重点地区的毒品问题在打击中蔓延,一些突出的毒品问题在治理中恶化。因此,笔者试图通过对既往缉毒经验的综合分析,论证在走私、贩卖、运输、制造毒品犯罪交叠并存的客观条件下,如何实现打击手段对于禁毒防控的最优化功能。

第一节 打击毒品犯罪

公安机关禁毒部门对于各类毒品犯罪均采取了一系列又严且厉的打击措施,取得了越来越丰硕的战果。以 A 市为例,2014 年,共破获毒品犯罪案件 2 393 起,同比上升 31%,抓获涉毒人员 12 674 名,同比上升 79.3%,收缴各类毒品 176.6 千克,同比上升 25.5%,数据显示出各项毒品指数均创历年新高。从中不难看出,这种类型的毒品查缉活动将视野投向毒品犯罪所牵扯的人、物、行为、空间等要素,主要表现为抓捕毒品供应者和毒品分销者及其所在的团伙组织,缴获毒品、制毒物品及设备,捣毁制毒、藏毒窝点,追查贩毒、洗钱及其他毒品犯罪关联行为等。也就是说,把打击作为解决毒品问题的关键环节,针对毒品、制毒物品、毒品犯罪人和涉毒行为,采取零容忍态度,始终保持严打高压态势。

一、对毒品的打击

毒品是涉毒犯罪查缉的主要目标,即所谓人赃俱获的"赃"。围绕毒品流通链条,公安、海关、交通、铁道、民航、林业、邮政等部门以堵源截流指挥系统为枢纽,科学规划查缉站点,配备先进查缉装备,大力推广物流寄递实名制,落实各项查缉措施，不断建立和完善覆盖陆、海、空、邮的动态化查缉体系，力将毒品堵在境外、截在途中。

(一) 堵源截流

1. 堵源截流的历史沿革

据笔者考证，堵源截流一词的完整表述始见于1991年第一次全国禁毒会议提出的禁毒方针。起初，堵源截流计划是针对云南等毒品重灾区提出的，实施一线堵、二线查、三线截，从而确保毒品被堵截在省内，不往内陆地区渗透。

针对当时国内毒品来源多元化的实际状况，国家禁毒委于2005年开展了堵源截流战役，开辟出西南、西北、东北、东南四大"战场"。其中，四大堵源截流"战场"的分工如下：西南战场以云南为重点，一方面，切断"金三角"毒品入境、内流和易制毒化学品走私出境的通道；另一方面，开展中缅联合扫毒行动，加强境外除源工作。西北战场以新疆为重点，加强对边境地区的针对性管理，特别是在毗邻中阿等国边境口岸和通道处建立毒品缉查站点，对出入境车辆和人员进行严格检查，加大对"金新月"毒品入境的防控力度。东北战场以吉林为重点，公安机关联合海关等部门，加大对边境口岸、通道和水域的巡逻查控力度，不让境外贩毒集团在我国境内形成贩毒通道。东南战场以广东、福建等沿海地区为重点，严厉打击制造、走私冰毒、摇头丸等合成毒品犯罪活动，摧毁毒品地下加工厂，打掉跨国贩毒集团和网络，遏制制贩毒活动蔓延的势头。

2008年，召开的全国部分地区禁毒堵源截流工作会议又进一步明确提出，当前和今后一个时期禁毒堵源截流工作应坚持"科学设防、合理布局、分兵把口、整体作战"的原则，按照"突出西南、强化西北、兼顾东北和东南"的思路，以建立陆海空邮立体防控体系为核心，以加强情报信息工作为基础，以建立毒品检查站点为依托，以建设专业缉毒队伍为根本，以完善制度机制为保障，最大限度地把毒品堵截在境外、查获在边境地区，最大限度地切断毒品内流渠道，最大限度地遏制易制毒化学品流入非法渠道，促进我国禁毒斗争形势持续好转。随着堵源截流计划的推进，国家禁毒委逐渐认识到仅仅做好国内堵源截流工作还不够，禁毒工作按照"立足当前、放眼未来、立足国内、放眼世界"的思路，逐步把堵源截流工作延伸到了国外。例如，针对传统毒品种植区的"金三角"提出了替代发展的概念。

2. 堵源截流的重要意义

堵源截流是根据当时我国毒源在外的毒情特点而确定的禁毒工作方针，在相当长的时期内发挥了不可替代的重要作用：一是将毒品堵在境外、查获在边境地区，不仅可以提高毒品查缉效率，还能够减轻内地工作压力，减少毒品对内地的危害;二是将境内毒品截流在运输途中,最大限度地震慑毒品犯罪,让境内外贩毒分子不敢轻举妄动;三是通过查获的毒品案件分析毒品犯罪的规律特点,适时调整缉毒策略,对条件较好的案件及时采取控制下交付措施扩大战果,达到事半功倍的效果;四是从陆路、海路、空路、邮路等各个环节建立防控体系,最大限度地减少毒品入境和内流,既是侦破贩毒案件的重要形式,也是侦破贩毒案件的补充和继续,同时,还能够阻止易制毒化学品出境。

3. 堵源截流面临的问题

综合近些年的禁毒成效来看,堵源截流工作未能触及和改变我国毒品供需结构,与严峻的禁毒斗争形势相比,依然存在一些不适应的问题:

一是无法准确发挥宏观指导作用。目前,全国禁毒信息管理系统填报的破案方式还不够细化,难以统计公开查缉、专案侦查、群众举报等破获案件方式,直接影响了上级部门及时调整侦查指导思想和工作重点,一定程度上造成部分地方忽视或削弱了公开查缉这一重要破案手段。

二是难以准确研判贩毒规律特点。由于对贩毒路线、贩运方式、贩运人员以及藏毒部位等变化情况缺乏动态研究,导致查缉站(点)的网络布局缺乏科学依据,毒品公开查缉工作缺乏针对性,导致出现了漏查漏控地带。此外,缉毒设备的科技化水平整体不高、功能过于简单,一定程度影响了查缉的效果。

三是缺乏有效的监督和评估机制。尽管法律赋予公安机关在重要口岸和交通要道查缉毒品的职责,但由于缺乏操作规程,相关部门和警种查毒的责任落实不到位。加之,堵源截流的评估机制不健全,内在动力不足,评估奖惩一个地方、一个部门、一个警种和一个检查站(点)的查缉工作,缺乏科学支撑。

(二) 公开查缉

公开查缉毒品是指禁毒执法部门在毒品运输的各种通道上,依法对特定范围内可能藏匿毒品的人员、货物、车辆、飞机、轮船等进行公开检查,以期查获毒品并抓获贩毒人员的一项专门的执法工作。据不完全统计,云南省每年缴获的毒品中有60%来自公开查缉,其中,缴获易制毒化学品的90%来自公开查缉。2010年,全国通过公开查缉共破获毒品案件1.3万起,抓获犯罪嫌疑人1.6万名,缴获各类毒品5.5吨,同比分别上升35.7%、37.1%和36.8%。

公开查缉是常见的毒品犯罪侦查措施,是打击贩毒活动的重要方法。根据公开查缉的对象不同,常见的公开查缉一般为对人的公开查缉、对车辆的公开查缉、对货物的公开查缉;根据公开查缉的地点不同可分为道路公开查缉、机场公开查缉、港口公开查缉;根据公开查缉点的固定性可分为固定公开查缉站、流动公开查缉站。

1. 公开查缉的作用

公开查缉对打击走私、运输、贩卖毒品犯罪有着重要作用：

（1）堵源截流。缉毒部门通过毒品公开查缉措施，能够有效切断毒品运输通道，减少境内毒品压力，有效挤压毒品犯罪空间。

（2）获取情报。公开查缉是开展专案侦查的重要线索来源，是"打团伙、摧网络、断通道、追毒源"的专案工作起点之一，任何一次成功的公开查缉都有可能转化为一次专案侦查。此外，通过统计出一定时期内某一地区某一线路毒品贩运规律，开展有针对性的情报搜集工作，为缉毒工作提供参考。

（3）震慑犯罪。通过广泛公开的查缉，形成强大的查缉声势，能够对毒品犯罪活动产生强大的威慑力，既能够增加犯罪成本，又会影响毒贩的犯罪心理，有助于在一定程度上减少毒品犯罪。

2. 公开查缉的主要内容

（1）合理设置查缉点。只有科学设置站点，合理配置资源，才能有效打击毒品犯罪。公开查缉站点的设置一般是在总结已有走私、运输、贩卖毒品犯罪的规律上布局的，常见的是在各毒品犯罪重灾区的重要交通要道、出省道路、边境线、人流量较大等点设置。

（2）提高查缉技术含量。在我国警力严重不足的情况下，提升毒品查缉设备的科技化水平，充分发挥警犬在公开查缉中的优势作用，具有重要的现实意义。例如，上海海关综合运用旅客舱单系统、出入境管理系统等信息资源，探索"高风险旅客筛查法"，实现对贩毒分子风险布控，2016年运用该方法连续查获3起香港籍人员走私可卡因入境案，缴获毒品可卡因共计54余千克。

（3）开展部门协同作战。毒品犯罪涉及面广、线长，往往牵扯到多个地区、部门协同作战，尤其是公开查缉工作，高效的查缉效率和准确的情报线索，更需要部门与警种的打破壁垒、密切配合。公安、海关、海警、交通运输、邮政等部门和单位要协同作战、整体联动，加大毒品查缉力度，推动堵源截流由边境地区向内地机场、沿海港口、公路铁路全方位开展。例如，鉴于快件渠道走私毒品出境案件高发的态势，广州海关与安检部门推出"存疑三共"查验模式，实现共同判图、共同查验、共同处置，并于2016年7月3日利用"存疑三共"查验模式一次性查获出境冰毒104千克。

（4）注意自身人员安全。随着打击毒品犯罪力度的加大，贩毒分子武装对抗性增加，枪毒合流尤为突出。因此，公开查缉过程要时刻注意自身安全，通过制定科学的查缉程序，选取有利地势设置查缉点，合理分工、密切配合，对重点可疑对象要采取隔离查验等，尽最大可能降低查缉人员的执法风险。

目前，各地建立的毒品查缉网络体系，正在经历由区域化、部门化、临时性、阶段性、经验型、人力型的传统查缉模式逐步向整体化、系统化、机制化、常态化、科技化、信息化推进，通过扭转情报、侦查与查缉工作脱节的被动状态，来摆脱既缺少情报引导、抽样盲查，又缺乏延伸侦查、查获即终结的窘境，实现人和物的全时空动态查缉。

二、对毒品原植物的打击

除了对入境毒品开展查缉工作以外，禁毒部门还负责对境内非法种植毒品原植物问题采取了禁种铲毒的举措。按照种毒必究、有毒必铲的工作原则，各级禁毒部门严格落实禁种铲毒责任制，发动群众搞好宣传教育和禁种检查，尤其是重点地区通过组织人员对山区、林区非法种植毒品原植物问题进行监控、调查，旨在实现"零产量"的禁种铲毒工作目标。

（一）加大禁毒宣传力度

1. 常态宣传

开展经常性的禁毒宣传工作是禁种铲毒工作能否取得实效的重要措施之一。禁毒部门通过广播、电视、分发禁种画图、张贴宣传标语以及组织禁毒小分队入村、组、田头等多种形式进行宣传，向群众普及法律知识，让农民群众真正懂得非法种植毒品原植物是违法犯罪行为，毒品原植物流入非法渠道给社会和家庭造成的极大危害性，从而增强了广大群众参与禁毒的意识，并采用逐户发放告知书、签订承诺书或责任书等形式，把禁种责任真正落实到每一户。

2. 重点教育

一是立足重点地区。非法种植毒品原植物严重泛滥的地区大多是旧社会毒品盛行的地区，尤其是一些偏远、落后地区，种植、吸食毒品相沿成习，毒品违法犯罪现象未能根除，甚至部分人认为种植毒品原植物行为是上辈传下来维持生计的办法而不是犯罪。在上述地区开展禁毒宣传工作，要善于利用破获种植毒品原植物的典型案例开展警示教育，通过在重点村社设置警示牌、专栏等形式，使群众充分认识种植毒品的危害，自觉抵制并积极检举揭发非法种植毒品原植物的行为。

二是抓住关键节点。围绕毒品原植物播种、出苗、收获等物候特点，充分利用电视、广播、报纸和手机报等各种媒介，组织志愿者积极参与禁种宣传，让群众了解毒品原植物特征、危害、法律知识及打击成果，切实增强群众禁种意识。

（二）切断种毒产业链条

考虑到种植毒品原植物活动的地域特征，禁毒部门通过发动乡镇、村(居)委会力量,鼓励群众举报种毒线索,整合各方面侦查资源,组织公安禁毒、刑侦、治安、派出所等部门和森林公安机关打击鸦片、大麻地下生产销售渠道网络的过程中,注意发现集种植、加工、销售为一体的跨地区犯罪团伙,力争摧毁"毒品经济"的产业链条。

1. 综合治理

非法种植毒品原植物地区一般农村经济发展比较慢,农民收入较少,加上旧的传统观念影响和非法生财渠道的诱惑,致使非法种植毒品原植物的现象屡禁难绝。非法种植毒品原植物的根本措施主要有三个方面:

一是发展经济。政府应将治理贫困地区非法种植毒品原植物问题纳入国家扶贫政策范畴,在产业发展等方面给予扶持,尤其是对边远山区实行经济政策的倾斜,多种途径鼓励其发展合法经济,加大资金扶贫力度,以科技扶贫为先导,用先进的科学文化知识去引导农民,特别是对那些经济条件差、文化水平低、纯粹靠小农收入养家糊口的弱势群众,做到扶贫先扶智,努力培植农民自身的造血功能,不断促进农村产业化调整,提高农业的科技含量和经济含量,鼓励扶持农民利用科学技术发家致富。

二是建设交通。纵观我国非法种植毒品原植物地区一般处在隐蔽落后的地理位置,交通便利程度低,给非法种植毒品原植物提供了滋生空间。因此,投入大量资金加强这些地区的交通建设,增进这些地区与外界的联系,既有助于消除种植毒品原植物的地理环境,有能够发展和带动当地经济建设进程。

三是完善医药。通过健全农村社会医疗保障体系,引导农民自觉放弃使用毒品的传统习惯,根除非法种植毒品原植物的思想和诱惑,促使其摆脱对不良旧俗的依赖。

2. 协同治理

一是完善相邻区域的禁种铲毒协作机制,加强省际、市际、县际间合作,提升对非法种植毒品原植物违法犯罪的发现能力,加大对跨界非法种植的侦查破案力度。各级(地)禁毒部门发现非法种植毒品原植物问题后,在及时铲除的同时,要注意追查违法犯罪人员,对于社会危害大、跨地区的严重非法种植案件,要及时上报相关部门进行督办、协调。

二是强化与农林部门的沟通协调,结合林区防火、资源管护、航测等措施,支持森林公安机关侦办案件,着力推动林区禁种铲毒工作,切实消除林区禁种铲毒工作盲区。

3. 主动治理

一是建立禁种铲毒志愿者队伍,开展相关法律知识、踏查技能的培训,引导志愿者自觉自愿地参与禁种铲毒工作,营造全民参与禁种铲毒工作的强大声势。

二是加大举报奖励力度,鼓励群众参与禁种铲毒工作,通过提高人民群众的禁种意识和参与禁种铲毒工作的积极性、主动性,做到早预防、早发现、早铲除。

(三) 实行科技扫毒——"天目行动"

非法种植毒品原植物地区多是在封山育林区或者人烟罕见地区,凭借人力搜寻难度较大。近年来,国家禁毒部门采取"天上卫星照、地上踏查找"的方法,投入大量资金购买高科技设备,运用卫星遥感技术开展"天目"系列铲毒行动,以确保非法种植罂粟和土法加工海洛因难以形成气候。通过"天目行动",运用毒品原植物遥感监测技术可以实现百发百中的精确铲毒,非法种植的罂粟在深山任何角落都逃不过"天目""人眼"的监测。为充分发挥卫星遥感监测、警用直升机、无人机的综合优势,各级(地)禁毒部门以现有手段为基础,抓住毒品原植物生长期等有利时机,打造出以卫星大范围监测、低空无人机精细作业、各地人力踏查相结合的"天空地"一体化工作体系,极大提高了自主发现、铲除非法种植毒品原植物的能力。

首先,依据本地区非法种植的潜在重点地区、物候节律等信息,制定高效、准确的监测航测方案,重点对种植过毒品原植物的老地块,新开垦的可疑地块和地理环境复杂的区域进行航测,及时收集可疑地靶标信息,标明方位,登记在册,通过应用科技对重点可疑地区开展信息化、立体化、网格化踏查管控,提升踏查铲毒效率。其次,禁毒部门要根据航测发现的高风险地块坐标进行全面核查,及时上报地块核查照片、核查报告,并组织开展踏查铲除、立案侦破工作。再者,对于其他未开展航拍监测的地区,也要主动对房前屋后、田间地头开展检查、核查,坚决遏止小面积零星种植,切实做到铲毒务尽、不留死角。

三、对易制毒化学品[①]的打击

作为禁毒工作的源头性问题,公安、卫生、海关、农业、商务、工商、安监、药监等部门充分发挥职能作用,强化排查清理、整治查缉、侦查破案,严防易制毒化学

---

① 就像毒品是汉语约定俗成的专有名词,制毒物品和易制毒化学品是为管控制毒犯罪活动而创设的新概念。随着执法部门打击制毒犯罪力度的不断加大,这两个法律名词的使用频率应然增加。然而,制毒犯罪个案的复杂程度较高,同一种毒品因加工技术的区别可能存在所需原料制剂的差异,由于涉及的化学品种类繁多,加之对相关司法解释的理解过于片面,执法部门出现了混淆使用制毒物品和易制毒化学品概念的问题,时间一长,主观上易将两个法律概念趋同,造成因名词不"明"发生的无"法"执法的尴尬局面。笔者在与聂鹏、张黎两位学者共同发表于《北京警察学院学报》2013年第6期的《制毒物品与易制毒化学品:禁毒学两个基本概念辨析》一文中,以麻黄素类物质为例详细说明了如何区分制毒物品与易制毒化学品这两个概念。

品流入非法渠道,严厉打击非法买卖、走私易制毒化学品违法犯罪活动,通过管理、控制和打击手段多管齐下,易制毒化学品流失快速蔓延的势头得到了初步遏制。

(一)依法管控

我国通过制定、颁布各种法律法规来加强对易制毒化学品的管理。2005年8月26日国务院公布并于2005年11月1日起施行的《易制毒化学品管理条例》(简称《条例》)共8章45条,分别从生产经营管理、购买管理、运输管理、进出口管理、监督检查、法律责任等六方面对我国易制毒化学品的管理作了规定。这是我国第一部全面规范易制毒化学品生产、经营、购买、运输和进口、出口行为的重要行政法规,对于进一步依法严格易制毒化学品管理,保障合法的生产经营活动,防止流入非法渠道用于制造毒品,从源头上减少毒品生产,降低毒品危害,起到了重要作用。随后,相关部门相继出台了一系列配套规定,对《条例》执行予以细化:国家安全生产监督管理总局制定了《非药品类易制毒化学品生产、经营许可办法》;公安部制定了《易制毒化学品购销和运输管理办法》;商务部修改了《易制毒化学品进出口管理规定》,并制定了一系列的有关易制毒化学品进出口管制的文件;卫生部制定了《药品类易制毒化学品管理办法》;等等,这些法律法规共同构成了管制易制毒化学品流失的法律体系,为严格管理易制毒化学品提供了法律依据。

随着制毒活动的发展变化,涉易制毒化学品犯罪活动的刑事立法仍有待完善。例如,《刑法》只规定了非法买卖制毒物品罪和走私制毒物品罪,对非法制造、非法运输易制毒化学品行为无法打击处理,对从麻黄碱复方制剂和麻黄草提取麻黄碱、邻酮加工羟亚胺等非法制造易制毒化学品行为和公开查缉中发现的非法运输易制毒化学品行为只能给予行政处罚,罚款了事。易制毒化学品犯罪的最高刑为10年有期徒刑,罚则明显偏轻,一些制贩毒分子转而从事易制毒化学品走私贩卖活动。对目前流失较为严重的非管制品种无法按制毒物品定罪处罚,基层面临立案难、起诉难和打击难,有的只能勉强以非法经营罪处罚,严重影响了基层的办案积极性。

(二)严厉打击

近些年,境内外制毒活动对原料、配剂需求急剧增多。例如,福建长汀籍人员在从国内骗购麻黄碱复方制剂的同时,甚至从境外收购复方制剂再走私境内;江苏盐城、张家港籍人员利用邻酮加工羟亚胺问题迅速向山东、河南、安徽、江西等地扩散;等等。对此,各级禁毒执法和有关部门严格执行国家的相关法律法规,不断加强对易制毒化学品生产、经营的管理,严厉打击非法贩运、走私各类易制毒化学品的违法、犯罪活动。公安机关和出入境检查部门开展了既查禁毒品入境，又查禁易制毒化学品和麻黄素走私出境的双向查缉，堵截了大批易制毒化学品的非法、违法出境，形成来源追溯、去向查证、责任追究机制。

相较于其他毒品犯罪活动的打击力度而言，易制毒化学品犯罪查处工作仍较薄弱，公安机关的打击职能没有发挥出来，更谈不上震慑不法分子。从破案数量看，全国破获易制毒化学品案件数、抓人数和缴获数三项指标与当前毒情形势极不相称。从破获质量看，基本没有主动经营案件，大部分案件通过公开查缉方式破获，破了案也只停留在查、堵层面，没有追踪流向和倒查来源。与此同时，制贩毒分子为逃避打击，规避制毒风险，更易于取得易制毒化学品，开始将我国未列入管制范围或未列入国际核查范围的化学品作为重点，通过正常渠道走私出境，再通过一定途径和手段转化后用于加工制毒，造成走私、贩运活动不断发生。

此外，各级禁毒部门对于易制毒化学品流失及制毒活动上游犯罪的打击工作仍然存在诸多问题，诸如对易制毒化学品犯罪案件不够重视等观念认识问题，缺乏与毒品犯罪（尤其是制毒犯罪活动）关联打击的办案经验等，导致大量易制毒化学品犯罪案件没有被发现，易制毒化学品流向和来源未能及时查清，涉案公司和主犯没有受到处罚。即使实施了对易制毒化学品犯罪活动的打击，效果也不够彻底，破案后延伸查清源头去向的少。部分地区为追求破案后尽快结案，没有深挖细查，没有收集到相应证据，对破获的制毒物品案件中指向制毒物品源头去向的情报线索不做进一步延伸侦查，浪费了大量情报线索，破案后打处率低，重刑率更低，根本起不到震慑作用。

（三）强化监管

全球制毒化学品流失已呈现出从管制的易制毒化学品向非管制物质转移趋势。也就是说，非管制物质流入制毒渠道这一趋势将更加明显，易制毒化学品监管工作将不断面临新的挑战。对易制毒化学品进行管理的理想状态是以最小成本实现最佳效果，即如何在越来越庞杂的监管对象体系中建立动态调整和重点监控机制，实现对易制毒化学品的精准监管。同时，强化生产、经营许可颁证后的监管，进而规范易制毒化学品生产经营秩序。易制毒化学品许可制度是指许可生产、经营、使用、仓储、运输易制毒化学品的申请、核发、监督的一系列规则，涉及许可证的发放范围，申领、审批程序，申办条件，申报材料等内容。药品监督管理、工商行政管理和公安禁毒部门对经查实并确认参与非法贩卖易制毒化学品和麻黄素的经营单位和个人，要依据有关法律规定，取缔其生产、经营资格，并移送司法机关追究法律责任。

此外，还要加强互联网有关易制毒化学品销售管理。近年来，随着互联网的普及应用,互联网已成为不法分子发布易制毒化学品销售信息、联络毒品交易和传播制毒工艺的重要平台。为进一步加强互联网易制毒化学品销售信息的监管,严厉打击网上走私贩卖易制毒化学品违法犯罪活动,2010年9月21日,公安部、工业和信息化部、国家工商行政管理总局、国家安全生产监督管理总局、国家食品药品监督管理局联合发布公告,对互联网易制毒化学品销售信息的发布主体、内容要求、部门职责等做出了明确规定:只有依法取得工商营业执照和非药品类易制毒化学品生产、经营许可证或备案证明的单位,方可在互联网上发布非药品类易制毒化学品销售信息;禁止个人在互联网上发布非药品类易制毒化学品销售信息;禁止任何单位和个人在互联网上发布药品类易制毒化学品销售信息。生产、经营企业在发布非药品类易制毒化学品销售信息前,应当向网站主办者、网站接入服务商提交非药品类易制毒化学品生产、经营许可证或备案证明副本复印件,并在网站上公布销售单位名称及其许可证或备案证明编号。网站接入服务商不能接入无资质单位和个人的易制毒化学品销售信息,网站主办者应当加强对网上虚拟社区、论坛的管理,主动删除本网站上的易制毒化学品违法销售信息,如违反规定,工商行政管理、安全监管、食品药品监管、通信管理等部门将依法严肃查处;构成犯罪的,由公安机关依法追究刑事责任。

四、对毒品犯罪人的打击

毒品犯罪行为人及其依附的组织是打击毒品犯罪工作的首要目标。无论是"打团伙""摧网络"还是"抓毒枭""捣毒窝",均是以毒贩为核心目标的侦查破案工作思路,可见,对毒品犯罪人的打击具有牵一发而动全身的关键效果。

(一)对犯罪组织的打击

1. 毒品犯罪团伙

当前,境内外贩毒组织的团伙化迹象愈加明显,贩毒网络更趋完善和隐蔽,走私毒品环节中的供货方和接货方基本上都处于隐匿状态,贩毒团伙逃避打击的能力越来越强。例如,非洲籍贩毒团伙的最大特点是组织结构松散灵活,善于收集海关和移民部门执法工作的战术、技巧、程序和漏洞等信息,能够分享、整合世界各地的贩毒经验技巧并大肆加以利用,已经成为全球性的威胁。通常情况下,执法部门想要打击非洲籍贩毒团伙或者渗透到其内部难度较大,使用传统执法手段来对付他们往往成本高昂、费时费力。非洲籍贩毒团伙通常使用土著或者部落语言,碰头地点多在半私人性质的小区内,再加上他们具有不会把圈子内部的事情向外透露的文化传统,这就使得利用监听或者人力情报等手段来获取他们的犯罪情况非常困难。

2. 毒品犯罪集团

毒品犯罪集团具有较为严密的组织体系,成员分工明确,大多接受过专业训练,具有一定的反侦查意识,且心理素质普遍较好。以奥地利摧毁的某国际贩毒集团为例,这个国际贩毒集团的主要嫌疑人和销售地都在奥地利,有着严密的组织和分工,通过来自东欧和南美以及德国、南非和美国等国家和地区的毒品走私分子,租用汽车从荷兰的阿姆斯特丹将毒品偷运到奥地利,然后以小包装进行分销,销售对象大都是固定客户,经调查证实,该集团走私的各种毒品高达500千克。联合国禁毒机构长期关注贩运毒品的有组织犯罪集团同参与人口和枪支其他类型非法贩运活动的有组织犯罪集团之间的关联,意识到有组织犯罪集团正日益趋向于利用同样的犯罪网络作案,且确立了侦破该类犯罪活动的侦查技术的若干重点领域:秘密收集情报,包括进行流动和静态侦察及使用技术跟踪设备;以现代化手段收集技术证据,包括堵截通信;控制下交付行动;关于对举报人的聘用、管理、使用和控制的培训和介绍制度;使用特工人员;制订保护证人方案;进行财务调查;资产的追踪与扣押;以情报为导向的执法;提供和使用先进情报分析和系统;等等。

(二)对犯罪人的打击

1. 抓毒枭

一些贩毒头目长期坐镇幕后,遥控指挥或组织贫困地区农民及孕妇、儿童等特殊群体进行人体带毒,逐渐形成了以多个集散地和中转站为枢纽的区域性贩毒组织。就缉毒效果而言,抓获的马仔多、落网的毒枭少,无法从根本上摧毁贩毒团伙。因此,要善于整合案件线索,串并贩毒团伙和网络,对于符合条件的及时申报目标案件,通过长期时间的侦查经营活动,摸清制贩毒集团的全貌,选择适当时机一网打尽,力争打掉一批隐藏幕后的毒贩。俗话说:"擒贼先擒王。"抓住了制贩毒集团的幕后老板和骨干成员,在很大程度上就能震慑一方的制贩毒势力。例如,"7·28"特大跨国制贩毒案,随着谭晓林、刘招华等大毒枭的纷纷落网,缅北的制贩毒活动和国内的制造冰毒犯罪都受到了沉重的打击。

2. 抓毒贩

打击犯罪的力度一定程度上会影响毒贩的犯罪心理。强大的查缉声势必然会对一部分毒品犯罪分子起到威慑作用,在一定程度上减少了毒品犯罪。通过摸排控制本地毒品零销市场的贩毒团伙和乱点,打掉一批社会危害严重、群众反映强烈的零包贩毒治安乱点,打掉一批从事零包贩毒的坐地户,抓获一批游走于毒品流通链条末端的毒贩,有助于对整个贩毒网络形成震慑作用,取得毒品犯罪防控的积极效果。

五、对涉毒行为的打击

当前面临的毒品犯罪形态归属于新一代毒潮泛滥的产物,具有犯罪活动组织化、犯罪手段现代化等特点。各地禁毒部门通过落实目标案件侦破责任,强力打击毒品犯罪团伙和毒枭,形成严厉打击各类毒品犯罪的常态化工作机制,但是由于过度依赖于侦破大要案件彰显战果,容易陷入"越打越多"和"防不胜防"的被动境地。近些年,各级公安机关以"全警禁毒"理念为引领,调整战术型打击为战略型治理,将突出重点、集中整治作为了打击各类毒品犯罪的有效途径,积累了丰富的缉毒工作经验。

(一)对贩毒行为的打击

笔者认为,要实现对毒品流通链条的全方位打击,关键在于对贩毒网络"两头"的整治效果,即所谓的"打大"和"打小"。

"打大"是指打击重大毒品犯罪活动。在毒品犯罪活动中,重大毒品犯罪案件数量占全部案件数量的比例不到5%,但这些重大毒品案件所涉及的毒品数量占比超过80%,案件几乎都由贩毒团伙进行组织操控。为此,公安部建立了"毒品目标案件"侦办机制,出台了一系列办法和措施,以打击贩毒团伙和贩毒网络为重点,着力推动重大毒品案件的侦办工作。将抓获贩毒团伙、摧毁贩毒网络作为打击毒品犯罪工作重中之重的任务,在竭尽全力缴获毒品的同时,对有条件扩大战果的案件,深入侦查,积极经营,全力摧毁贩毒网络,将毒贩一网打尽,并依法追缴毒资和毒品犯罪收益,摧毁其贩毒的经济基础,是扩大缉毒战果、彰显缉毒效果的最优途径。最为典型的就是公安部于1999年7月到2002年6月组织10个省份侦办的"7·28"特大贩毒案,办案人员根据境外毒枭"先以小量毒品探路,成功后再进行大宗贩运"的情报线索,按照部领导"抓大放小"的指示,实行责任随案移交的协作机制,打破警种和地区的界限,综合运用逆用、控制下交付等侦查手段,通过六个回合的较量,先后抓获犯罪嫌疑人29名,缴获冰毒12.36吨,海洛因550余千克,毒资3 000余万元。

"打小"是指打击街头零包贩毒活动。街头零包贩毒活动是连接毒品供应和毒品需求的末梢环节,涉及面广、发案率高、直接危害大,是严重影响社会安全稳定、人民群众反映强烈的毒品犯罪活动。零包案件是缉毒破案总量的支撑,但是,目前破获合成毒品零包案件比例很低,每年全国破获的零包贩毒案件约占案件总数的40%。尤其是合成毒品零包案件仅占案件总量的15%左右,与庞大的消费市场(比例过半的合成毒品滥用人员、超过80%的新增合成毒品吸食者)不相称。究其原因,一是合成毒品消费场所转向宾馆、别墅、度假村、会所等隐蔽地点,侦查工作难以深入;二是合成毒品违法犯罪往往是一人购买多人滥用,减少了买卖环节,增加了发现难度;三是公安机关投入打击零包贩毒的力量"先天不足",具有打击零包贩毒优势的基层公安部门缺乏积极主动性。打击零包贩毒,就是切断毒品销售渠道,萎缩毒品市场供应,是让群众感受禁毒成效的最直接体现。打零包,关键不在侦查水平,而在认识和态度。所有存在吸毒问题的地方,都应该有打击零包贩毒的任务,加大对零包贩毒活动的打击力度,能够最大限度地萎缩毒品消费市场,切断毒品犯罪活动的终端供应链条。

(二) 对制毒行为的打击

制毒是毒品犯罪的源头。目前,国内制毒问题愈演愈烈,几乎所有省区市均发现制毒窝点,已从局部问题演化为全局问题。其实重点地区制毒问题,如不重拳打击,势将积重难返。因此,各地禁毒部门要发挥专业警种作用,把打击锋芒对准制毒团伙、网络,以目标案件工作机制为牵引,开展主动进攻,即开展所谓的"打源头"。其中,广东、四川等制毒重点地区,应组织力量摸排制毒活动高危人员、场所窝点、制毒原料、资金技术、贩销网络,及时发现和摧毁制毒窝点,抓获幕后毒枭,查明原料来源,打掉制毒产业链,严惩涉毒"保护伞";其他合成毒品消费较多的地区应摸排、确立一批延伸到制毒活动高发地区的制毒案件开展侦查经营,根据条件申报部级目标案件开展跨区域联合侦办;制毒原料来源地区要把易制毒化学品管理作为遏制制毒犯罪的源头举措,围绕羟亚胺、麻黄碱复方制剂问题,梳理、研判情报线索,分析团伙、网络及其活动规律,密切关注向周边省区市扩散情况。

与此同时,各地禁毒部门还应把重大跨国境和跨区域贩毒团伙、外流贩毒的组织策划者、特殊群体贩毒的雇佣操纵者、易制毒化学品走私犯罪的团伙网络、非法种植毒品原植物的组织收购者作为打击重点,梳理确立一批目标案件,使本地目标案件形成规模效益,对缉毒执法形成支撑。

(三) 对涉枪行为的打击

"打涉枪"是指严厉打击涉枪毒品犯罪活动。枪毒合流现象是犯罪分子暴力拒捕的一种特殊手段,随着社会治安的复杂化和暴力犯罪的日益猖獗化而不断滋生、蔓延,是贩毒者暴力化犯罪的一种特殊形式。所谓"枪毒合流"是指在毒品犯罪中,犯罪分子为增加贩运毒品的"安全砝码",购买枪支弹药,枪毒交织,以枪护毒、以枪壮胆、以暴抗捕,枪击暴力抗拒抓捕的一种暴力犯罪形式。全国每年在禁毒斗争中缴获的枪支弹药等暴力攻击性武器日益增多,公安机关因枪毒合流造成的流血牺牲事件、伤亡人数不断增多,涉枪毒品犯罪活动对社会安全稳定和缉毒民警的人身安全构成了严重威胁。枪毒合流现象是新时期禁毒斗争形势下的新产物,给禁毒斗争造成了极大威胁,打击毒品犯罪,整治枪毒合流刻不容缓。

(四) 对洗钱行为的打击

毒品犯罪过程是由信息流、资金流与物质流构成的。其中,信息流是物质流与资金流畅通的平台,资金流是物质流的前提,物质流是犯罪实施的最终环节。除了针对毒品犯罪的物质流开展查堵毒品行动外,还需要围绕和毒品交易有关的资金流采取措施,监控毒品和资金交易环节,从而截断毒品及资金的流通渠道。这就是对毒品犯罪洗钱行为的打击。对洗钱行为的打击是缉毒工作常用的手段和方法。毒品犯罪者最终要收回毒品犯罪的巨额收益,才能实现自己冒着坐牢、被杀的危险赚取不义之财的目的。所以,只要加大对毒资流转的控制,坚决追缴贩毒非法收益,没收毒品犯罪分子的一切财产,就能从根本上切断毒品犯罪者谋利的念头,从经济上彻底打垮贩毒分子及组织,从而实现对其贩毒行为釜底抽薪的打击效果。然而,以毒品案件或毒品犯罪分子为线索追查非法收益的去向,是被动式的工作,同时开展这项调查工作,难度大、耗时长、收效甚微,需要在追查非法收益、打击"洗钱"活动中,侦查人员应提高控制观念,主动与银行等金融机构密切配合,严密控制可疑资金来源及去向,及时发现"毒资"并予以没收。也就是说,反"洗钱"措施的效果实际上取决于禁毒部门的主动控制意识。

第二节 毒品犯罪防控

长期以来,走私、贩卖和运输毒品犯罪是我国毒品犯罪的主要表现形态。但是,近年来伴随毒品犯罪智能化和全球化进程的加快,毒品市场巨额暴利的刺激,制度技术的快速传播,我国的毒品犯罪活动出现了新特点和新动向,如毒品消费市场不再一味依赖于境外毒源地,制毒犯罪能力增强,不仅实现自产自销,甚至还出口境外,网络、物流平台成了贩运毒品的新渠道等。因此,毒品犯罪防控的理念、对策及具体路径均需要进行相应的调整。

一、毒品犯罪新动向

(一) 网络涉毒猖獗

1. 从网络涉毒的特点来看

一是种类多元化,各类网络应用服务均被涉毒分子利用,现实存在的各类毒品违法犯罪均在网上得到复制;二是形式隐蔽化,网上涉毒活动从公开空间转向私密空间,利用各种隐语、暗语、行话和网上私密空间掩护涉毒活动;三是使用普及化,几乎每一部手机都是互联网终端,大多数毒品犯罪都可与互联网关联,都可经互联网与用户终端发生联系。

2. 从犯罪危害的程度来看

互联网的极强传播能力,使涉毒信息突破传统条件下时空、人际等客观因素制约,以几何级数扩散蔓延。客观上,不法分子打开电脑、拿出手机,即可轻松获取制毒技术,发布涉毒信息,联络毒品犯罪。一方面,加剧毒品危害。网上涉毒信息泛滥,使涉毒活动从隐蔽的地下经网络走到公众面前,刺激、放大效应倍增,极大加剧毒品危害,败坏社会风气。另一方面,加大打击难度。网上涉毒活动不仅隐蔽,而且不受地理空间制约,对公安机关跨区域合成作战提出更高要求。尤其是一些互联网服务商责任不到位,网安部门的监管难度进一步加大。

3. 从犯罪发展的趋势来看

随着网络社会快速发展,网络涉毒问题将日益严重。现实毒品问题蔓延网上,网上网下相互作用,将极大加剧毒品问题严峻、复杂程度。网下涉毒均可移植网上、网上涉毒可成为独立形态是未来毒品问题发展趋势。互联网这个"虚拟社会"正成为打击毒品违法犯罪的重要战场。

(二) 制毒犯罪外扩

毒品制造活动同样出现了一些新动向。经过严打整治,广东陆丰地区制毒问题严重局面得到很大遏制,但这些制毒分子又开始向省内及江西、湖南、福建等地转移,全国制毒犯罪仍呈发展态势。就全国范围而言,广东公安机关禁毒部门要继续毫不放松地抓好陆丰、惠来、惠东等地的整治工作,巩固整治成果,坚决防止反弹;江西、湖南等地公安机关禁毒部门要紧密关注制毒嫌疑人内流动向,加大摸排力度,强化阵地控制,深化专案经营,力争破获一批制毒案件,打掉一批制毒加工厂点;江苏、福建等地公安机关禁毒部门要全面梳理制毒技师、制毒骨干嫌疑人信息,充分利用大情报系统,开展信息比对和碰撞,及时抓获一批制毒团伙和首要分子;山东等地公安机关禁毒部门要围绕制造溴代苯丙酮的厂家做好登记造册,加强日常管理,堵塞流失漏洞,摸排一批案件线索,及时开展顺线侦查,严厉打击利用溴代苯丙酮制毒的犯罪活动,严肃查处一批违法企业和相关责任人。

(三) 寄递运毒突出

近年来,我国物流及寄递业取得了巨大发展,已经成为经济增长的重要推动力,对国民经济的贡献率日益提高。然而,相比高速发展的物流及寄递经济,我国物流及寄递业管理体制相对滞后,整体管理水平还不高。境内外贩毒集团利用我国物流及寄递业管理方面存在的薄弱环节,想方设法开辟新的贩毒通道,物流及寄递渠道贩运毒品和易制毒化学品的情况不断增多。综合来看,当前借助物流及寄递渠道贩运毒品活动主要呈现出以下特点:

1. 涉毒企业数量增多,涉及面广

从查破案件情况来看,各类物流及寄递企业均有涉毒情况出现。据不完全统计,全国有案可查的涉案物流及寄递企业既涵盖中国邮政等大型国有企业,也包括顺丰快递、圆通快递、申通快递等大型民营企业,以及迪比翼快件等地方物流及寄递企业,而一些地方小型企业、代办点、挂靠公司等,这些尚未规范的物流及寄递实体涉毒情况更是不容乐观。

2. 涉外毒品走私问题突出

境内外主要毒品来源地毒品对我国形成多方位合围之势,"金新月""金三角"地区毒品向我国渗透的势头未减,"银三角"向我渗透趋势加剧,朝鲜半岛冰毒、南美可卡因等毒品大量入境,从目前统计数字来看,物流及寄递渠道日渐成为跨国贩运毒品活动的重要通道。2010年至2011年5月,全国禁毒执法部门破获物流及寄递涉外毒品案件45起,涉及马来西亚、孟加拉、尼泊尔、巴基斯坦、乌干达、尼日利亚、澳大利亚、美国、委内瑞拉等国家,涵盖了南亚、北非、南美等地。

3. 贩毒活动风险小、成本低

一是贩毒风险相对小。物流及寄递渠道贩毒采用"人货分离"的方式,利用托运、寄递服务渠道运送毒品,毒贩坐镇两头遥控在途毒品。不仅实现了毒品和毒贩之间人货分离,还可形成毒品交易上家与下家的时空分离和信息分离,从而有效避免出现毒品交易双方"人赃并获"的被动局面,大大降低了贩运毒品的风险。

二是贩运成本低廉。传统运毒方式需要考虑人力费用成本。一般而言,毒贩们要向运毒"马仔"支付数千元费用,并提供飞机票、车船票等,一旦"马仔"们出了事还可能需要向其家人支付安家费等。与传统运毒方式相比,物流及寄递渠道贩毒的成本要低廉得多。将毒品夹藏在寄递或托运的物品中运出,所产生的单件(次)寄递或托运费用少则几十元,多至数百元,通过平信夹带毒品的甚至不到一元钱。

4. 毒贩反侦查意识明显

一是藏毒、运毒方式隐秘。为了逃避检查,贩毒分子不断变换藏毒、运毒方式。为了瞒天过海,毒贩们想方设法在物流中各种货物上做文章,有的将毒品夹藏在食品、日用品、工艺品、服装衣物、家用电器等货物中,甚至密封在"汽车油泵配件""履带机活塞""汽车过滤器"等工业产品内部;有的在货物外包装上下功夫,比如在包装纸箱夹层中藏毒;有的则利用集装箱货运拼装复杂、抽检率低的特点,在大型、超大型货柜内部深层藏入毒品,以躲避海关等查缉部门的检查。

二是采用非实名寄递方式。毒贩利用物流及寄递业"实名制"还不健全的空隙,隐蔽货主真实身份填写寄件人和收件人时通常使用虚假的姓名、地址等信息;有的毒贩将收件地址选在配货站、宾馆、饭店等公共场所,雇佣、指使不知情人员帮助投递和收取交运单、包裹;还有的毒贩将几克或十几克毒品藏入平信中,再将几十封甚至数百封平信寄到目的地,通过少量多次、"蚂蚁搬家"的方式运毒,大大增加了侦查办案的强度和难度。

二、毒品犯罪防控新理念

毒品犯罪是一种独特的刑事犯罪。首先,很少出现特定的报案人和具体的被害人,毒品犯罪案件侦查所获取的情报、线索大多是经群众检举揭发或由秘密力量提供,与普通刑事案件的报案人有所区别。因为毒品犯罪活动始终处于隐蔽状态下,参与各方都是毒品犯罪活动的受益者,不存在暴露自身活动的动机,公安机关很难主动发现毒品犯罪案件。其次,大多案件不存在明确的犯罪现场,难以依靠指纹、痕迹和生物物证和犯罪信息开启侦查,以贩毒活动为主的大多数毒品犯罪案件具有点多、面宽、线长、区域广的特点,可能同时出现数个犯罪发生地,且涉及多个地区,甚至国(境)外,这种特殊交易常以贩运、携带、买卖等形式来完成犯罪活动,很难形成可供勘验检查的犯罪现场。

毒品犯罪是一种群体性、开放性的犯罪,其中,流通环节最长,从毒品离开加工厂的生产线开始,一直到毒品网络的终端——直接消费者手中,流通环节接触的人员和转手的环节最多,因而也最薄弱。同时,流通环节的多元性和复合性以及自我修复能力也最强。因此,缉毒的重点是要摧毁整个毒品流通网络,促使更多的贩毒分子暴露,把握有利的取证时机,积极深挖犯罪的"上线"与"下家",力求将整个贩毒网络一网打尽。[①]

综上分析,对于毒品犯罪而言,除了"情报先行""协同作战""打团伙、摧网络、破大案、抓毒枭、缴毒资""拔钉子"和"打早打小"等侦查经验演化形成的防控思路外,要善于从毒情形势的发展变化中,不断总结和固化形成适应当前禁毒规律特点的缉毒理念。

---

① 胡训珉.毒品犯罪的基本特点与禁毒战略的重构[J].探索与争鸣,2008,(03).

(一) 适度经营

1. 善于集约经营

"打大放小"是毒品犯罪案件侦查典型的专案经营理念。对于合成毒品犯罪而言，尤其是毒源地、毒情重点地区的贩毒活动而言，仍然需要按照"打团伙、摧网络、断通道、追毒源"的传统侦查模式，依靠专案力量，继续强化打大攻坚的态势，尤其是面对合成毒品战场的多元化，要注重禁毒系统情报、指挥、行动一体化集约高效运行，完善禁毒、技侦、网安联手作战模式，提高合成作战能力。近些年，由公安部组织各地破获的网络涉毒案件，就是针对合成毒品高发类犯罪问题"打团伙、打系列、打规模"的印证。因此，集约经营的缉毒新理念强调累积式打击，即充分整合涉毒信息资源，及时掌握涉毒犯罪线索，多部门联动经营，适时收网，而并非长线钓鱼式一案一经营。

2. 避免过度经营

并非所有的案件均适合经营，部分缴毒量大的案件是否具备经营条件需要综合评估，不能简单以破大案为由，开展过度经营，造成侦查资源的浪费。深入分析相关数据可知，实战部门以"破大案"为缉毒工作思路导向，对于零包贩毒案件的投入力量相对有限。而作为毒品犯罪链条终端环节，街头零包贩毒活动区域广大，手段隐匿多样，实际发案量往往超过大宗贩毒，是严重影响社会安全稳定、人民群众反映强烈的毒品犯罪活动。毒贩与吸毒者之间交易关系稳固，供求矛盾突出，零包贩毒的存在直接左右了毒品市场的需求和供给关系。因此，相较于传统毒品"堵源截流"的缉毒思路，打击合成毒品犯罪更倾向于毒品市场流通全过程的控制，即要敢于、善于避开通过专案经营提升缴毒数量的思路，通过把握毒品的供需规律、流通规律，吸毒"圈子"规律，主动出击，最大限度地将潜藏的零包毒品贩卖活动从隐性犯罪转化为显性犯罪，成为毒品犯罪破案总量提升的主要增长点。

(二) 主动开展对称性打击

传统的毒品犯罪主要集中于走私和贩运两个环节，打击目标相对单一，而当前的毒品犯罪涵盖了毒品和制毒物品的走、贩、运、制，在制毒犯罪活动普遍化和制毒物品流失严重化的情形下，对制毒源头的打击和对流通环节的打击应该同步进行，即所谓的对称性打击。主动开展对称性打击，实际上是对打击施力点的选择。笔者认为，今后一个时期内毒品犯罪防控应主要着眼于对流通链条形成打击合力和将直接供销作为重点目标。

1. 打击合力作用于制贩产销一体化的有组织贩毒活动

首先，打击目标涉及毒品犯罪活动的上下游环节。通过对主要毒品过境通大限度防止制毒物品、麻醉药品、精神药品和新精神活性物质流入非法渠道。例如,针对非法贩卖罂粟壳团伙猖獗的现象,国家禁毒办组织开展了"严厉打击在食品中添加罂粟壳"专项行动,采取有力措施防止食品行业出现的涉毒苗头扩散为严重的毒品问题。

(3) 降低高危涉毒人员的风险隐患。通过组织力量摸排制毒活动高危人员、场所窝点、制毒原料、资金技术、贩销网络,强化侦控措施,及时发现和摧毁制毒窝点,抓获幕后毒枭,查明原料来源,打掉制毒产业链,消除制贩毒人员依赖滋生的环境条件。

(4) 强化整治涉毒活动的技术措施。应用科技信息化手段,加强情报信息工作,提高对重点人头、车辆、航班等信息的研判水平,增强查缉针对性、精确性。

(二) 形成联动打击机制

毒品犯罪由制造、走私、贩卖、运输、分销等多环节连接而成,多个链条交织形成毒品犯罪网络,跨区域、有组织犯罪特征明显。对此,缉毒执法工作的区域协作和合力打击显得极为重要。毒品犯罪侦查的联动打击机制主要是指按照"多警种参与推总量、专业警种攻坚促质量"的思路,联合边防、海关等部门及刑侦、网安等警种形成打击合力,集中资源力量,产生打击集群效应,建立多部门、多警种分兵把口、协调配合、联动查缉的执法体系,形成情报会商、阵地控制、人员培训、激励奖惩等一体化运行机制。

鉴于当前毒品犯罪活动的制贩一体化、跨地域贩运、枪毒合流趋势突出,治理难度大、打击风险高,缉毒部门的单打独斗越来越无法适应形势需要,多部门、多警种优势互补、联勤联动、协同作战是必由之路,禁毒与海关、边检、邮政等部门及巡警、交警、刑侦、治安、经文保、网监、技侦、武警、边防、消防等警种间的协作配合将更加密切,全警种、全方位控制毒品违法犯罪活动的禁毒联动防控模式将成为公安机关治理毒品问题的主要途径。

(三) 实施重点问题整治

一些地区毒品中转集散、制毒活动持续多发、制毒物品流失严重、毒品消费泛滥、娱乐场所涉毒严重、特定人群贩毒突出,不仅严重影响当地社会治安稳定,而且对周边乃至全国毒情形势产生重大影响,如若不及时下决心、出重手、用猛药,势必成为一大毒瘤,成为积重难返的涉毒乱点。对此,各地公安机关禁毒部门应该坚持因地制宜、因情施策,本着什么犯罪突出就打击什么犯罪、什么问题严重就治理什么问题的原则,主动进攻、以打开路,有力震慑影响当地社会治安秩序的毒品违法犯罪活动及犯罪团伙。尤其是禁毒部门要发挥专业警种作用,把打击锋芒对准重点目标团伙、网络,开展主动进攻,例如,特殊群体贩毒问题是凉山州最大的毒品问题,也是最大的难题。不仅贩毒人数总量大,被抓获的外流贩毒人员居全国首位,涉及的范围也越来越广,问题越来越复杂。当地公安机关禁毒部门坚持法律与政策相结合、打击与管控相结合、疏导与堵截相结合的原则,瞄准禁毒工作的主要方面,把打击锋芒对准幕后组织策划者,重点打击毒枭、职业毒贩、贩毒团伙,同时把解决毒与解决贫相结合,对重点问题予以综合施策、集中整治,取得了良好的效果。

(四)主动延伸打击链条

对一案、一团伙的打击,难以从根本上消除毒品流通链条,"割韭菜"现象突出是困扰各地公安机关禁毒部门的难题之一。毒品犯罪防控新对策强调对制、贩毒犯罪产业链条的主要环节有计划有步骤地采取打击行动,最大限度消除因毒品犯罪导致毒情恶化的隐患。与此同时,一是顺链开展溯源打击,做活源头情报,实现延伸打击,将打击触角延伸至毒源地,肃本清源,尤其是加强对入境毒品路线和入口的分析研究,把流动检查站与固定检查站结合起来,建立全天候、全方位、全环节的查缉体系,积极推动堵源截流工作向境外延伸,推动缅甸、越南等有关国家主动开展查缉;二是开展随链开展全面打击,把重大跨国境和跨区域贩毒团伙、外流贩毒的组织策划者、特殊群体贩毒的雇佣操纵者、易制毒化学品走私犯罪的团伙网络、非法种植毒品原植物的组织收购者作为打击重点,控制毒品流转全过程,打垮打散制贩毒网络体系,侦查过程中,既要注重查缉大宗毒品,防止分包分销,尽量减少办案成本,同时,也不能放过零包贩毒,牢牢卡住毒品流通的最后一道纺线,还要积极追毒赃,彻底摧毁贩毒分子赖以贩毒的经济基础。对毒品犯罪的全链条打击要善于根据案件情况因案施策,灵活运用技术侦察、内线侦查、控制下交付等侦查手段和拉出打入、破案留根、控制逆用、顺线延伸等侦查谋略,掌握制毒、贩毒活动情况,搜集犯罪证据,努力将其一网打尽。

第三节 基于行为防范的毒品犯罪防控[①]
——以"以贩养吸"为例

毒品犯罪防控的目标主要是毒品(含制毒物品)和涉毒人员两大类;然而,这两个方面联系起来衍生的涉毒行为却是千差万别,既有制毒行为、贩毒行为、运

[①] 部分内容节选自李文君、聂鹏发表于2013年《中国人民公安大学学报·社会科学版》的论文《基于主体身份考量和行为关系解析的"以贩养吸"问题研究》。

毒行为、吸毒行为等特征差异明显的行为类型,还有"以贩养吸"等较为特殊的涉毒行为类型。探索毒品犯罪防控路径,除了理念、对策、机制外,还需要对不同类型的毒品犯罪行为予以针对性的防控措施研究。笔者以"以贩养吸"为例,详细阐述了毒品犯罪防控落脚于具体问题时需要考虑的多重影响因素。

一、"以贩养吸"问题的现状分析

"以贩养吸"存在于零星贩毒活动中,是贩卖毒品犯罪的一种具体行为,表现为双重危害性,即吸毒偏重于自身危害,贩毒更容易造成社会危害。该行为侵犯的客体包括了国家对毒品的管理制度、他人以及自身的生命健康。司法实践将这种行为归类为典型的贩卖毒品犯罪,刑事制裁较为严重,对被告人的定罪量刑将可能是生死攸关的问题。尽管存在可能被判处最高刑罚死刑的犯罪高风险,以及执法部门毒源截流的强力控制,"以贩养吸"现象却呈现出屡禁不止且愈演愈烈的恶性态势。据统计,2010年6月至2011年6月北京市第一中级人民法院共审理108起毒品犯罪案件,其中,43起案件的被告人属于"以贩养吸",约占审理案件的39.8%。[①] 特别是零星贩卖毒品案件中,"以贩养吸"现象尤为司空见惯。

(一)"以贩养吸"活动以零星贩毒的形式成为大宗贩毒和毒品消费之间的桥梁

大宗贩毒者(毒枭)为了获取更大的非法利益,会千方百计地吸引更多人加入吸毒者行列,以扩大毒品销售渠道。处于毒品流通终端交易环节的"以贩养吸"行为人便起到推波助澜的重要作用。一方面,其凭借吸毒身份置身毒品需求市场,容易获取毒品需求信息和发现更多潜在吸毒者;另一方面,零星贩毒网络的特点是涉及面广、牵扯点多,行为人能够充当毒品供应源(毒枭)的保护伞,有效避免"上家"暴露,即使个别行为人落网,也能够确保整个毒品销售体系不受致命影响。

需要明确的是,"以贩养吸"是零星贩毒的常见形式之一,但并非所有零星贩毒活动均采用"以贩养吸"的形式。且"以贩养吸"只限定于零星贩毒活动,大宗毒品交易行为人的"吸、贩"并存现象属于吸毒者贩毒或贩毒者吸毒,不能认定为"以贩养吸"。

(二)"以贩养吸"活动迫使吸毒违法者发展为贩毒犯罪者的恶性循环

出于逃避侦查视线考虑,大宗贩毒者一般不愿意选择已有案底的涉毒前科劣迹人员,往往主动接近新滋生吸毒人员,竭力发展为从事毒品犯罪活动的"生

---

① 李忠勇.“以贩养吸”成毒贩犯罪怪圈[N].人民政协报,2011-06-27(B04).

意伙伴",促使零星贩毒者数量的持续增加。由于此类行为人吸毒时间不长,只能寻求催生更新的吸毒人员来拓宽毒品销售渠道,导致更多新吸毒者的产生。新滋生的吸毒者和贩毒者通过"贩、吸"行为互相关联、彼此作用,进入"以贩养吸"的恶性循环怪圈。笔者调研了解到:以北京市大兴区为例,2012年查获贩毒案件数量95%以上为零星贩毒,大多为"以贩养吸"类型。这类贩毒人员通常每次购买1～2克或者2～3包毒品,除供自身吸食外,其余均卖给他人从中获取利润,作为再次购买毒品的费用。一般来讲,1名零星贩毒人员通常会发展5～6名下线作为销售渠道,形成"一人发展一伙、一伙发展一群"的金字塔蔓延模式。

(三)"以贩养吸"活动能够影响毒品犯罪的新动向

1."以贩养吸"活动影响着流行毒品类型

一定地理区域内,"以贩养吸"活动不仅关系到毒品供需总量的平衡问题,还直接影响到毒品构成体系的种类多元化。目前来看,吗啡、海洛因等传统毒品仍然占据毒品需求市场的较大比重,而冰毒、K粉、麻古等新型毒品滥用人群呈继续上升趋势,成为主流毒品的趋势愈发明显。与此同时,合成大麻素、卡西酮类、苯乙胺类等新精神活性物质成为局部地区新滋生吸毒者的首选毒品。毒品种类的多样化构成,取决于市场需求,受控于市场供应。而长期混迹于毒品交易市场前沿的"以贩养吸"行为人,尤其熟悉吸毒供需变化特点,对于新毒品的"引进"和"流行"发挥了潜移默化的推动作用。笔者调研发现,受滥用毒品种类多元化和吸毒方式娱乐化的交互影响,近些年零星贩毒市场呈现出明显的商品流通特点,即贩卖零包毒品青睐于便捷的携带方式,借助精致、合法的外包装予以隐蔽,形态类似药品,外观商品化特征显著。例如,江苏等地查获的新精神药物"红5"(硝甲西泮),采用10片1板的铝箔板包装方式,形态与普通甘草良咽片等药品无异。

2."以贩养吸"活动依赖娱乐场所造成"黄、毒"共生

娱乐场所一直是"黄、毒"现象赖以滋生的温床,与"黄、毒"活动是一种典型的互动关系。[①] 某些娱乐场所从业人员甚至将"黄"和"毒"融为一体,提供特殊色情服务——陪同吸毒。这些年轻女性大部分长期从事色情陪侍,为了招揽生意和获取更大收益,开始陪同客人一起吸食毒品,并从事有偿性交易。因吸食毒品种类主要是冰毒,故习惯称其为"冰妹"。"上家"即可通过"冰妹"贩卖毒品给客人。"冰妹"一族正成为合成毒品"以贩养吸"活动"茁壮"成长的"娘子军"。

---

① 李文君,聂鹏.娱乐场所"黄、赌、毒"问题研究[J].中国人民公安大学学报(社会科学版),2009,(02).

3."以贩养吸"活动借助互联网络拓展毒品交易空间

网络贩毒大多为团伙犯罪或集团犯罪,呈现有组织犯罪形态,与"以贩养吸"的犯罪特点不尽一致。但是,"以贩养吸"仍能够巧妙利用互联网匿名性和难监控的特点以及网络禁毒力量薄弱漏洞,衍生出毒品蔓延扩散的新方式。例如,行为人选择网上公开表演吸毒,故意散播吸毒感受,借由毒品效应使更多高危人群产生吸毒动机,再向其进行点对点式网络贩毒。

二、"以贩养吸"行为的深度解析

"以贩养吸"是一种个体行为人以贩毒所得作为其吸毒主要经济来源的毒品犯罪类型[①],同一行为人充当贩毒者和吸毒者双重角色,既是毒品经济牟利者,又是毒品终端消费者,同时存在吸食、贩卖和非法持有毒品等违法犯罪行为。"贩、吸"之间必然存在行为逻辑关系,即个体通过"贩"获取购买毒品的资金,用以满足"吸"的需求。

(一)"以……养……"的词义逻辑关系

基于不同的认知角度,对"以……养……"的词义理解大致存在因果联系、条件关系、手段与目的关系等三种逻辑形式。

1. 因果联系

"因吸而贩",即行为人因具有吸食毒品的个体需求而从事贩卖毒品活动。因果联系是关于事实的,即吸毒和贩毒是客观存在的,且原因吸毒在前,结果贩毒在后。

2. 条件关系

"若不吸则不贩",即行为人如果中断毒品依赖性需求就无须再从事贩卖毒品活动。条件关系是关于命题的,即不贩毒的结果是在假设出现不吸毒行为情形下的推理。需要注意的是,一方面,其逻辑关系与"若吸则贩"的表述形式有着本质区别;另一方面,"贩、吸"不能互为条件,即不存在"若不贩则不吸"或"若贩则吸"的推论。

3. 手段和目的关系

"凭贩供吸",即行为人通过贩卖毒品的手段来实现吸食毒品的目的。目的是解释手段的,需要采取包括贩毒在内的各种形式手段,否则难以实现吸毒的目的。目的是唯一的,手段是可以有选择的。除了贩卖毒品外,既可以通过提供吸毒工具、容留吸毒等涉毒违法犯罪行为获取毒资,还可以采用"以盗养吸""以抢

---

① 于阳.浅析"以贩养吸"型毒品犯罪的司法认定[J].消费导刊,2009,(12).

养吸""以骗养吸""以娼养吸"等其他违法犯罪形式实现吸毒目的。

认清因果联系,有助于纵向研究"贩、吸"的违法犯罪时空特征;认清条件关系,有助于横向研究"吸"对"贩"的控制作用;认清手段和目的的关系,有助于比较研究"吸"对"贩"的选择性依赖。

(二)现实行为的辩证关系

1."吸"对于行为人从事涉毒活动起到诱发犯罪生成、控制犯罪进程和加剧犯罪程度的作用

(1)"吸"的存在诱发了"贩"的形成。行为人形成吸毒成瘾事实后,毒品对身体和心理的损害后果日渐显现,后续出现日常生活质量下降、经济入不敷出、资不抵债等一系列发酵性危害,一旦维系毒品支出的资金链条断裂,受自身条件影响,行为人"就近"从事贩毒行为的可能性极高,容易诱发贩毒犯罪的生成。为防止"以贩养吸"行为扩大化,禁毒司法实践过于强调依赖严刑厉罚的威慑作用,尽管能够起到立竿见影的即时效果,却并未从根本上杜绝其为满足自身毒品需求而萌生的贩毒动机。

(2)"吸"的条件束缚了"贩"的动机。追逐经济利益最大化是从事贩卖毒品行为的犯罪目的。尽管"以贩养吸"行为仍旧存在获取利润的犯罪情节,但是受到吸毒者主体身份的影响,行为人的牟利目的主要是弥补吸毒经济支出。与其他贩毒者相比,行为人"自觉"限制了牟利的程度,犯罪动机显得较为单一。如果行为人主动进入戒毒治疗阶段或戒毒成功后,已然无需毒品供给,则贩毒行为会自动消失。

(3)一方面,"吸"的受限加深了"贩"的程度。严控引发的毒品价格上涨,打破了毒品市场固有秩序,受到制约的毒品需求反使行为人通过增加贩毒次数,提高贩毒数量,实现"贩、吸"之间的经济平衡;另一方面,"吸"的无限拓宽了违法犯罪形式。当贩毒活动无法保证行为人无止境的毒品需求时,盗窃、抢劫等侵财型违法犯罪活动自然成为弥补资金缺口的最"佳"选择。

2."贩"通过渗透点、连接线、扩散面的方式维系着毒品市场供给和需求的相对平衡

毒品需求归因于毒品滥用,毒品滥用受制于毒品市场,毒品市场起源于毒品交易,毒品交易成形于毒品贩卖,毒品贩卖依赖于毒品供给。与其他毒品违法犯罪活动相较而言,"以贩养吸"恰能够牵连到毒品需求、滥用、市场、交易、贩卖和供给的全部行为。

(1)"以吸带吸"催生吸毒人群。即便个体初次使用的毒品来自无偿提供,持续滥用毒品也终究无法逃脱有偿交易。新滋生吸毒人员获取毒品的唯一渠道

是曾经免费或有偿提供毒品的人。这类人经常采用"以吸带吸"的渗透形式发展新吸毒者,最终目的是为了贩卖毒品获利。"以贩养吸"行为人兼具吸毒者和贩毒者双重身份,完全符合"为贩"而"以吸带吸"的主体特点,成为催生吸毒人群的主要力量。

(2)"以贩带贩"扩大贩毒队伍。经由长期的购买毒品交易行为,资金从吸毒者到贩毒者的单向流动势必会出现停滞,从而迫使吸毒者转变为贩毒者,产生了新的"以贩养吸"行为。尽管存在毒品市场被瓜分的威胁,原"以贩养吸"行为人主观上并非意愿,客观上却不得不引导吸毒者从事贩毒活动,只有这样方能避免自身利益链条断裂,因为主体力量的增强、交易空间的拓展和贩毒活动的猖獗预示着新兴毒品需求市场的萌生,更意味着"滚雪球"般的利润收益。

(3)"调贩控吸"影响毒品市场。行为人通过各种途径将从未沾染毒品的人群和戒毒人员拉下水,主要目的便是"繁荣"毒品市场。对于既定规模的单一毒品市场而言,贩毒网络层级的增加意味着利润的相对下降,也加剧了毒品流转链条的风险,存在供给和需求同步弱化的潜在可能[①]。面对吸毒者演变为贩毒者的高概率现象,"以贩养吸"行为人只需通过调解毒品零售价格、引入新毒品种类、改变毒品纯度、控制毒品来源和销售渠道等方式影响毒品流通终端市场的变化,便能确保自身"以贩养吸"活动的长期稳固性。例如,遭遇零包毒品价格下降的情形时,行为人经常采用稀释散装海洛因的方法,来降低成本、增加销量、赚取差价,仍能保证自身吸毒的资金需求。

三、"以贩养吸"型毒品犯罪的防控对策

"以贩养吸"问题是毒品违法犯罪活动中较为特殊的一种现象。从法律行为构成角度看,本质为贩卖毒品犯罪行为和吸食毒品违法行为的复合,同时,触犯了刑事法律和行政法规,似乎应该受到更加严厉的惩处;从社会大众的法感情角度看,行为人在接受刑事处罚和行政制裁的同时,须考虑其犯罪动机与其他贩卖毒品行为有所区别,造成的法益侵害相对有限,似乎应该得到更为宽和的惩处;从禁毒司法实践角度看,行为存在于毒品流通的终端消费环节,直接加剧了毒品滥用现象,对其控制力度能够体现"减少供应"和"减少需求"两方面的禁毒工作目标,成为公安机关重点打击的违法犯罪活动类型。

---

① 毒品流转链条延长,使毒品供应源头暴露风险增高,公安机关可以通过任何一名"下家"循线追踪找到"上家",一旦毒枭被抓,整个供应网络将瘫痪,供应量随之下降,即所谓的供给弱化;新贩毒者的形成,必定切分毒品需求市场,就原有贩卖者而言,其对应的需求量减少,即所谓的需求弱化。

研究和处理"以贩养吸"问题时，不能简单套用一般贩毒问题治理模式，应充分考量行为主体的身份特点，正确认识"贩、吸"行为之间的关系以及刑罚适用的准确性和灵活性。

（一）对主体的考量

1. 主体构成相对复杂

一直以来，"以贩养吸"的瘾君子大多是无业人员。在吸毒人群低龄化和复杂化的现实背景下，行为主体已经发生了结构性变化，呈现出多极化特点。常见的"以贩养吸"行为人囊括了未成年人、特殊人群和戒毒者、复吸人群，且不同主体的"养"法大相径庭。

（1）未成年人。涉及"以贩养吸"的未成年人主要是在校学生，其从事"以贩养吸"活动普遍采取一对一的贩毒形式，犯罪动机仅局限于毒品的获得。行为人或在毒品供应方和毒品需求方之间牵线搭桥，约定按比例分成，或亲身参与贩毒营销，从而赚取佣金购买毒品或者直接获取免费毒品。

（2）戒毒复吸人群。相较于间或吸毒者[①]，长期吸毒成瘾者和戒毒复吸人员更容易走上"以贩养吸"道路。鉴于整个戒毒康复体系尚处于建设完善中，国家、社会、个人对于吸（戒）毒人员的主观态度仍需引导，戒毒人员回归社会的总体效果不尽如人意，间接造成了复吸率高的现实状态。吸毒成瘾者摄取毒品的频率具有周期性，强化社会控制力量无法从根本上消除其觅药渴求，反而造成毒品价格的上扬，一旦购毒资金出现断裂，其铤而走险从事贩毒行为的风险随之加剧。这类行为人的贩毒程度仅受限于自身经济状况，与吸毒频度并不成绝对正比。而数次吸、戒毒经历已将复吸人员的经济条件置于濒临危机状态，更容易使其直接转变为"以贩养吸"行为人。

（3）特殊人群。"以贩养吸"及其他涉毒犯罪所称的特殊人群，是指以身份或者生理的特殊性参与犯罪活动，以逃避法律处罚的一类人[②]，诸如残疾人、艾滋病病毒感染者和病人、怀孕或哺乳期妇女等。但是，"以贩养吸"所指的特殊人群还必须同时具备吸毒者这一身份条件。即便初始贩毒动机表现单一，但特殊人群"以贩养吸"的行为构成要素复杂，受自身条件和客观环境的影响，也极有可能从简单的"以贩养吸"演变为有组织的职业贩毒。

[①] 间或吸毒者普遍潜藏于新型毒品吸食人群中，滥用者对于毒品的生理依赖程度低于海洛因、吗啡等传统毒品，其觅药行为受到自身需求、毒品市场、公安机关打击力度等因素的综合作用，发生频度不高，少有周期性特点。

[②] 包涵，颜增.特殊涉毒人群收治管理的现状及对策研究[J].中国人民公安大学学报（社会科学版），2012，(06)．

2. 主体身份并不单一

毫无疑问,吸毒者是贩卖毒品行为的最终受害人。社会更倾向于将吸毒者(受害人)的滋生归罪于处在毒品流通终端环节的贩毒行为——零星贩毒,尤其是占据其中很大比例的"以贩养吸"活动。在同情吸毒者和谴责贩毒者的同时,不断有新滋生吸毒者(受害人)又通过"以贩养吸"陷入了主动施害的行为怪圈。当评价对象的社会角色相对复杂时,极容易迫使大众的法感情开始变得茫然或麻木。加之客观环境营造的极端情绪氛围——国家对贩毒者的恶性科处以最高刑罚死刑,以及受鸦片战争等历史文化情愫的影响,社会大众对不同形式的贩毒行为习惯采取同一认知模式,以期实现因果报应的道德责任目标,却忽视了犯罪行为的动机、目的、手段、方式、悔罪态度等个体因素。因此,为理性研究和客观分析"以贩养吸"问题,有必要重新定位行为主体的身份角色。

(1) 吸毒者身份。医学理论和现实状况表明,吸毒者很难自我中断对毒品无止境的觅求。当吸毒成瘾成为事实,吸毒者的觅药行为只是为了消除戒断症状引发的身心痛苦,已不完全等同于初次吸毒行为的违法动机——"挑战"国家违禁药品管理制度。正是在此认识基础上,以《禁毒法》和《戒毒条例》为标志所构建的禁毒法律支撑新体系,对吸毒者的社会角色进行了更为科学、准确的认知定位,即吸毒者是毒品滥用的违法者、病人和受害者。尽管仍有少数学者[1]坚持吸毒犯罪化的观点,但客观事实已然证明,针对吸毒者的严厉打击并不能实际减少毒品需求,也无法有效遏制新滋生吸毒人群[2]的数量增长。那么,在吸毒者参与的违法犯罪活动中,应充分考虑其病人的身份特点,尤其是认定吸毒者从事与觅药相关的违法犯罪行为(如"以贩养吸")时,更须综合考量其具有药物成瘾导致的脑疾病问题。当然,这并不意味着,吸毒者可以凭借病人身份肆无忌惮地从事任何违法犯罪活动。一旦个体成为吸毒成瘾者,应该主动求助于医疗戒毒、强制隔离戒毒及其他药物替代治疗措施。

(2) 贩毒者身份。零星贩卖毒品活动是发案率最高、社会危害性最直接的毒品犯罪形态,最终促使毒品从流通环节进入消费环节,直接引发了吸毒蔓延问题,造成了毒品恶性循环的结果,成为世界各国毒品犯罪控制措施的重点打击对象。仅从毒品流通过程来看,贩毒行为[3]主要包括大宗毒品进出口走私、毒品批

---

[1] 邹涛.关于滥用毒品入罪的初步构想[J].法律适用,2012,(07).

[2] 从毒品预防的角度看,与既有吸毒成瘾者相比,新滋生吸毒者的数量增加本质上是毒品违法使用空间的拓展。故,笔者倾向于只选择新滋生吸毒人群的数量作为评价毒品管控工作的一项重要指标,而非吸毒人群总量。

[3] 特指毒品交易行为,包括了走私、贩卖毒品行为,不同于刑法意义上的贩卖毒品行为(国境内毒品的非法销售或者以贩卖为目的的非法买入)。

发、毒品零售等环节。吸毒者从事贩毒活动大多集中于毒品零售环节,分为职业零售行为和业余交易行为。所谓职业零售行为,是指受长期吸毒造成身心损害的影响,依靠贩卖毒品活动获利已经成为吸毒者赖以生存的固定模式。所谓业余交易行为①,即吸毒者偶尔贩卖毒品的行为。其中,互不熟识的吸毒者间发生的业余交易只是注重单纯牟利的经济意义。而彼此熟识的吸毒者间发生的业余交易显示出更为直接的社会意义,主要目的在于帮助建立和巩固人际关系,以利于扩大吸毒圈或贩毒圈,与其他贩毒者相比,其犯罪行为的牟利目的相对有限,社会危害性却更为复杂。

(二) 对行为的准确认定

通常认为,"以贩养吸"是指行为人既吸食毒品又贩卖毒品,吸食毒品的经济支出由贩卖毒品获取的利润来弥补。② 作为一种日常行为,行为人必须边吸毒边贩毒才有可能被认定为"以贩养吸",不能凭借其具有吸毒史,简单认定从住所查获的毒品为"以贩养吸"的毒品数量③。据此,司法实践普遍认为:嫌疑人贩毒+嫌疑人本身吸毒+在其住所查获一定数量的毒品="以贩养吸"行为。但是,这种定义方式过于简单,存在认定标准模糊笼统的问题。

1. "以贩养吸"不同于贩毒者吸毒

(1) 目的相同而动机不同。两者均包含了吸毒违法行为和贩毒犯罪行为,犯罪目的都表现为通过贩卖毒品获取非法利益。然而,前者的犯罪动机是满足行为人吸毒的经费来源,后者则是盲目追求财富更大化,即便部分所得同样用于吸毒开支,却也只占巨额贩毒利润的微小比重。另外,后者的"贩、吸"行为之间既没有"因吸而贩"的必然因果联系,也并非"凭贩供吸"的完全对应关系,仅表现为"且贩且吸"的潜在逻辑形式,且"贩、吸"行为不存在绝对先后顺序,行为人毒品滥用习惯的形成可能早于、同步于、甚或晚于其贩毒经历。

(2) 表现形式和危害程度不同。从主体身份上看,前者主要是毒品零售者,后者包括毒品零售、批发、运输、走私者,甚至毒枭;从犯罪对象上看,前者主要针对比较固定的吸毒者和潜在高危人群,后者的贩毒对象比较复杂,多为贩毒者(下家),也有部分吸毒者;从毒品数量上看,前者持有数量不大,扣除本身吸食留存,单笔交易量要低于持有量,后者占有的毒品数量一般较大,几乎全部用于贩

---

① [英] 保罗·韦伯利.《论企业的"税收遵从"问题》,载《经济犯罪的新视角》,汉斯·舍格伦、约兰·斯科洛编著,陈晓芳、廖志敏译,北京:北京大学出版社,2006:130;转引自高洁峰.毒品犯罪的犯罪学定性[J].犯罪研究,2009,(04).
② 郑蜀饶.毒品犯罪的法律适用[M].北京:人民法院出版社,2001:54.
③ 洪新波,李勋文."以贩养吸","贩"与"吸"怎么区分[N].检察日报,2009-08-30(003).

卖。相比较而言,受到所处贩毒网络层级和犯罪空间的制约,前者的社会危害程度明显小于后者。

2."以贩养吸"是吸毒者贩毒的特殊形态

两种行为的主体身份首先是吸毒者,贩毒行为是伴随吸毒行为而衍生出来的。其中,作为吸毒者贩毒的特殊形态,"以贩养吸"具有自身特点:(1)多为偶发行为,犯罪频度不高,难有周期规律;(2)基本处于毒品流通终端环节;(3)大都是个体行为,无依附犯罪组织;(4)常采用当场交易、现金支付的活动方式,毒品数量不大,金额不高。除"以贩养吸"外,吸毒者贩毒还可以表现为其他形式:"借吸助贩",如染艾吸毒人员借助身份特殊性长期从事零星贩毒活动;"迫吸控贩",如毒枭强迫"马仔"吸毒达到用毒品控制其从事贩毒交易的目的;等等。吸毒者贩毒一般会经历由单纯的吸毒者身份到吸毒贩毒双重身份的转变,但由于主观意愿、行为特点和犯罪动机的差别,不同形式的吸毒者贩毒具有不等的社会危害程度,故不可一概而论。笔者认为,"以贩养吸"行为实际上是最轻微的吸毒者贩毒形态。

(三)依法合理定罪量刑

对行为人刑事责任和适用罪名的确定,应该在排除其可能用于吸食部分的前提下进行。所以,"以贩养吸"案件定罪量刑的关键在于尽可能搞清楚所涉及毒品的来源和用途。特别是行为人在购买和存储毒品的过程中,被查获的毒品是用于自己吸食还是准备用于贩卖或是两者兼有,通常很难准确认定。2008年,《全国部分法院审理毒品犯罪案件工作座谈会纪要》规定:"对于以贩养吸的被告人,其被查获的毒品数量应认定为其犯罪的数量,但量刑时应考虑被告人吸食毒品的情节,酌情处理。"据此,为避免犯罪嫌疑人狡辩脱罪,司法实践在确定其吸毒者身份的基础上,依照以贩卖为目的而买入毒品的犯罪形式,将扣除少部分的持有毒品量,以未遂状态计入贩卖毒品数量。

1.准确定罪

对于"以贩养吸"行为人实施的毒品犯罪,在认定犯罪事实和确定罪名时应慎重。笔者认为,对于"以贩养吸"的行为主体,贩卖毒品行为的认定应局限于行为人实际交易的毒品和有其他证据证明被用于贩卖的毒品。对于在行为人住处查获的毒品,如没有证据表明其用于贩卖或其他毒品犯罪,毒品数量未超过《刑法》第348条规定的最低数量标准的,一般不定罪处罚,视为吸食用途。

(1)贩卖毒品罪。贩卖目的并不影响贩卖毒品罪的成立。即使行为人是为获取自身吸毒资金而买入毒品进行贩卖,但其明知是毒品,主观上具有非法销售毒品的意图,不论以何种方式实施了毒品交易行为,均可认定为贩卖毒品行为。

(2)非法持有毒品罪。尽管行为人买入毒品是分别用于贩卖和个人吸食,在难以分辨毒品用途的情形下,购买和存储的毒品应按照持有行为予以惩处。因为非法持有毒品罪不受行为动机的限制,仅以毒品数量作为罪与非罪的界限。其中,非法持有少量毒品的,可根据《治安管理处罚法》第72条予以行政拘留、罚款;非法持有毒品数量大的,达到《刑法》第348条起刑数量标准的,以非法持有毒品罪论处。

2. 慎用死刑

尽管单笔毒品交易很难达到贩卖毒品罪的死刑数量标准,但是"以贩养吸"具有少量多次的零星贩毒特点。根据《刑法》第347条规定,对多次贩卖毒品,未经处理的,毒品数量累计计算。如果以毒品数量为唯一标准的话,长期从事"以贩养吸"的行为人便有可能被判处死刑。有学者[①]认为对于贩卖毒品罪的死刑规定在预防犯罪发生实践中被证明是失败或收效甚微的。所以,对于因"以贩养吸"而适用贩卖毒品罪的行为主体更应慎用死刑。首先,毒品累计计算必须在犯罪事实清楚、证据确凿的前提下进行,不能肆意凭借主观推断;其次,如前所述,不宜将行为人购买和存储的毒品数量纳入贩卖毒品罪的量刑标准,以免触及死刑数量点;再者,建议将贩卖毒品罪的刑事责任年龄提升至16周岁以上,以适应吸毒人群整体低龄化的趋势;另外,建议将定罪量刑更为科学的运输毒品罪独立于走私、贩卖、制造毒品罪之外,避免将行为人"动态持有"毒品认定为现行运输毒品罪。

3. 合理量刑

(1) 充分考虑行为主体的吸毒者身份。作为酌定量刑情节,个人情况和经济关系对于贩卖毒品罪刑法的具体量定至关重要。司法实践通常将行为人是否吸毒作为部分毒品犯罪量刑轻重的情节,结果导致在罪行相等的情况下,实施毒品犯罪的吸毒者受到的处罚可能轻于不吸毒的犯罪者。按照刑事诉讼制度规则,任何影响量刑轻重的相关情节都应有事实和证据予以证明。但现有法律尚未明文界定吸毒者的刑事责任能力问题。[②] 笔者认为,既不能盲目强调吸毒者病人、受害者的角色,将其视为从事毒品犯罪活动的"防护服",又不能着重渲染吸毒者违法行为人的角色,忽视对其身份的综合考量。与牟利目的的贩卖毒品行为人相比,不具有牟利目的的行为人在量刑上可以酌情考虑。尽管"以贩养吸"行为人的犯罪目的仍表现为获利,造成的法益侵害和获得的毒资回报是无可

---

① 高巍.贩卖毒品罪研究[M].北京:中国人民公安大学出版社,2007:234.
② 如何判断吸毒者的刑事责任能力是国内外理论研究尚存争议的问题。虽然现行法律已经界定吸毒者脑疾病患者的主体身份,但由于对毒品依赖的精神状态缺乏科学认识,将滥用毒品行为的违法性等同于毒品的成瘾性,认为吸毒者与醉酒人一样,犯罪应当负完全刑事责任。

争辩的事实,但其贩毒动机并非盲目追求高额利润,而是"牟需"——满足吸毒需求,可算是相对而言的"非牟利",故在贩卖毒品罪的量刑过程中,应充分考虑其吸毒者身份。此外,在非法持有毒品罪的量刑过程中,对于其吸食毒品的客观情节,也应予以酌情考虑。

(2) 以行为人实际占有毒品为认定标准。毒品的数量以查证属实的贩卖、非法持有毒品的数量计算,不以纯度折算,分为三个等级,即毒品数量大、毒品数量较大和少量毒品,适用不同罪名的具体量刑标准。就同种类型的毒品犯罪而言,数量越大自然社会危害性越大。对于"以贩养吸"行为,贩卖毒品数量并非定罪要件却是量刑依据,应以实际交易数量和有证据证明的贩毒未遂数量为准;而非法持有毒品数量,既是构成罪与非罪的临界点,也是主要量刑标准,应以行为人实际占有数量为准,不再追加其曾经吸食消耗的数量,也不必扣除其可能用于吸食的数量。

(四) 给予必要的戒毒治疗措施

"以贩养吸"行为人因吸毒者身份被赋予了病人角色,在科处严刑厉罚的同时,应充分保障其合法就医的权利。完整的戒毒治疗包括生理脱毒、身心康复、回归社会三个连续过程,是融合了社区戒毒、强制隔离戒毒和社区康复的系统工程。根据《戒毒条例》相关规定,一名吸毒成瘾者的戒毒期限最长可达9年。为确保戒毒治疗的完整、科学,"以贩养吸"行为人无论是被依法拘留、逮捕,还是被依法收监执行刑罚,在公安机关或是司法行政机关的羁押场所期间,均应给予其必要的戒毒治疗。刑罚执行完毕或者释放后,戒毒尚未期满的,应继续接受社区戒毒或者执行强制隔离戒毒。例如,若"以贩养吸"行为人贩卖少量毒品判处的监禁刑期不足2年,非法持有毒品也只能予以治安管理处罚,尚未能达到完整戒毒所需最低期限的,应继续执行社区戒毒或强制隔离戒毒。此外,为巩固戒毒成果,可以责令其接受不超过3年的社区康复。

第四节 基于市场控制的毒品犯罪防控[①]

国内禁毒斗争现状表明,堵源截流的缉毒执法模式确实对于阻缓毒品流通速率发挥出明显效果,却并非釜底抽薪式的控制方法,不仅未能有效解决毒品供

---

① 部分内容节选自李文君,聂鹏.毒品市场新论[A].李文君,曲晓光.禁毒研究(第一卷)[C].北京:中国人民公安大学出版社,2014.

应问题，反而容易培育出愈加繁荣的毒品交易市场；全民毒品预防和社会化戒毒治疗对于吸毒人群增长速度起到了有效抑制作用，但由于两者长期缺乏协调配合，实难做到两手抓、两手都硬，结果导致吸毒人群持续新增、低龄化及戒毒人群复吸率高等恶性循环问题。当然，这并不意味着，传统"两减"禁毒策略存在导向错误问题。只是依靠打击犯罪迫使市场被动"减少毒品供应"和寄希望于吸（戒）毒者主动"减少毒品需求"的禁绝毒品理念充满理想化色彩，似乎难以完全应对日渐成熟且变化多端的毒品市场环境。因此，笔者以毒品市场为研究基础，综合防范和打击协调并重的理念，提出了毒品市场控制理论，寄希望于解决禁毒领域打击和防范"两张皮"的现实问题。

一、毒品市场

毒品问题是特殊商品在政治、经济、文化、法律、道德等领域的综合反映，根源在于毒品与其他事物之间错综复杂的联系。这种关系网络投射到人类社会日常生活中，主要表现为毒品市场的形态。然而，受到自身社会属性的影响，毒品的生产、流通、使用等环节均具有非法特点，并不完全符合普通商品的市场特征。

（一）对毒品市场的认知

在商品流通环节，毒品依然具有药物固有的物质属性，却改变了其社会功能，效仿药品的使用价值，却逾越了其交换价值，应然造成了由标的物自身非法引发的一系列违法行为——毒品违法犯罪活动，而承载毒品及其非法行为的时空背景便构成了传统意义的毒品市场。

1. 毒品市场是现实空间概念

狭义的市场是指买卖双方进行商品交换的场所。各类毒品市场的空间形态各异、大小不一，却具有共同的隐蔽性和潜藏特点。既能够"小隐隐于野"，如遍布城乡角落的地下毒品加工场所，又能够"中隐隐于市"，如由吸毒人群造就的日益庞大的毒品消费市场，还能够"大隐隐于朝"，如潜存于普通商品市场，将合法的制药、化工企业异化为非法的毒品供应源，甚至能够"消隐隐于网"，如互联网络搭建的虚拟平台业已成为毒品流通环节倍加青睐的新兴载体。

2. 毒品市场是时间流通概念

广义的市场是指商品及其流通过程。毒品市场涵盖了毒品从生产、贩运、交易、消费及产生危害问题的全过程，作为市场核心的毒品流通链呈现出从无到有、从源头到终端、从整体到个体的时间逻辑顺序，并随之衍生出毒品生产市场、毒品交易市场和毒品消费市场等不同形态。

3. 毒品市场是供求关系概念

供求关系是商品生产和消费的市场反映。毒品市场是毒品在供求双方之间的交易行为关系,具体表现为生产制造毒品行为、贩卖运输毒品行为和购买使用毒品行为,即毒品供应市场和毒品需求市场。若简单的毒品交易发展变化为层层分销网络,则意味着市场开始变得成熟和稳固,供求关系进一步复杂化,仅靠严厉的禁毒执法则显得力不从心。

(二) 毒品市场的基本要素

当前的毒品控制活动将视野局限于毒品市场所牵扯的人、物、空间等要素,主要表现为打击毒品供应者和管控毒品消费者,始终围绕"减少非法供应"和"减少非法需求"两条主线,采取了"抓毒枭""端毒窝""缴毒资"等主动控制措施,形成了又严且厉的禁毒防控体系。因毒情的地域化差异,各地对毒品市场的打控力度有所不同,却一致呈现出长期的高压态势。投入高额的控制成本必然会产生一定的积极效应,却并非是事半功倍的理想结果。从长远角度来看,将合理的控制毒品理念肆意演变为不切实际的禁绝毒品举措,可能会出现负面效应的反弹。为此,有必要重新诠释毒品市场的基本要素。笔者认为,毒品市场理应包含毒品、时间、空间、毒品供应者、毒品需求者及社会控制力等要素。

1. 时空要素

时间和空间是市场的基本信息要素,分别定位市场的纵横维度坐标,又共同结合为市场的背景条件。例如,处于毒品供应市场源头的非法种植毒品原植物活动,具有典型的时空特征,行为时间具有季节特点,且多发生在偏僻、交通闭塞的山区地带。

2. 毒品

毒品既是交易活动的标的物,还是左右市场变化的工具。一方面,毒品种类影响市场层次性。通常所指的某地区主要流行某种毒品,正是毒品种类所产生的市场作用。在吗啡、海洛因等传统毒品和冰毒、K粉等合成毒品各占半壁江山的毒品市场上,山西、河南等地区仍旧存在土法加工制造鸦片现象,就是由于所制"料面"作为高质量、受欢迎的地方毒品种类,长期用于满足本区域规模稳定的消费市场。另一方面,毒品价格影响市场辐射面。2010年以来,一种俗称"黑焦油"的海洛因在美国开始流行蔓延,采用注射方式吸食这类海洛因的瘾君子会立即死亡,甚至来不及把针头从静脉里拔出来。这种纯度高、药效强的毒品售价低廉,每包仅10美元,对青少年群体极具诱惑力。

3. 供求双方

作为直接参与毒品市场的主体,毒品供给方是最关键的市场要素,毒品需求方是最活跃的市场要素。可以说,没有毒品生产就没有毒品市场,包括毒品制造者、销售者在内的供给方是毒品市场的奠基石和培养皿,而以毒品消费者为主的需求方则是毒品市场赖以存在和发展的支柱,直接体现了毒品使用价值。在这个特殊市场里,供给方是施害者、受益者,需求方则是主动受害者。

4. 社会控制力

除必要的时空特征、毒品、供求双方,毒品市场不可避免地萌生出社会控制力这个具有绝对影响作用的要素。因为毒品的存在、使用及流通是与绝大多数人的价值观念和行为准则相抵触的。起初,社会通过道德和文化来引导人类合理使用毒品(麻醉品),例如,玻利维亚人出于宗教习惯有使用古柯叶的历史;之后,致力于建立行政控制网,旨在规范麻醉品的供应和流动,例如,1906年德国拜尔公司曾建议政府将海洛因有限用于治疗疼痛、抑郁、支气管炎、哮喘和胃癌等疾病,来规避其成瘾风险;至今,借助法律惩罚手段治理日渐庞大的毒品贸易市场,例如《联合国禁止麻醉药品和精神药物公约》明确要求缔约国采取刑事制裁的方式控制毒品流通。可见,毒品市场在形成、萌芽、发展和成熟的过程中,各种社会控制力量已然贯穿其中。毒品市场的社会控制力,从手段上可以分为政治、经济、文化、宗教、法律等控制力量;从层次上可以分为国家、社会、家庭等控制力量;从市场发展进程可分为事前控制、事中控制、事后控制等。

(三) 毒品市场的作用机制

毒品市场各要素之间的相互作用,促使形成了系统内部的运动规律。这种作用关系直接体现为"市"表现和"场"效应。

1. "市"表现

狭义的"市"专指毒品交易行为,可分为只买不卖、只卖不买和买入卖出三种类型。广义的"市"还包括走私、贩卖、运输毒品及毒品原植物种子、幼苗等行为。然而,毒品市场的"市"不仅作用于流通环节,而且影响到生产和消费环节。也就是说,这里的"市"行为囊括了制造毒品的种植行为、贩卖毒品的买卖行为以及吸食毒品的使用行为。"市"带有明显的动词特征,是毒品交换价值的表现形式,直接涉及供求双方和毒品等市场要素,同时与时空、社会控制力等市场要素密不可分。此外,"市"行为从形成之始便是非法的。

"市"表现是指"市"行为及其产生的结果。毒品市场的"市"表现具有两个明显特征,一是价格标签,二是供求弹性变化。

(1) 价格标签。作为商品,毒品理应遵循供求关系决定价格的基本规律。

据此,禁毒实践部门习惯于将价格作为研判毒情的标签,即价格下降预示毒品泛滥形势严峻,价格上升意味毒品供应匮乏,毒情形势乐观[1]。毒品价格还常被作为评判禁毒措施成效的重要依据。例如,评估决策机构通常认为毒品价格上扬直接反映出执法部门的打击力度较大。事实上,价格标签理论并不是市场供求关系的真实反映,而是一种通过执法手段控制毒品价格的机制,即对毒品供应商采取严厉打击行动,使其销售风险加大,导致成本增加,供应商继而通过提高毒品价格的方式把成本增加转嫁给消费者,进而理想地认为毒品消费者的需求会由于价格的提高而相对减少(就像政府通过提高税收的方法来限制酒精或香烟的消费一样)。实践表明,零售价上涨确实能够刺激毒品市场,却很难估计是否必然会产生毒品需求减少的结果。

(2)供求弹性变化。有学者[2]认为,毒品的强成瘾性决定了市场几乎不存在需求弹性,吸食者一旦成瘾就必须达到一定的吸食量且只有不断加量才能消除日益严重的戒断症状。对于吸毒成瘾者而言,其毒品需求确实不完全取决于价格变化,但也并不意味着毒品市场存在绝对稳定的刚性需求。尤其是作为毒品流通终端环节的消费者,毒品显然是一种必需品,但同样可以被替代。即使替代效应对毒品市场需求的影响甚微,但对个体需求却能发挥至关重要的作用。笔者调研发现,某长期使用海洛因的染艾吸毒女性,受自身经济条件以及公安机关打击力度的影响,在被管控之前的半个月内频繁更换使用地西泮、地芬诺脂及盐酸曲马多等药品替代。虽然效果不及海洛因,但是这些药品完全能够满足自身应急需求。如上所述,"市"表现的变化(海洛因交易行为的减少)并未改变吸毒人员的个体需求(觅求毒品),但影响了毒品交易行为(与海洛因提供者的买卖行为),进而使得毒品市场发生了一定的变化。可见,毒品市场的供求弹性变化是存在的,但并不以量变为唯一途径,也不以价格为唯一调节手段。

2."场"效应

与药品等其他商品市场不同,"场"是毒品市场特有的概念,是毒品物质属性和社会功能的综合表现,是使用价值和交换价值的作用平台。"场"贯穿了整个毒品流通过程,即便毒品市场消失,其潜在影响力仍旧存在。例如,戒毒人员的

---

[1] 张文鹏,赵文忠,马国云.加强毒品消费市场监测的重要性[J].云南警官学院学报,2007,(04).
[2] 郑永红,李波阳.动态均衡递减的禁毒方略研究[J].中国人民公安大学学报(社会科学版),2010,(03).

"还愿"行为①,便是"场"在其脱离毒品市场后的作用。

"场"效应是指"场"在毒品市场的作用效果,包括时空环境、毒品特性及社会控制力的变化。

(1) 时空环境是"场"效应的突出特点。特定的时间和空间构成"场"效应的客观条件。例如,午夜的歌舞娱乐场所是合成毒品冰毒交易的最"佳"时空选择,即毒品市场表现出强烈的"场"效应。任意改变时空要素均会减弱或降低固有的"场"效应。例如,午夜的加油站或者正午的歌舞娱乐场所,则难以成为毒品交易的适合时机。

(2) 毒品特性是"场"效应的典型表征。毒品特性包括戒断症状、强耐药性、高复吸率及毒品文化辐射②等。有学者将个体吸毒量增加(耐药性)、吸引边缘人群涉毒(毒品文化)等归纳为毒品的自我扩张性③,实则是毒品市场的"场"效应特征。

(3) 社会控制力的变化是"场"效应的直接体现。社会控制力的变化是"场"效应的客观反映,同时"场"效应又受制于社会控制力的程度。在毒品市场其他要素不变的情况下,增强社会控制力有利于制约"场"效应的变化,降低社会控制力有利于实现"场"效应的最大化。

(四) 毒品市场的形态变化

毒品市场形态由"市"表现和"场"效应共同构成,可分为"市"枯"场"盛、"市"枯"场"衰、"市"荣"场"盛、"市"荣"场"衰等四种类型④。然而,只有当社会控制力彻底消失的情况下,才能够出现"市"荣"场"衰的表现形态,这与其基本要素的身份相悖。因此,研究毒品市场形态的参数变化特征只考虑其他三种类型。

分析表 4-1 可知:

1. 单个参数并非市场作用机制的绝对指标

例如,毒品价格上升时,社会控制力可能处于增强或减弱状态,市场形态可能表现为"市"枯"场"盛或"市"荣"场"盛,毒品供应量可能减少或不变。由此可见,毒品价格变化只是显示出供求关系失衡,而特定状态下的供不应求,也并不意味着毒品供应量绝对减少,亦有可能受制于消费量相对增加。可见,不能试图通过改变单个参数影响毒品市场形态的变化。

---

① 所谓"还愿"行为是指,许多戒毒人员离开强制隔离戒毒场所后,往往迫不及待地意欲回味曾经的快感,极易从毒品市场上快速觅得毒品,从而迈出复吸之路的第一步。

② 李文君,聂鹏.毒品文化辐射研究[J].中国人民公安大学学报(社会科学版),2008,(01).

③ 郑永红,梁鑫.毒品的自我扩张及对策研究[J].卫生职业教育,2012,(09).

④ 为方便表述,将"市"表现繁荣定义为"市"荣,"市"表现萎靡定义为"市"枯;"场"效应强盛定义为"场"盛,"场"效应衰弱定义为"场"衰。

表 4-1　毒品市场形态的参数变化特征①

市场表现形态	社会控制力	吸毒者总量 吸毒者增量	吸毒者总量 戒毒者增量	毒品需求量	毒品供应量	毒品价格
"市"枯"场"衰	增强	减少	减少	减少	不变	下降
		不变	增加			
		减少	减少		减少	平稳
		减少	不变			
		减少	减少			
		减少	增加			
		减少	减少			
		不变	增加			
"市"枯"场"盛	常态	不变	不变			
		不变	不变			
"市"荣"场"盛	减弱	不变	不变	增加	不变	上升
		增加	增加			
		增加	减少			
		增加	增加			
		不变	减少			
		增加	增加			
		增加	不变			
		不变	不变		增加	平稳
		不变	不变			
		增加	增加			
		不变	减少			

① 基于研究需要,毒品市场形态设定为特定时空背景下的理想状态,即:一是除市场要素作用外,参数不受其他因素(如,自然灾害致使毒品产量减少、吸毒者病死情况等)影响;二是参数变化(增、减、升、降等)幅度固定(如,供应量和需求量增加的量相同,市场平衡,不考虑实际差异问题);三是吸毒者量=既有吸毒者量+吸毒者增量(新滋生吸毒者量+复吸者量)-戒毒者增量,该参数须考虑隐性吸(戒)毒者数量,与公安动态管控系统或卫生药物滥用监测系统的实际统计数据不同。

2. 社会控制力的变化可以影响吸毒者增量、戒毒者增量及毒品供应量等参数

例如,通过毒品预防减少新增吸毒者数量,通过康复治疗增加戒毒者数量,通过缉毒执法打击毒品供应量等。通常认为,社会控制力倾向于不稳定的毒品市场。笔者建议,社会控制力应更倾向于供应量和需求量双减的平稳市场状态,因为在此状态下同步调节吸毒者增量、戒毒者增量及毒品供应量等参数时,更容易出现"市"枯"场"衰的最佳效果。

3. 社会控制力与市场形态变化是条件关系而非因果联系

只有增强社会控制力,才会导致"市"枯;而"场"盛的出现并不是由于社会控制力的改变。例如,当社会控制力由减弱变为常态,可以不影响供求量等参数变化,更不影响"市"荣"场"盛的市场形态。也就是说,社会控制力通过调节供求关系来影响市场形态,却并不一定导致市场形态的完全改变。所以,社会控制力是市场形态变化的条件而非原因,增强社会控制力不是解决毒品市场问题的全部方法。

4. 毒品市场能够主动打破自身供求动态平衡

当社会控制力处于常态,毒品供应量、吸毒者总量等参数均无变化时,毒品市场可以在受耐药性等"场"效应的影响下,打破原有供求关系平衡,使得毒品需求量自然增加,市场供不应求,价格攀升。可见,通常所描述的毒品市场基本处于平稳状态,实则潜藏着暗流涌动的危险。

二、毒品市场控制

控制毒品市场与禁绝毒品问题并非对立的。尽一切可行手段降低毒品问题的危害已成为社会共识目标,只是具体操作环节所秉承的理念和方法不同而已。与消灭毒品及其流通市场的理念不同,毒品市场控制是在其作用机制的基础上,监测、分析和研判市场形态变化,通过制定合理的禁毒政策,实施有效控制措施,最终达到治理毒品问题的目标。

(一)执法切断市场交易网,禁吸抑制供求关系链

立足毒品市场的流通规律和特点,采取严格执法切断毒品交易联系,借助禁吸戒毒抑制毒品供求,构建毒品市场的双向控制体系。

1. 动态调整缉毒执法的工作重点

过渡迷信"毒品战"的观点[1]曾认为,只要切断毒品来源,减少毒品供应,迫

---

[1] 蒋家雄.当前国际禁毒战略决策几个重大问题的争议与反思[A].第四届全国中西医结合戒毒学术研讨会教材、论文摘要集[C].2000.

使价格上扬,就可降低或减少毒品滥用和流行,从而彻底解决毒品市场问题。国际禁毒经验已然表明,以"堵源"为核心的传统禁毒措施效果并不理想。笔者通过对市场作用机制和形态变化的理论分析也证实了这一点。基于毒品市场控制的角度,笔者认为,双管齐下的"堵源截流"策略应各有侧重:当毒品市场处于"市"荣"场"盛时,应以大宗贩毒案件为目标开展"打毒源"的缴毒行动;当处于"市"枯状态时,应将缉毒工作重点确定为切断交易网络——打击零包①贩毒。

首先,摒弃将零售价格作为监测毒品市场的唯一标签,避免陷入"跌打升控"的唯价格执法模式。如前所述,毒品价格只是反映了供求关系的弹性变化,即市场的平稳状态,并不能全面描述毒品市场形态变化,更无法客观说明活跃于市场的吸毒者数量、毒品需求量和供应量等其他参数变化。所以,将价格指数作为执法控制手段的风向标,显然缺乏科学性。

其次,完善"打零收戒"机制,合理构建以涉毒人员处置情况而非毒品缴获量为标准的缉毒成效考核体系。作为最靠近犯罪源头的案件,零包贩毒实际发案量往往超过大宗贩毒,是毒品犯罪破案总量提升的主要增长点。零包贩毒活动区域广大,手段隐匿且多样,毒贩与吸毒者之间交易关系稳固,供求矛盾突出。毒品市场的需求量决定了零包贩毒生存的基础。② 然而,实战部门以"破大案"为缉毒工作思路导向,对于零包贩毒案件的投入力量相对有限。以2012年全国缉毒执法考核情况为例,Y省综合考评成绩及对全国的贡献度(破案、抓人、缴毒三项战果)均名列前茅,但是零包案件破案数却排名靠后。此外,多数公安机关仍以抓人破案绝对值作为量化考核指标,与实际毒情形势严重脱节,使得"打零收戒"工作处于迟缓状态。例如,2013年第1季度B市涉毒案件缴毒量已经超额(139.4%)完成了全年目标,而涉毒治安案件实际破获量(以治安拘留人数为标准)未完成既定目标,反映出职能部门对于打零收戒工作的不重视程度。

2.切实提升禁吸戒毒的工作效果

对于吸毒成瘾者,应确立以治疗代替惩罚的基本原则③,强调治疗和矫正在禁毒政策中的基础性和根源性作用,最大限度降低复吸率。目前,对于吸毒成瘾者,在治安处罚的同时责令社区戒毒;对于吸毒成瘾严重者,在治安处罚的同时责令强制隔离戒毒;其中,因病不宜羁押或不执行行政拘留处罚的,依法责令社区戒毒。但执法现状表明,重视"治安拘留"轻视"戒毒治疗"现象极为普遍,对吸毒人员依法规范处置工作有待进一步加强。以2013年10月份全国公安机关依

---

① 公安机关习惯称之为零星贩毒案件,笔者认为称其零包贩毒更符合案件特点。
② 郑蜀饶.毒品犯罪规律的新认识及禁毒策略的思考[J].法律适用,2007,(12).
③ 高巍.禁毒政策的西方经验与中国实践[J].思想战线,2007,(04).

法查处的滥用合成毒品人员为例,其中,42.4%由于初次发现吸毒等原因单处行政拘留(无戒毒措施),27.1%在治安处罚的同时被责令社区戒毒或强制隔离戒毒。许多查获的吸毒者或吸毒成瘾者得不到应有的戒毒治疗。为此,笔者建议,鉴于吸毒成瘾者(尤其是复吸人员)已因吸毒行为遭受过惩处,作为反复发作的脑疾病患者,应按照"一事不再罚"的原则,不再予以治安处罚[①],直接适用社区戒毒或强制隔离戒毒,以有利于戒毒治疗和矫正措施的实施。

3. 合理运用"均衡两减"禁毒战略

即使已经正视了毒品预防工作的重要性,仍旧存在缉毒与防毒优先之争。协调解决毒品市场流通的供应和需求关系,即缉、戒、防毒工作的有机配合,是禁毒战略研究的难题之一。有学者[②]提出在缉毒和戒吸之间寻求一种动态递减均衡,在均衡中递减、递减中均衡,最终达到禁绝。据此,笔者将其扩展为缉毒执法和禁吸戒毒的"均衡两减"战略,包括:

(1)"均衡"是基础。"均"并不意味着绝对平均,也不代表着缉、戒、防毒工作力度的弱化,而是指社会控制力的实施应以最优化为前提,实现均势效果。当毒品市场处于平衡状态时,增强任何一方面的社会控制力,都能够实现"市"枯"场"衰的最佳效果。也就是说,无论采取加大打击力度、强化收戒人数或是提高预防成效哪方面措施,只要参数变化幅度使得毒品供应量和消费量平衡时,自然会出现了毒品市场疲软现象。但是,当供求失衡且明显供不应求时,一味地强调打击力度,只是造成了"市"枯的表面现象,"场"效应依旧强盛,禁毒效果并不理想。

(2)"两减"是关键。如果选择增加供应量和需求量的方法,也能达到市场平衡,但是将出现"市"荣"场"盛的负面结果。可见,"减"策略的实施是整体防控的唯一路径。当然,在供应量不变,只减少需求量,也能够达到相同效果,但此时的市场处于价格下行的不稳定状态,极容易出现反弹现象。所以,供求同步"两减"才是最佳途径。

(二)消弭"场"效应,严防新危害

1. 消除"场"效应是控制毒品市场的根本策略

通过供求关系的变化遏制毒品市场是禁毒工作的重要途径[③],却不是唯一

---

① 笔者充分认可特定时期内对吸毒违法处罚具有直接效果的历史经验,也并非只把吸毒行为人视为病人和受害者,忽视其违法者身份。但是,科学合理的政策制定不能仅凭经验和直觉。将吸毒成瘾者划出社会违法人员队伍,是融汇社会学、法学、医学、伦理学等交叉研究领域的综合问题,单从任何角度分析均显得过于片面。所涉观点论证可参阅:于宁.我国禁毒法对减少伤害政策的含义[J].中国医学伦理学,2009,(06).

② 郑永红,李波阳.动态均衡递减的禁毒方略研究[J].中国人民公安大学学报(社会科学版),2011,(03).

③ 康均心.需求与遏制:毒品防控路径检讨[J].武汉公安干部学院学报,2012,(03).

手段,更非理想方式。"两减"只是毒品供求联系的暂时中断,短时间消除了双方的交易动机,只要毒品市场依旧存在,在"场"效应的诱导下,交易链条很快便会死灰复燃。笔者建议,采取"毒源截流"和"禁吸戒毒"措施控制毒品市场的过程中,须注重两方面的基础工作,才能从根本上消除"场"效应。

(1) 畅通涉毒线索举报机制,营造禁毒人民战争氛围。一方面充分发动广大人民群众积极性,积极举报毒品违法犯罪活动线索,严厉打击毒品犯罪;另一方面将人民群众的满意程度作为衡量、考核禁毒工作成效的主要依据,特别要把新滋生吸毒人员减少、吸毒人员的戒断巩固率提高、毒品来源和毒品危害得到有效遏制等,与人民群众日常生活密切相关的涉毒问题,作为公安机关禁毒工作的核心内容。

(2) 引导公众理性认知毒品,培育全民科学禁毒理念。传统的禁毒宣传工作强调防微杜渐式毒品免疫功能,注重提升社会大众的拒毒防毒意识能力,却忽视引导和培育公众对毒品及涉毒人员的理性态度,直接造成了戒毒人员社会回归进程的滞后,潜在危险却是纵容了毒品"场"效应的无端扩大。可见,恐吓式毒品危害教育理念收效甚微。尤其是面对当今社会丰富复杂的信息源,堵塞渠道无法治标,唯有主动引导才是治本之策。将禁毒宣传工作的重点应从普及"人尽皆知"毒品知识的目标转为培育"人皆禁之"主动禁毒的意识,通过发挥群众力量,发现、帮助涉毒人员及潜在高危人群识毒、拒毒、防毒,实现社会力量对毒品"场"效应的屏蔽作用。

2. 降低毒品危害是控制毒品市场的现实任务

毒品危害分为直接危害和间接危害两种。直接危害主要表现为身心损害,如生理功能降低、感染艾滋病等。禁毒职能部门主要采取了美沙酮替代治疗、清洁针具交换行动等手段,有效避免毒品给吸毒者自身带来的直接危害。间接危害主要表现为滥用毒品引发的后续问题。尤其是滥用合成毒品行为引发的间接危害问题突出用,如吸毒驾驶、聚众淫乱、个人极端暴力犯罪等。近些年,各地连续发生多起吸毒人员引发危害公共安全的极端案(事)件,充分证明毒品问题的潜在隐患随时可能严重危害社会治安,暴露出其社会危害性持续加剧。这种危害对毒品市场的反馈影响不可忽视。例如,澳大利亚实行减少毒品供应和减少毒品需求并重的均衡禁毒政策后,贩毒问题确实得到了一定程度的遏制,但戒毒治疗效果不明显,复吸率仍然很高,引发的社会问题持续发酵。后通过及时调整战略,践行"降低毒品危害"的政策引导,才能对毒品市场起到"釜底抽薪"的作用,取得最佳的社会效果。综上,公安机关不仅需要与卫生、司法部门积极开展禁毒业务交流沟通,严防吸毒引发的直接危害效应,还需要加强隐性吸毒人员排查登记、突发事件应急处置、有精神病症状吸毒人员收戒治疗、社会面吸毒人员敏感事件隐患排查等方面的协作机制建设,最大限度将吸毒人员纳入管控视线,有效提升吸毒人群的主动发现、快速反应、现场查控、自我防护等能力,杜绝毒品潜在危害的影响。

第五章 禁吸戒毒与毒品防范

面对日益泛滥的毒品问题,各级禁毒部门以推进创建"无毒社区""无毒村"工作为抓手,提高社区戒毒、强制隔离戒毒、社区康复的质量,探索药物维持治疗模式,建立健全全社会帮教、监控体系,尝试多元化的禁吸戒毒模式,降低吸毒人员复吸率,有效减少新吸毒人员的滋生,全力遏制毒品危害。经过多年的毒品预防教育和戒毒康复实践,我国已形成了一整套减少毒品需求的经验做法,实现了对学校、家庭、社区、机关企事业单位等和青少年、戒毒康复人员、娱乐场所从业人员等的全面覆盖。然而,长期以来,毒品防范工作却将施力点放在毒品上,试图通过对毒品流通的强力控制,间接达到预防毒品危害的目标。事实表明,只要存在滥用毒品的需求,就会刺激毒品供应问题的发生。就"两减一降"而言,减少需求是减少供应的支撑,是降低危害的保障,是毒品防范工作的基石。因此,笔者立足毒品防范的需求,按照禁吸戒毒工作的主要内容,对禁毒防控理论提出的"防"进行了再解读。

第一节 吸毒预防与减少毒品需求

"禁毒工作、预防为本"是国内外禁毒工作经验的高度概括和总结。从治理成效上看,毒品预防教育是最为经济的禁毒策略和措施,直接决定了禁毒工作的主动性。不难理解,防范一个人吸毒与挽救一个成瘾人员在难易程度、资源投入、社会效果、个体影响等方面的差异性。当然,最为特殊的也属毒品预防教育,其对象大多是和毒品无关的人,或者准确地说是尚未受到毒品直接影响的人,正因为没有感同身受,所以容易置若罔闻。因此再严密、再完善的毒品预防教育都很难达到最理想的效果,这恰恰也是毒品预防教育比较难做的主要原因。

一、毒品预防体系

(一)毒品预防的三级体系

毒品预防的三级体系是指针对不同的人群特点开展不同层级的毒品预

防教育,[①]分为Ⅰ级预防、Ⅱ级预防和Ⅲ级预防。

1. Ⅰ级预防

以普通人群为对象,鉴于其尚未涉毒且可能被发展为吸毒者,主要采取的措施是开展普及型禁毒宣传教育,提高全民禁毒意识,调动社区、学校、家庭及社会各方面的积极因素,改善社会风气和不良习惯,从而养成拒绝毒品的自觉行为,防止其错用、误用、试用毒品。

2. Ⅱ级预防

以易染毒人群(高危人群)或偶尔吸毒者为对象,这类人群存在吸毒行为的高风险,或者已经处于吸毒初期阶段,但还未产生依赖性,若继续吸食毒品容易产生依赖性,造成严重的社会危害。

Ⅱ级预防主要采取的措施是宣传吸毒的危害和严重后果,并辅以一些临床服务机构、心理咨询和辅导机构,让他们早发现、早治疗、早控制。采取早期发现、早期干预和早期控制等措施,以达到制止其发展成为吸毒成瘾者及其所引发的吸毒蔓延等情况。

3. Ⅲ级预防

以吸毒成瘾者为主要对象,即已对毒品产生强烈的精神和躯体依赖性的成瘾者,主要采取的措施是通过强制戒毒,对其实施生理脱毒、心理康复和回归社会等治疗康复措施,使其戒断毒瘾,恢复正常的生理、心理和社会功能,最终取得减少现有吸毒人数的效果。并对其进行脱瘾治疗,尽量降低复吸率。

(二) 毒品预防的三个层次

毒品预防的三个层次是指学校、家庭和社会。

1. 家庭

有学者[②]指出,包括家庭功能和支持、教养方式、亲子关系、家庭结构和家庭环境质量在内的多个方面与青少年吸毒问题存在联系。笔者调查发现,涉毒行为的家庭影响因素不可忽视,很多人染毒的初始诱因起源于家庭问题。数据显示[③],吸毒人群中父母离异或感情不和的占 24.84%,高于普通人群 20 倍以上。与此同时,家庭成员的线索举报、主动送戒等行为也是禁毒工作的重要来源渠道。可见,毒品预防要深入到家庭这个"点",尤其是注重家庭背景和教养方式对孩子心理健康和行为规范的影响,父母作为孩子的第一任老师,要注意进行防范

---

① 该体系最初来源于公共卫生和流行病领域。
② 沈文伟.中国青少年吸毒与家庭治疗[M].北京:社会科学文献出版社,2014:31-32。
③ 陈咏梅,王增珍,杨红梅,陈立功.武汉市 310 名女性吸毒者的家庭背景及教养方式[J].中国药物依赖性杂志,1999,(04).

毒品入侵的点滴教育,将毒品拒于每一个家庭之外。

2. 学校

我国禁毒职能部门总结多年来学校禁毒教育的经验,充分挖掘学生这一庞大资源,鼓励其在毒品预防教育中充当宣传者、志愿者和研究者的多重角色,"无毒校园"的创建工作便是针对在校学生进行毒品预防教育的主要阵地。就目前而言,结合素质教育的开展,我国的中小学禁毒教育基本得到了落实,存在不足的大学生毒品预防教育工作正在完善。学校毒品预防教育虽然在政策上得到了保障,但是许多学校基于升学压力和本校学生吸毒情况不突出等原因,仍未将毒品预防教育放到重要位置,对该项工作缺乏责任感和使命感,即使已经开展的学校,大多也停留在应付教育检查的形式主义做法上,缺乏深入性和实效性。有关研究显示,一次或偶然性的学校毒品预防教育通常是无效的,无法提高学生的拒毒能力。笔者建议,将禁毒教育与防艾教育结合,作为国民素质教育的组成部分,正式纳入《健康教育》课程中,组织撰写统编教材,按照不同的年龄段配套以相应的教学时间,且每学年应不少于20学时。除了集中学习的时间保障,学校和禁毒部门应积极展开合作,通过参观禁毒教育基地、与吸毒人员座谈、参与禁毒宣传等多种形式鼓励学生在毒品预防教育活动中发挥主动性。[①]

3. 社会

毒品预防牵扯到公安、教育、卫生、劳动、民政等多个部门机构,是一项系统的社会工程,具有典型的公共关系特征,需要从社会系统控制的角度出发,统一设计、系统规划、高效整合、形成合力。由社区组织结合架构而成的社会环境,是毒品预防的现实基础,是个人进行禁毒活动的基本载体。以往的禁毒实践中,动员社区的基层组织居民委员会、业主委员会等对本社区的涉毒情况进行排查摸底,积极开展对吸毒者的帮教活动和对贩毒者的举报活动,通过群策群力、群防群治,及时发现和处置萌芽状态的涉毒苗头,是整个禁毒工作必不可少的重要环节。较为典型的经验做法是"无毒社区"创建活动。然而,这种模式只是社会层次毒品预防的初级阶段,包括毒品预防在内的禁毒社会化,才是落实社会层面禁毒宣传教育,调动全社会各阶层、各部门、各种力量积极参与毒品预防工作的有效途径。

二、毒品预防教育的路径选择

长期以来,毒品预防教育工作存在着机构缺失、力量单薄、方法简单、内容陈

---

① 中英青少年毒品预防教育比较研究[J].云南警官学院学报,2007,(04).

旧等一系列亟待解决的问题。例如,以往的毒品预防教育过分强调甚至夸大毒品的危害性,习惯采用"一朝吸毒、十年戒毒、终生想毒"等"恐吓式"宣传套路,相对于毒品文化"偶尔吸一口没什么关系"的诱导推销,板着脸说教的形式显然对于充满猎奇心理的人收效甚微。笔者在戒毒所访谈某"90后"吸毒者时,其曾回答"从小就知道海洛因会成瘾、不能吸",可遭遇到冰毒的诱惑后,过去深植于心的拒毒信念却荡然无存了。西方社会学家也对20世纪以来采用恐吓式的毒品危害教育方式普遍评价很低[①]。尤其是在自媒体为主的多元信息场下,简单的说教式、强迫式灌输教育或许能达到即时效果,却无法产生深远影响,因循守旧的结果将可能造成禁毒宣传教育这块阵地被新潮的毒品文化所攻占。因此,为增强针对性和实效性,探索符合实际特点的毒品预防教育途径,笔者认为开展毒品预防教育工作应把握好以下四个关键点:

(一)做好毒品预防教育工作的顶层设计

(1)统筹规划毒品预防教育工作。把毒品预防教育作为国民教育和社会主义精神文明建设的重要组成部分,纳入平安城市、文明城市(村镇、单位)创建内容,有针对性地列入各级党校、行政学院教育计划和干部培训计划,建立毒品预防教育考核评估机制。各级党委宣传部门要把毒品预防教育纳入宣传工作总体规划,协调主流媒体大力开展禁毒宣传。各有关部门要按照国家禁毒委员会制订的全民毒品预防教育计划,将毒品预防教育与公民道德教育、普法教育、健康教育、科普教育、预防艾滋病教育相结合,推动毒品预防教育进学校、进单位、进家庭、进场所、进社区、进农村。

(2)科学把控内容的契合度。当前正处于全民对毒品危害的认识相对薄弱的时期,开展毒品预防教育时,过分渲染毒品危害容易适得其反。在自媒体为主的多元信息场内,面对合成毒品"偶尔吸一口没什么关系"的诱导推销,如果仍固守"恐吓式"毒品预防教育不变,这块阵地迟早会被"新潮"的毒品亚文化所攻占。例如,我国18岁以下吸毒人员有4.3万名,最小的年仅七八岁,未成年人沾染毒品的案例已屡见不鲜。事实上,通过学校的主渠道作用,已经构建起涵盖教学计划、大纲、师资、课时、教材的未成年毒品预防教育体系。而问题在于,灌输禁毒知识的说教方法过于呆板,主流禁毒文化的影响力不及毒品亚文化。毒品预防教育的内容既要注重科学讲解毒品危害,依靠正确的禁毒知识筑牢思想防线,抵御各类涉毒信息的侵扰,又要引导未成年人理性看待吸毒行为,不盲从明星、亲友的涉毒行为,还要注重符合未成年人的身心特点,激发其会识毒、能拒毒、敢禁

---

① 夏国美.青少年滥用毒品的成因与禁毒教育模式的转换[J].青少年犯罪问题,2006,(03).

毒的热情。

(二) 发挥毒品预防教育主体的牵引作用

毒品预防教育是开放性极强的工作,是禁毒工作社会化格局的重要表现形式。除了公安机关禁毒部门和教育行政部门外,民政、科技、文化、共青团组织以及社会工作专业队伍等力量也被纳入其中。承担责任的主体多了,一般会担心出现"九龙治水"的局面。目前来看,毒品预防教育工作还没有出现类似情况。但是,因为毒品预防教育工作长期主要依赖于禁毒职能部门单打独斗,更确切地说,靠公安机关禁毒部门"牵引"着相关部门开展具体工作。比如,带领街道办开展社区毒品预防教育,带领学校开展青少年毒品预防教育。于是,就容易出现"双龙戏珠"的局面,学校的"主渠道"变为了"唯一渠道",禁毒部门的"牵头"变成了"露脸",缺乏针对性的实际指导,两支力量相互"等靠"的毒品预防教育工作特别容易流于形式。

面对多元的毒品预防教育主体,要善于优化配置参与其中的禁毒力量,着力构建由各级禁毒部门牵头、党委宣传部门协助、有关部门齐抓共管、社会各界广泛参与的毒品预防教育工作体系。也就是说,禁毒职能部门从主导者到引导者的角色转变。很多工作由政府向社会购买服务,是兼具经济效益和社会效益的重要模式。例如,上海自强社会服务总社等民办非企业(非盈利)社团,作为禁毒、社区矫正、社区青少年管理社会工作的运作实体,承担政府指定的服务项目,取得政府购买服务的经费,以维持日常和支付聘用社工的薪酬待遇。这种运营模式必将是今后禁毒社会化的一条重要途径。尤其是要注重"拓展应用毒品预防教育社会资源",通过财政转移支付、职能委托、政府购买服务等方式解决社会力量参与的保障问题。例如,由北京市禁毒教育基地管理中心组织发起,北京大学、中国人民公安大学等8所高校自愿聚合在一起形成的公益性质联合体"禁毒教育高校公益联盟",利用高校在创新、艺术、传播等领域的智力资源和影响力,探索出了青少年毒品预防教育的新模式,成了"禁毒部门牵头、学校协助、社会参与"的典范,引导高校学生从被动接受禁毒教育转变为主动传播禁毒理念,实现了从参与者到志愿者的角色转变。

(三) 借鉴开展禁毒人民战争的成功经验

中华人民共和国成立以来的禁毒斗争实践表明,组织开展禁毒人民战争是充分发挥我国社会主义制度优势和政治优势的正确抉择,是具有中国特色的行之有效的禁毒工作基本经验。面对合成毒品时代的复杂态势,在继承传统毒品人民战争经验基础上,需要将毒品预防工作的目标从"人尽皆知"的全民识毒提升至"人皆禁之"的全民禁毒。所谓的"人尽皆知",是指人民群众对于毒品常识的掌握和禁毒法律法规的了解。普及禁毒知识是合成毒品预防的基础工作和最低要求，有助于帮助社会大众建立正确的"识毒"能力，以正面信息灌输的方式抵御毒品形形色色的诱惑手段。但是，禁毒知识的普及化程度越高，并不意味着毒品预防体系越完善。理查德·达文波特·海因斯在其经典著作《搜寻忘却的记忆：全球毒品500年》开篇绪言引用了现代医学教育始祖威廉·奥斯勒的名言："人与动物的最大区别或许在于是否主动服药。"毒品预防的理想效应是充分发挥个体的主观能动性，鼓励、培养、激发其参与禁毒的热情，达到"人皆禁之"的积极禁毒状态。例如，北京市公安局于2014年9月10日实施的《群众举报涉毒违法犯罪线索奖励办法》在电话、信件等传统举报方式的基础上，增加了电子邮件以及微博、微信等自媒体举报方式，看似很简单的一个举动，实则是对禁毒人民战争的理念升级。只有个体自觉发挥禁毒职能，才能夯实全社会层面的防毒壁垒。广大人民群众既是禁毒工作的受众者，也是发起者；既是对象，也是主体；既要宣传群众、教育群众，增强"拒毒"能力，更要发动群众、组织群众，提高参与禁毒斗争的意识，真正形成打禁毒人民战争的格局。

（四）提升毒品预防教育手段的渗透能力

过去开展毒品预防教育工作措施主要集中在所谓的"禁毒宣传靠撒传单、毒品防范靠喊口号"。如今，越来越多的媒体手段被用于毒品预防教育，形式已经多样到繁杂。无论是报纸、电视、互联网、微博、微信等媒介，还是宣传海报、影视作品、公益广告等媒体，毒品预防教育的方法几乎穷尽了所有的形式。笔者关注了各地禁毒办开设所有的"微博账号""微信公众号"，还有一些个人或社会组织的，每天有大量的禁毒信息出现在视野里，但大多属于过眼云烟。其中的内容大致可以分为这么几类：吸毒个案、缉毒战果、毒品常识、禁毒新闻等。当然，这个平台确实承载了公安机关禁毒部门媒体宣传的部分职能，但其终极目的应该是担负起毒品预防教育的重任。但是现在，这么丰富的手段下，内核却显得不够精致。也就是说，毒品预防教育手段的范围和层次得到拓宽，但工作理念仍停滞于撒传单、喊口号等被动输出。外力控制手段对于心智完善的成年人尚有力所不及之处，更何况精力充沛、思想活跃、好奇心强、敢于尝试的青少年群体。毒品预防教育就是要控制和引导公众的这种主动性，出发点是让其知晓毒品危害、自觉远离毒品，落脚点是引导其主动参与禁毒。也就是说，毒品预防教育的过程要从"毒品知识的普及教育"提升至"禁毒意识的养成教育"。

（五）抓住毒品预防教育体系的重点环节

1. 易染毒群体毒品预防教育

（1）发挥学校主渠道作用，重点针对青少年等易染毒群体开展毒品预防教育,做到教学计划、大纲、师资、课时、教材五落实,实现普通中小学、中等职业学校和高等学校毒品预防教育全覆盖。建立学校、家庭和社区毒品预防教育衔接机制,普及家庭防毒知识,强化社区禁毒宣传教育。对社会闲散人员、演艺界人员以及娱乐服务场所等涉毒高危行业从业人员,有针对性地开展毒品预防教育,努力遏制新吸毒人员滋生。在重点地区广泛开展禁种毒品原植物宣传教育,切实提高当地群众的禁种认识。

(2) 明确区分教育对象的差异性。突出教育对象的特殊性,避免教育模式化,切忌盲目一刀切。例如,学生群体是青少年毒品预防教育的重点。青少年学生正处在身心发育的青春期和人生价值观的形成期,自身控制能力较弱,一旦受到毒品的诱惑和侵害,容易出现严重社会越轨不良行为。对于首次吸毒或被引诱、欺骗而吸毒的学生,在依法处置的同时,应坚持通过教育手段及时挽救和矫治,做好其回归校园、家庭和社会的心理疏导和帮扶工作。由于学生群体社会关系尚不稳固,交际圈子相对封闭,若对个体行为的干预不及时、不到位,极有可能演变为群体吸毒现象。例如,湖南曾发生7名未满16岁女学生被人诱骗吸毒卖淫事件,重庆曾发生9名学生参与群体吸食冰毒事件。可见,对于学生群体而言,毒品预防教育具有教育矫治和犯罪预防双重功能,既要防止复吸问题的发生,还要防范单个吸毒行为对群体的负面影响。

2. 重要时间节点毒品预防教育

所谓的重要时间节点包括"6·1"禁毒法实施纪念日、"6·3"虎门销烟纪念日以及"6·26"国际禁毒日等,利用统一策划形式新颖、富有特色和实际教育效果的大型禁毒主题宣传教育活动,实现活动效果与媒体宣传效果的有机统一。强调开展重要时间节点毒品预防教育,并非简单地等同于"6·26"国际禁毒日这几天的集中活动,"6·26"一来就锣鼓喧天、彩旗飘扬,"6·26"一过就偃旗息鼓、无声无息。这种非"常态化"的禁毒宣传教育,往往形式大于内容,更大于效果。禁毒斗争的长期性决定了禁毒宣传教育工作的长期性。预防教育的规律特点又决定了禁毒宣传教育工作必须保持常态化。禁毒宣传教育不是一朝一夕的事,不可能一蹴而就,要常抓不懈、持之以恒。因此,重要时间节点的毒品预防教育重在声势,在日常工作中还应保持宣传教育的常态化、连续性,长流水、不断线,切实发挥潜移默化、润物无声的作用,做到集中性宣传与常态性宣传的结合。

三、禁毒宣传的创新之路

当今时代,社会信息化加快发展,传播方式更加多样化,为开展禁毒宣传提供了广阔空间。尤其是"互联网+"时代的新要求,需要不断更新观念、创新手段,跟上新媒体、新传播方式发展的潮流。探索禁毒宣传的传承与创新,创新的是手段,传承的则是经验。

(一)禁毒宣传的三个转变

中华人民共和国成立初期,旧社会遗留下来的毒品问题十分严重,有100万公顷的罂粟种植,有30万人以贩毒为业,有2 000万人吸毒。党和政府开展了禁烟运动,用3年左右的时间,基本禁绝了危害中国百余年的烟毒危害,使我国成为"无毒国"。这次禁烟运动,是迄今为止世界上唯一一次成功战胜毒品问题的禁毒斗争,在世界禁毒斗争史上写下了光辉的一页。其最突出的特点,一是将宣传工作作为发动人民群众参与禁毒斗争的主要方式;二是充分发动人民群众主动开展禁毒宣传工作,形成良性循环,使禁烟成为广大人民群众的自觉要求和行动,使烟贩和吸毒者陷于觉悟了的广大人民群众的汪洋大海之中,无处藏身,从而有效地保证了烟毒的彻底肃清,最终成了一条具有中国特色的行之有效的禁毒斗争的成功经验。在手段多样和经验丰富的前提下,现如今组织开展禁毒宣传教育活动,不应再一味追求"声势浩大、形式多样、内容丰富",而是要更加注重实效,而最大的实效就是实现从"自说自话"到"一呼百应"的四个转变。

1. 从单向灌输向参与互动转变

建立禁毒展览馆,利用禁毒教育基地、爱国主义教育基地、学生社会实践教育基地等公共服务设施,举办禁毒展览,展示毒品危害,宣传禁毒成果,是禁毒宣传工作长期实践形成的宝贵经验。禁毒宣传教育形式多种多样,关键要从受众对象出发,从实际效果出发,什么方式管用,就用什么方式,什么办法好使,就使什么办法,真正实现形式的多样性、内容的丰富性、教育的实效性的有机统一。当前,要主动适应形势发展变化的需要,积极推动禁毒宣传教育方法、手段、模式创新,综合运用传统的、新型的载体、渠道,特别是现代科技信息手段,提高宣传教育工作效率,增强影响力,扩大覆盖面。传统宣传多是单方面的信息输出,缺乏同受众的交流与互动,而社会大众对信息的接受方式和思想态度发生了翻天覆地的变化,新媒体参与、互动等特点,交流更直接,沟通更方便。所以,利用"互联网+"放大禁毒宣传教育资源的优势,通过在线教育、远程教育、网上展览、网上知识竞赛、网上知识测评以及禁毒游戏、微视频、微动漫、微小说等形式,使公众能随时随地获取到禁毒资源,是禁毒宣传创新发展的必由之路。

2. 从盲目粗放向定向精准转变

过去,禁毒部门对宣传效果缺乏方便、快捷的回馈手段和办法。随着互联网的兴起,云计算、大数据等技术越来越普及,为关注结果、有针对性地瞄准目标人群提供了可能。借助各类信息资源,通过信息共享、网络搜索、大数据分析等,筛查公众关注的毒品问题以及高危人群的年龄结构、家庭背景、地域分布和行为特征等,并据此开展靶向明确、针对性强的精准式禁毒宣传。例如,针对不同人群,公务员、娱乐场所人员、戒毒者等受众层面关心与思考的问题,体现针对性、层次性,确定不同的宣传内容。禁毒宣传从盲目粗放向定向精准的转变,是一种问题导向的治理视角,通过主动服务、优势互补的多元禁毒主体,利用业已形成的宣传工具,高效、准确地实现毒品预防教育的目的。这种转变为的是着力解决宣传内容陈旧、单一的问题,充分体现禁毒工作中心和突出重点,适合群众口味,不要含混晦涩,要让群众一听就懂、一看就会,多讲些实用的知识,少讲空洞的大道理,多讲政策,少喊口号。

3. 从坐等上门向主动服务转变

近些年,各地建设了不少禁毒教育基地、园地和展览馆,但实际发挥作用并不理想。其中,一个重要原因就是资料陈旧、形式呆板,加之地处偏僻、组织困难,久而久之,教育基地就成了摆设。笔者认为,要尽量改变坐等上门的传统做法,通过不断更新和调整宣传模式,发挥主动宣传的积极效果。从宣传力量上来看,既主动邀请禁毒大使、禁毒义务宣传员参与"全民禁毒宣传月"各类活动,切实发挥社会公众人物的名人效应,还可以广泛发动禁毒志愿者,采取流动宣传车、宣传小分队等形式,深入繁华街区、交通枢纽、大型建筑工地等复杂场所,同时还要鼓励、支持热心禁毒公益事业的企业参与禁毒活动,吸纳社会资金为禁毒宣传服务。从宣传形式上来看,这种主动性渗透在禁毒工作的各个环节中,除了以悬挂禁毒宣传横幅、张贴宣传标语、摆放宣传展板、散发宣传材料等灵活机动、简便易行的形式开展禁毒宣传外,还可以有针对性地配备禁毒流动宣传车,主动将禁毒知识送到学校、社区和家庭,甚至利用互动式教学增强学生的感性认识,提升毒品预防教育的效果。

4. 从恐吓教育向科学宣传转变

近些年的禁毒宣传工作过于依赖模式创新,从方法、手段、机制几乎穷尽了现有媒体宣传的各类工作。事实上,禁毒宣传最核心的是内容的选择,如果宣传内容没有明确,再有效的手段也是徒劳的。例如,比较经典的是"一朝吸毒、十年戒毒、终生想毒"这句老生常谈的话,过去经常出现在海洛因的禁毒宣传教育中,被称为"恐吓式"教育,从"70后""80后"一直恐吓到"90后",确实产生了一定的效果。笔者曾在某戒毒所采访多名"90后"吸毒者时,其能够坚定地回答"从小就知道海洛因会成瘾、不能吸"。可遭遇到冰毒等合成毒品后,过去深植于心的"拒毒"信念就荡然无存了。在自媒体为主的多元信息场下,面对合成毒品"偶尔吸一口没什么关系"的诱导推销,如果仍固守"恐吓式"禁毒宣传内容不变,禁毒宣传教育这块阵地迟早会被"新潮"的毒品亚文化所攻占。不过,值得注意的是,避免恐吓教育模式,并不意味着放弃毒品危害教育,尤其是合成毒品引发公共安全问题日益突出的新形势下,依靠科学讲解合成毒品致瘾机理、明确阐述其潜在危害,在受众对象日常接收的庞杂信息体系中,牢固占据正确位置,是禁毒宣传发挥实效的基础。

(二)发挥涉毒新闻报道的正面引导作用

和毒品有关的新闻可以分为两大类,一类是禁毒新闻(各类禁毒工作会议、毒品防治工作、各类禁毒宣传活动、有关毒品预防或治疗的科学知识、禁毒成果、禁毒政策或法规颁布),一类是涉毒新闻(吸贩毒个案报道、探讨毒品引发的经济或社会问题)。笔者对某主流媒体的毒品新闻报道统计分析发现,该媒体对于禁毒政策、法律、法规的出台、禁毒成果、国际禁毒日宣传等方面给予了足够的关注,而对于毒品引发的经济、社会问题、有关毒品预防、治疗的科学知识、吸毒者个案的生存状况等鲜有提及。尤其是涉毒新闻报道个案问题,大多集中于演绎明星、社会名人。从传播学的角度讲,确实能够起到事半功倍的宣传效果,但是就毒品危害教育方面而言,普通群众能够从中汲取的经验、教训或者警示实在有限。

1. 正确认识涉毒新闻

大众传播平台上正在发生一种传媒现象:犯罪新闻娱乐化,尤其以涉毒新闻突出。笔者曾向两批中学生提出过"谈到毒品你会想到什么"的问题,十年前得到的答案是"吸毒上瘾""贩毒枪毙";如今得到的答案是谢东、房祖名、柯震东、尹相杰等涉毒明星的名字。这种改变就是涉毒新闻对社会公众潜移默化的影响。当然,不能片面地评判这种影响效果全是弊端。但是,确实已经给禁毒宣传提出了一个特别值得思考的命题:如果只是追求"重口味""娱乐性",难免会造成事与愿违或者雁过无痕的效果。如果简单照搬过去的宣传模式,涉毒新闻难免使受众产生"想知道的你不说,已知道的你老说",这种宣传就会失去活力,无法收到实效,不适应新时期的禁毒教育。

龙勃罗梭认为,新闻媒介与犯罪互相作用、恶性循环:报刊对犯罪的报道扩大了它们的发行量,而报刊发行量的扩大,又使更多的人进行模仿,导致了更多犯罪的产生。也有观点认为,犯罪新闻在一个由其他重要得多的因素所导致的综合征中,最终只是作为助力,起到了一个微弱的强化作用。这两种观点均过于片面,都只看到了犯罪新闻传播的负向功能,其区别只是在于犯罪新闻对犯罪行为影响大小,没有看到犯罪新闻传播的正向功能,而正向功能才是犯罪新闻传播的原本功能。之所以涉毒新闻报道为满足受众的好奇心(或猎奇心理),导致

"性""暴力""犯罪"等新闻信息充斥媒体,就是因为涉毒新闻的正向功能没有得到应有的重视。作为一种强制干预的外来力量,涉毒新闻报道不乏色情、暴力、犯罪等内容要素,如何发挥正面引导作用呢?

(1)发挥毒品预防教育的首要作用。新闻是新近发生的事实的报道,这是这一概念的基本属性。同样的事实,报道方式的不同能够造成传播效果的差异。这方面的典型案件是"大力哥"的采访。如果用一个标题描述这则新闻内容的话,就是"滥用磷酸可待因类复方制剂(止咳水)的危害"。看完整个采访视频会发现记者的提问很全面,囊括了这种药物滥用行为的全部信息要素,比如说"日均滥用量""药店限购问题""滥用历史时长"等。但是,这条涉毒新闻最大的缺失就是对于"滥用止咳水"这种吸毒行为的专业解读,也就是说这种潜在的禁毒知识并没有被彻底挖掘出来,毒品预防教育的首要作用也就没有凸显出来。因此,涉毒新闻除了客观、准确地报道事实外,不能忘记还承担着一项重要使命是通过新闻传播来履行其毒品预防教育的职责。

(2)承担营造舆论氛围的重要职责。营造良好的禁毒舆论氛围是震慑毒品违法犯罪的有效手段。近年来,各级禁毒组织充分利用各类主流媒体,广泛开辟网络阵地,形成了平面媒体与广电媒体、传统媒体与新兴媒体、中央媒体与地方媒体间优势互补的良好局面,营造了浓厚的禁毒舆论氛围。目前中央层面已经建立了五大禁毒宣传阵地:《中国禁毒报》《中国禁毒》杂志、中国禁毒网、国家禁毒办政务微博、中国禁毒数字展览馆。作为禁毒部门自有宣传平台,五大阵地将自身作用发挥得淋漓尽致,才能全面、客观地反映出来全国的禁毒工作、毒情形势,才能真正营造全社会浓厚的禁毒工作氛围。比如,报纸的强项是信息量大,鲜活,信息反映及时;杂志的特点是深度报道,总结经验,拔高深挖;网络的优势是覆盖面广,受众面广;微博的强项是互动、解惑、答疑等;数字展览馆是内容全面,科学性较强。每一个媒体,每一个阵地要把自己的优势充分发挥出来。

2. 规范报道涉毒新闻

(1)准确的法律知识。涉毒新闻报道既是禁毒教育的契机,也是普法宣传的渠道,尤其是明星涉毒新闻更因报道对象的高知名度而容易引发社会的广泛关注。媒体的介入和报道为公众呈现了更多的涉案细节,也需要承担准确普法的神圣职责。例如,根据我国《治安管理处罚法》第72条规定,具有吸食、注射毒品行为的,处10日以上15日以下拘留,可以并处2 000元以下罚款;情节较轻的,处5日以下拘留或者500元以下罚款。根据我国《刑法》第348条规定,非法持有鸦片200克以上不满1千克、海洛因或者甲基苯丙胺10克以上不满50克或者其他毒品数量较大的,处3年以下有期徒刑、拘役或者管制,并处罚金;情节严重的,处3年以上7年以下有期徒刑,并处罚金。因此,新闻媒体在处理此类案件的过程中应秉持依法报道、科学报道的原则,准确区分吸毒行为和非法持有毒品行为的不同法律责任,不能简单以"公安机关抓获某人吸毒,现场查获多少克毒品"为由将不同违法(犯罪)行为简单合并同类型,尤其是误导、误报的标题更容易造成公众对涉毒行为处罚的误解。

(2)实事求是的内容。真实的毒情形势是禁毒工作有的放矢的重要依据,也是禁毒宣传的出发点和落脚点。考虑到经济发展的环境影响,个别地方政府不愿意触及本地毒情问题,只宣传禁毒成绩,不报道毒情态势,尤其是避免宣传和害怕报道因吸毒行为衍生的伤害他人性命、驾驶机动车撞人等恶性案件。这种担心影响形象、造成恐慌的顾虑其实没有必要,宣传工作的重要性建立在实事求是的基础上,一定要如实、客观地向党委、政府、人民讲清楚当前的毒情形势,既不夸张,也不隐瞒,用鲜活的数据和典型的事例,把毒品对个人、家庭、社会、民族、国家的危害讲清楚,禁毒工作才能得到党委、政府和广大人民群众的支持。

(3)科学禁毒的导向。目前,正处于全民对毒品危害的认识相对薄弱的时期,禁毒宣传部门必须把握正确的舆论导向,加强科普宣传和正面引导,在彰显政府厉行禁毒的决心、自觉防毒、拒毒意识深入人心的过程中,注意科学禁毒理念,以利于禁毒工作的长远发展。

① 对待吸毒者的理性态度。从医学角度上看,毒瘾是一种疾病,同时吸毒又触犯了法律。在新闻报道中,应正确对待吸毒者,将其视为病人而非罪人,帮助其在脱毒、戒毒、康复过程中能够得到应有的关怀与同情,精神鼓励为其顺利回归社会起到一种不可低估的动力。如果简单将吸毒者划归为异类,不单是对于这些吸毒者的管控不到位,甚至还会影响其他社会成员的拒毒观念。例如,爱尔兰曾有过惨痛的教训,一个小镇的140名吸毒者是由3个复吸人员教唆出来的。

② 科学描述毒品的危害。科学描述毒品的危害是涉毒新闻报道的关键。当前的禁毒宣传应该突出毒品危害教育,这也恰是合成毒品时代开展毒品预防教育工作的最佳契合点。除了对公共卫生、经济发展造成的危害,因吸毒出现精神症状后引发的自杀自残、伤害他人、毒驾、袭警抗法等极端肇事肇祸现象时有发生,毒品对公共安全的新危害逐渐凸显出来。媒体报道的过程中,既要将本地的毒品形势及危害如实告之公众,提高公众对毒品危害的警惕性,又要防止片面地渲染毒情或某些个案细节,避免引起负面影响。

(4)审慎处理敏感或在侦案件。按照禁毒宣传的有关规定,原则上对办案深挖和后续审判没有重大影响的案件、事件和活动,都要及时对外宣传,对于未侦查终结的毒品案件必须征得办案单位的同意。新闻媒体采访报道遇到敏感内容,要及时和公安宣传部门、禁毒部门沟通,把握报道原则,不为追求轰动效应而抢发新闻,不擅自采写敏感题材的新闻报道,切实做好新闻稿件审核把关工作。比较成功的毒案宣传是"7·28跨国贩毒案件"。1999年9月,在广州查获12.36吨冰毒后,媒体报道了简单的消息,主要在冰毒数量上作宣传,因为主犯仍在逃。2004年下半年,公安机关围绕全国扫毒行动和公开悬赏缉拿刘招华、马顺苏等五大毒贩,开展了广泛深入的新闻宣传,动员社会力量参与案件的侦破。据统计,仅通缉令公布的当天,各地群众的举报线索就达170多条。在广大群众的大力支持下,2005年1月8号,大毒枭马顺苏在缅甸落网。2005年3月5日,刘招华在福建被抓获后,又通过新闻发布会向社会介绍"7·28跨国贩毒案件"的侦破过程及合成毒品的危害。此后,中央电视台十几个栏目从不同角度做了长时间、高频次的报道。

第二节 动态管控与防范毒品危害

吸毒人员管理既是社会治理的一大难题,也是禁毒工作的重要抓手。近些年,全国公安机关禁毒部门因地制宜地开展了各类吸毒人员的排查、收戒和管控行动,组织、推动各相关警种共同参与吸毒人员查处工作,排查出了一大批隐性吸毒人员,并纳入管控戒治环节,推动吸毒人员动态管控工作取得了新进展,有效减少了毒品需求和毒品危害。公安机关通过鼓励吸毒人员主动到公安机关登记,及时发现社会面新滋生吸毒人员和隐性吸毒人员,摸清了吸毒人员底数和现状,最大限度地提高对吸毒人员的发现能力;强化了对流动和失控吸毒人员的管控,最大限度地提高对涉毒违法犯罪活动的查处能力;将吸毒人员纳入网格化社会管理服务体系,通过风险评估实施分类、分级管理和动态管控,严防吸毒人员肇事肇祸,最大限度地提高对吸毒行为引发公共安全问题的防范能力。

一、吸毒人员动态管控概述

为强化吸毒人员的登记管理,充分运用信息化手段实现吸毒人员登记信息的共享、动态监控和网上跟踪,我国于2006年开始探索建立了与经济发展、社会开放、人员流动相适应的吸毒人员管理方式——吸毒人员动态管控,继而成为全国禁吸戒毒工作的一把利剑,不仅为查控管理流动吸毒人员提供了便利,更成为分析毒品消费市场发展变化趋势的重要工具,为禁毒工作的决策制定提供了坚实的数据基础。十余年的实践工作经验表明,吸毒人员动态管控工作,是有效萎缩毒品消费市场的现实之举,是帮教挽救吸毒人员的民生之策,是从根本上把握禁毒工作主动权的长效之计。

(一)吸毒人员动态管控的工作对象和任务目标

目前,吸毒人员动态管控的工作对象主要包括在控吸毒人员和失控吸毒人员。在控吸毒人员是指纳入公安机关管控措施范围的吸毒人员,包括正在执行强制隔离戒毒、社区戒毒、社区康复、正在戒毒康复场所戒毒康复、正在参加社区药物维持治疗、已被纳入社会帮教(已经认定戒断巩固3年以上的除外)和看守(拘留)场所、监狱在押、服刑的吸毒人员。凡是不在公安机关上述管控措施范围且不属于戒断巩固3年以上、死亡或已出国(境)的吸毒人员均为失控吸毒人员。

实行吸毒人员动态管控的任务目标是:通过对吸毒人员的全面排查,切实掌握吸毒人员的底数和现实表现,及时发现新滋生吸毒人员,全力查找失控吸毒人员,最大限度地将吸毒人员纳入管控范围,提高对吸毒人员的发现、控制能力;依托吸毒人员信息数据库,建立动态信息维护制度,实现对吸毒人员的动态管理和跨区域核查,提高对吸毒人员的查控能力;切实落实对吸毒成瘾人员的收戒治疗、康复和帮教措施,提高戒断巩固效果。

(二)吸毒人员动态管控面临的主要问题

回顾总结近年来吸毒人员动态管控工作进展情况,公安机关以吸毒人员动态管控机制为依托,落实吸毒人员排查发现责任,依法严厉查处吸毒行为,动态管控吸毒人员,取得了成绩的同时也暴露出一些亟待改善的问题。

1. 难以实现社会面吸毒人员的全面管控

掌握吸毒人员底数,是分析毒品形势、研究禁毒对策的根本依据,是开展吸毒人员动态管控工作的基础性工作。总体来看,各地排查发现的吸毒人数与实际的吸毒状况存在一定的差距,主要表现为两个方面:一是尚未发现并纳入管控范围的社会面隐性吸毒人员特别是滥用合成毒品人员数量较多,说明公安机关的查处发现工作仍有很大的上升空间;二是从新发现吸毒人数与复吸人数的比例看,公安机关查处隐性吸毒人员的能力有待进一步提升。究其原因,既是排查、录入等操作细节问题,例如,发现吸毒人员后未能及时登记上网,造成无比对记录;更是认识、责任等工作态度问题,例如,某些地方公安机关既没有主动建立多部门参与的常态化排查机制,也没有组织开展大规模、集中性、统一式的查处行动,吸毒人员排查工作长期处于被动、间断、随意状态。

2. 缺乏更为细致的操作规范

吸毒人员动态管控机制自实施以来,不断出现数据维护不及时、未依法规范处置戒毒措施、强制隔离戒毒出所人员管控不到位等问题。例如,部分地区公安机关查获吸毒人员后,未将查处信息录入吸毒人员数据库,信息及时登记维护意识有待提高。再如,强制隔离戒毒所拒收病残吸毒人员的现象普遍存在,不管是司法部门还是公安机关管理的强制隔离戒毒场所,均过于强调身体条件,抬高收戒门槛,一些因病残吸毒成瘾严重人员既难以被强制隔离戒毒所收戒,又缺少相应医疗机构加以收治,导致该类人员无法接受完整的戒毒康复,最终回溯为社会治安隐患。

3."衔接不顺"和"动态不动"

为避免和防范陷入吸戒毒循环,新的戒毒制度建立了各个工作环节无缝衔接的理论模型。然而,各地均出现了因管控不到位造成社区戒毒、社区康复人员脱失率较高的现象,部分地区社区康复执行率甚至不到30%,脱失的滥用合成毒品人员流散于社会成为治安隐患,查处单位和执行单位间的衔接管控措施亟须落实。与此同时,《戒毒条例》明确规定了"对戒断3年未复吸的人员,不再实行动态管控"。这种基于操守时间的动态管控终止标准,因具体的操作流程不明长期被束之高阁。有学者调查发现[①],吸毒人员动态管控系统对吸毒人员的信息管理只有录入进入,没有退出,结果对已经戒毒康复的既往吸毒人员回归社会造成了困难。此外,在规范和完善吸毒人员动态管控机制的同时,还须注意相关信息的更新和纠错。由于流动人口居住地与户籍地的分离,人口大流动导致对流动人相关信息掌握不全面、不准确、不及时,使混杂于流动人口中具有毒品犯罪行为或潜在危险的人群面临失控的境地。

二、吸毒人员管理的现实路径

当前,国内毒品滥用特别是合成毒品滥用问题快速发展,吸毒场所日趋隐蔽,查处发现难度加大,查处手段和方法亟待创新和拓展,尤其是各地因毒情差异而出现的认识水平、工作基础、进展状况、人员素质参差不齐,需要解决的机制性问题、保障性问题、衔接性问题、根本性问题日渐增多,吸毒人员动态管控工作面临着紧迫考验和严峻挑战。

(一)依法依规"查"

最大限度地发现登记吸毒人员是开展动态管控工作的前提和基础。但是,查处吸毒行为是一项专业性很强的工作,执法随意很容易引发执法纠纷。近年来,各地公安机关严格按照《中华人民共和国禁毒法》《戒毒条例》《吸毒检测程序

---

① 邓玲,朵林,罗志等.公安机关针对吸毒人员的动态管控机制探析[J].卫生软科学,2011,(12).

规定》和《吸毒成瘾认定办法》等法律法规,以重点违法犯罪嫌疑人员吸毒检测工作为抓手,开展吸毒人员查处工作。其中,《吸毒检测程序规定》和《吸毒成瘾认定办法》的出台,为公安机关依法开展吸毒检测工作、严厉打击吸毒违法行为、大力排查隐性吸毒人员提供了有力依据,也对吸毒人员查处工作提出了更高要求。实际上,除禁毒部门承担外,吸毒人员查处工作更多是由派出所以及治安、刑侦等部门、警种承担,有必要强化对基层实战单位查处涉毒案件的业务指导,进一步规范处置措施,依法对吸毒人员作出处理,保证执法行为有理、有据,做到严格、公正、文明、规范执法,同时,督促基层实战单位按规定及时、完整地反馈吸毒人员的查处信息,保证吸毒人员信息的准确、鲜活。

(二)分级分类"管"

分类管控是有效开展吸毒人员动态管控的核心。目前,各地公安机关禁毒部门依托情报、通信等部门逐步建立起了吸毒人员积分预警模型,且正在实战运行中调整完善。所谓分级分类"管"是指,按照分类处置的原则对预警对象进行了红、橙、黄、蓝四色[①]分级管理,提升了精确预警、有效出警、动态管控的能力。根据笔者调研的情况来看,分类管控工作存在的突出问题是基层实战单位和相关业务警种对各类预警人员不会管,一些地方对本地吸毒人员活动的规律特点把握不准确,积分模型设计不够科学合理,预警级别的调整变化不多,直接影响到预警信息价值的有效发挥。笔者认为,分类管控的核心理念是,对发现有吸毒行为人员,要依据吸毒史、戒毒治疗和成瘾程度等情况,依法决定采取社区戒毒、强制隔离戒毒等措施;对有吸毒经历、检测呈阴性人员也要做好法制教育和提醒告诫,防止其重新沾染毒品。其中,针对病残吸毒人员送戒难问题,要积极向当地党委、政府汇报,争取支持,同时发挥横向协调职能,与相关部门共同研究解决办法;对无业可就、无家可归又不符合强制隔离戒毒条件的吸毒人员,要积极动员其到戒毒康复场所康复就业;对预警发现的正在社区戒毒人员,要依据动态管控系统记录,依法进行吸毒检测,复吸的或严重违反戒毒协议的,坚决依法采取强制隔离戒毒措施;对责令后拒不报到或执行期间脱失的人员,要充分利用情报平台的临控功能,及时纳入情报平台进行网上布控;同时,强化对社区药物维持治疗人员的动态管控,及时掌握其现实状况,防止出现漏管失控。

[①] 对红色预警对象,一律进行吸毒检测;对橙色预警对象,认真研判,加强经营;对黄色预警对象,监督检查采取戒毒措施的处置情况;对蓝色预警对象,综合分析研判活动轨迹,从中发现嫌疑线索,促进积分分值和预警级别的升降变化,提高管控的针对性和有效性。

(三) 科学高效"控"

吸毒人员动态管控不仅要保证吸毒人员"发现得了",而且需要"控制得住"。传统的吸毒人员管理模式,主要是依靠人盯人,通过社区民警、社区干部、治安积极分子等力量进行监控,有效掌握吸毒人员的现实表现。信息社会背景下,对吸毒人员管理不能再单纯依靠人盯人的方式,应逐步发展成为运用现代信息化手段对吸毒人员实施动态监控的方式。所谓科学高效"控"是指,借助于信息资源高度共享、超越地域界限的特性,使每一名吸毒人员特别是流动吸毒人员的活动轨迹实时暴露在各级各地公安机关面前,公安机关可以更好地洞悉吸毒人员去向,并在全国范围内编织起一张天罗地网,真正实现对吸毒人员"来知行踪、动知去向"的动态管控。由此可见,吸毒人员能否被及时发现登记上网,吸毒人员的身份背景、戒毒经历、现实表现等各方面的基础信息是否全面、准确、鲜活,直接影响到在情报信息系统中吸毒人员动态管控的效果。因此,笔者认为,当前和今后一个时期的吸毒人员动态管控工作应该更加注重把吸毒人员管理的基础工作做实做好,更加注重吸毒人员日常管理信息的积累,做到随时随地采集数据、核实身份、更新维护信息,实现信息采集与业务工作的同步,促进基层基础工作的信息化。

三、对"重嫌必检"制度的一些思考

受国际毒潮持续泛滥和国内多种因素影响,我国毒品问题已进入加速蔓延期,全国登记在册吸毒人数持续增长,大量隐性吸毒人员活跃于社会,给社会治安稳定带来极大隐患。特别是近年来吸毒人员引发的抢劫、盗窃、交通肇事等刑事案件数量激增,自伤自残、暴力杀人等极端事件时有发生,严重影响人民群众的安全感。为最大限度地提高公安机关主动发现吸毒人员的能力,最大限度地把隐性吸毒人员纳入管控视线,有效减少毒品社会危害,切实维护社会和谐稳定,全国公安机关禁毒部门查处吸毒人员工作理念、机制经历了从"逢嫌必检"到"重嫌必检"的变化。

(一) "重嫌必检"概述

2015年3月20日,公安部印发了《关于加强重点违法犯罪嫌疑人员吸毒检测工作的通知》(公禁毒〔2015〕203号),要求各级公安机关将重点违法犯罪嫌疑人员吸毒检测工作作为一项常态化执法工作,不断提高吸毒人员特别是隐性吸毒人员排查发现能力。各级公安机关对重点违法犯罪嫌疑人员开展吸毒检测工作,是公安机关组织多警种参与禁毒工作、应对当前严峻毒情形势的一项重要工作,也是及时排查发现隐性吸毒人员、获取违法犯罪嫌疑人更多情报信息的新手段、新途径。

1. 七类涉嫌吸毒的重点违法犯罪嫌疑人员

各级公安机关在日常执法办案工作中,要加强对涉嫌吸毒人员的排查发现工作,重点要注意排查发现七类涉嫌吸毒的重点违法犯罪嫌疑人员,包括涉毒违法犯罪前科人员、涉毒违法犯罪嫌疑人员;盗窃、抢劫、抢夺、敲诈勒索违法犯罪嫌疑人员;涉黄涉赌违法犯罪嫌疑人员;寻衅滋事、聚众斗殴违法犯罪嫌疑人员;故意杀人、故意伤害致人重伤或者死亡、强奸、劫持、绑架、放火、爆炸、投毒等犯罪嫌疑人员;危险驾驶、交通肇事犯罪嫌疑人员;群众举报吸毒或者公安机关认为有吸毒检测必要的其他人员。

2. 检测程序

公安机关按照《吸毒检测程序规定》《吸毒成瘾认定办法》的相关规定,对各类涉嫌吸毒违法犯罪嫌疑人进行吸毒检测,并对查明吸毒行为的嫌疑人开展吸毒成瘾认定。公安机关执法人员将违法犯罪嫌疑人带到办案场所后,应当根据本地毒品消费流行情况,对其进行相关毒品的吸毒检测。对于确定有吸毒行为的,由公安机关或者委托的戒毒医疗机构对违法犯罪嫌疑人开展吸毒成瘾认定并出具认定报告,为后续依法处置提供证据支持。

吸毒检测作为排查发现吸毒人员的重要手段,不仅能有效降低违法犯罪嫌疑人在审查、看押等环节的意外风险,还是遏制毒品发展蔓延、减少毒品社会危害的重要途径。各级公安机关要高度重视吸毒检测工作,将其作为一项长期的重要任务抓紧抓好,切实加强组织领导,不断完善沟通联络、信息通报、分析研判、对策研究等工作机制,确保这项工作成为公安机关一项常态化执法工作。

3. 处置程序

公安机关对于查获的违法犯罪嫌疑人发现有吸毒行为的,依法对其吸毒行为和其他违法犯罪行为作出处理。对于吸毒行为,在依法予以治安管理处罚的同时,要根据其吸毒成瘾情况采用社区戒毒、强制隔离戒毒等戒毒措施。

对于因吸毒行为和其他违法行为被裁决治安管理处罚的,应当分别决定、合并执行。

对于因吸毒行为被依法决定行政拘留的,如因其他犯罪行为已被采取刑事拘留、逮捕等强制措施,刑事羁押期限不折抵行政拘留期限,嫌疑人被限制人身自由的刑罚执行完毕后,应当继续执行行政拘留;如嫌疑人因各种原因被依法采取不予羁押的刑事强制措施,应当执行行政拘留(不符合收押条件的除外)。

对于因吸毒行为被依法责令社区戒毒的,如嫌疑人因其他违法犯罪行为被依法刑事拘留、逮捕,社区戒毒中止,羁押期限不计入社区戒毒期限,释放后继续接受社区戒毒;如嫌疑人被依法收监执行刑罚、采取强制性教育措施,社区戒毒终止。

对于因吸毒行为被依法决定强制隔离戒毒的,如嫌疑人被依法收监执行刑罚、采取强制性教育措施或者被依法刑事拘留、逮捕,强制隔离戒毒时间连续计算,相应时间折抵强制隔离戒毒时间,当刑罚执行完毕、解除强制性教育措施或者释放时,强制隔离戒毒尚未期满的,要继续执行强制隔离戒毒。

(二) 吸毒检测工作存在的问题

笔者通过走访多个省市基层禁毒部门,就吸毒人员的发现环节——检测工作进行了专题调研,认为普遍存在检测手段、检测能力、检测程序等方面的共性问题亟待解决。

1. 检测手段的周延性不足

当前公安机关普遍采用的现场尿液检测试剂。首先,检测结论不像实验室检测一样准确检测出所含的毒品成分,存在检测结果不够准确的问题;其次,尿检试剂种类相对有限,存在部分毒品无法检测等或者是对部分药物存在检测交叉显示等问题,例如针对滥用杜冷丁、安定、美沙酮、曲马朵等药物的,因目前尚没有国家批准的合格的现场检测器材,只能根据嫌疑人的供述判断是否滥用这些药物;再次,部分医疗药物易对正常吸毒检测产生干扰,也成为部分吸毒人员逃避打击的借口,例如,实际工作中发现,有的被检测人员在尿检呈阳性后提出其在检测前曾服食含有麻黄碱或伪麻黄碱的感冒药物、咳嗽糖浆等药物,可能对检测结果产生干扰,导致办案单位无法快速准确判断。

除了尿检手段外,基层公安机关反映,近些年推广的唾液检测试剂较传统的尿液检测试剂更便捷,但囿于准确性不高、现有法规没有规范阳性样本保存方法等因素,目前尚未能普遍使用。

2. 检测程序的合理性不足

(1) 吸毒检测过程中,遇到嫌疑人拒不承认吸毒事实,公安机关又无其他证据佐证的,就难以认定吸毒违法事实,无法对其进行处罚;(2) 对吸食合成毒品人员成瘾认定时,基层禁毒民警普遍反映,戒断症状缺乏或不明显、标准不易掌握、收集困难,影响认定;(3) 禁毒执法过程中存在随意性,部分公安机关在对自身无法认定吸毒成瘾的吸毒人员,往往以"经费短缺""距离有资质的戒毒医疗机构路途较远"等原因,不再委托戒毒医疗机构对可能吸毒成瘾或成瘾严重的吸毒人员进行成瘾认定,从而影响实际打击效果;(4) 虽然明确可以对拒绝接受检测的人员进行强制检测,但没有对强制检测的流程、责任等内容进行细化,强制检测缺乏有效的手段,一些民警在对拒绝接受检测的人员进行强制检测时,受到很多制约，存在畏难情绪。笔者发现，公安机关在办理吸毒违法案件过程中，遇到涉嫌吸毒人员拒绝接受尿液检测的情况较为普遍，办案部门由于受到时限限制，往往会采取强制导尿、抽血、拔头发等方式采集对象的检测样本，以达到顺利进行吸毒检测的目的，但也意识到，上述采集方式，尤其是强制导尿，鉴于对象不配合、甚至有自伤自残情形下，在采集过程中存在的不确定性较大，同时意味着办案民警要承担更大的责任风险，在强制检测工作方面，许多地方公安机关不建议、更不鼓励办案单位在吸毒检测过程中采取强制导尿的方式采集检测样本。

3. 检测能力的完备性不足

从硬件条件来看，大多数基层公安机关不具备对采集样本的保存条件，没有专门的保存场地和相应的冷藏设备，由于缺少专业的保存设备，现场检测样本的保存无法达到规定要求的两个月时间。

从业务能力来看，拥有吸毒成瘾认定资格的民警人数依然不能满足实际工作需求。目前具备现场检测资质的民警存在一定的缺口，由于基层公安机关民警岗位变动频繁，部分具备吸毒成瘾检测资质的民警，因工作调整调离禁毒队伍，在查获涉嫌吸毒人员后，需借助其他单位有检测资质的民警对查获的涉嫌吸毒人员进行吸毒成瘾检测认定，严重影响了办案效率。

从鉴定资质来看，很多省市至今尚未有取得检验鉴定机构资格的实验室或有资质的医疗机构，对实验室检验、实验室复检和戒毒医疗机构的检验不能有效开展。在实际工作中，如果吸毒人员对检测结果有异议，特别是一些受过处理的吸毒人员，逃避打击较有经验，拒不承认吸食毒品，公安机关若没有条件开展实验室检测和复检，容易造成工作被动。同时，受路途、办案时间、办案成本等因素的制约，加之法制部门的严格考核，部分基层民警不愿意进行实验室检测或实验室复检，造成部分吸毒人员被降格处理。

第三节　戒毒康复与减轻毒品危害

戒毒是禁毒工作的重中之重，也是难度最大、效果最难巩固的环节。"一朝吸毒、十年想毒、终生戒毒"是戒毒之难的真实写照。药物依赖是一种反复发作的慢性脑疾病，伴随各种身体上的伤害，相当一部分吸毒者都存在着不同程度的精神疾病。新时期的戒毒工作不仅需要注重人性化管理和心理治疗，引导戒毒人员从身心两方面摆脱毒品的缠绕，更要瞄准其吸毒、戒断、复吸、再戒的恶性循环难题，把落实就业安置措施作为突破口，从而真正解决吸毒人员管理控制难、戒断巩固难、融入社会难等现实问题。

一、旧戒毒制度的反思

改革开放后,毒品问题在我国境内死灰复燃的前二十年,为了从根本上消除毒品对人民群众的侵害,挽救吸毒者的生命,遏制毒品违法犯罪活动,最终解决国内毒品消费问题,我国政府采取了一系列严格的戒毒措施,形成了以强制隔离戒毒和劳教戒毒为主、自愿戒毒为辅的戒毒康复体系。据不完全统计,这一时期内,全国被强制戒毒、劳教戒毒的吸毒人员超过200万人次,但其中大部分人屡戒屡吸,成为戒毒场所"几进宫"的熟面孔。

表 5-1 2008 年以前全国强制戒毒、劳教戒毒人数统计[①]

年 份	强制戒毒人数(万人次)	劳教戒毒人数(万人次)
1991~1997	55	10
1998	14	—
1999	22	12
2000	24.8	12
2001	21.7	7
2002	25.25	7.6
2003	22	13
2004	27.3	6.8
2005	29.8	7
2006	26.9	7.1

受认识和条件所限,这种惩治、挽救并重的戒毒制度难以取得根本性突破,其中,一个主要表现是吸毒人员流动性大、隐蔽性强,管控、帮教难,复吸率居高不下。既往的研究习惯将复吸率较高归结于吸毒人员自身原因和毒品海洛因本身的特征。事实上,除这两方面原因外,还有一个重要原因是我国原有戒毒制度不够完善,存在明显缺陷,在这种状况下谈戒毒的效果或复吸率的问题,没有实际意义。笔者认为,旧戒毒制度存在的问题主要表现为:

(一) 戒毒理念的偏差

毒品成瘾作为一种反复发作的脑疾病,复吸率相当高。这一观点已成为全

---

① 数据来源于中华人民共和国国家禁毒委员会办公室:《1998年—2007年中国禁毒报告》。

球科学家的共识,并被脑科学整体水平、细胞水平、分子水平、基因水平的研究所证实,进而产生了对吸毒成瘾者科学合理的身份定位。有些国家将吸毒作为犯罪处理,但多数国家仅把吸毒看作是不良行为。在我国禁毒实践中,对于初吸者无论是主动要求还是被动发现,及时送至有关场所医疗戒治,不作为违法犯罪处理。相比较而言,复吸者却无法得到脑疾病患者的身份认可,其必须接受"劳动教养"的处罚。司法实践中,强制戒毒和自愿戒毒的主要区别仅为吸毒人员是否被警察抓到,而劳教戒毒模式的启动则是以公安机关对"复吸"违法行为的认定。"第一次吸毒"有各种各样的原因,但终归到底是对社会秩序的一种挑衅和破坏。而"复吸"的原因则是多方面的,以吸毒者是反复发作的脑疾病患者来看,"复吸"是脑疾病的再次发作,较"第一次吸毒"更容易被社会所"接受"。但是,现实情况是"复吸"的惩罚却比"第一次吸毒"的惩罚更为严重。

(二) 戒毒时间的局限

自愿戒毒的治疗时间暂无明确规定,国内自愿戒毒机构一般采用 10～30 天的治疗时限,多数病人的实际住院时间偏短。有研究表明,自愿戒毒人员的平均住院时间为 12.24 天±5.67 天[1]。我国强制戒毒的期限为 3～6 个月,最长可延长至 1 年。劳教戒毒的期限为 1～3 年。TC 模式的戒毒期限一般为 6 个月～2 年。比较国内外的戒毒期限,中国香港特别行政区为 2 个月～1 年,中国台湾地区为 6 个月,马来西亚为 2 年,新加坡为 3 个月～3 年,泰国为 6 个月～3 年,菲律宾为 6 个月～1 年[2]。一般来说,急性脱毒 7～15 天即可完成,稽延性症状可以在 3～6 个月内消除,行为矫正、摆脱心理依赖则需要较长时间,国际普遍认为 5 年以上。自愿戒毒和强制戒毒在时间上只能保证生理脱毒,劳教戒毒和 TC 模式时限比较长,仍然无法实现完整戒毒。

(三) 体制和机制问题

当时,我国的戒毒机构主要分为自愿戒毒机构、强制戒毒机构和劳教戒毒机构三类。其中,自愿戒毒机构由卫生部门主管,由公安机关监督。经省级卫生部门批准,报公安机关备案并接受公安机关监督,医疗单位可以开办戒毒脱瘾治疗业务。司法、公安、卫生、军队都曾存在有自愿戒毒机构。全国首家自愿戒毒机构是 1989 年在云南省精神病院成立的昆明药物依赖治疗康复研究中心[3]。自

---

[1] 郑威,李身录,抑昌杰.自愿戒毒患者提前出院的影响因素分析[J].中国药物滥用防治杂志,2004,10(5):259-260.

[2] 朱恩涛.国内外禁毒立法纵观[M].北京:群众出版社,1997:83-88.

[3] 张锐敏,冯忠堂,张力群主编.海洛因等阿片类物质依赖的临床与治疗[M].太原:山西科学技术出版社,1999.

愿戒毒场所的主要问题表现在趋利倾向严重,戒毒药品、医疗器械和治疗方法大肆广告,乱收费现象较为普遍。

县级以上公安机关和铁道、交通、民航系统相当于县级以上的公安机关就可以申报设置强制戒毒所。我国最早的强制戒毒所是1987年12月成立的兰州市强制戒毒所[①]。随着戒毒业务的社会需求不断增长,强制戒毒所的设置与管理曾经一度较为混乱,各地强制戒毒所条件参差不齐,甚至出现了以赢利为目的的强制戒毒机构。为此,1995年,国务院《强制戒毒办法》对强制戒毒场所的建设、管理、戒毒措施、生活保障等方面做出了明确具体的规定。截至2004年,全国共有强制戒毒所554个,劳教戒毒所(队)129个。

劳教系统具有戒毒职能,对吸毒人员实行劳动教养由审批机关(公安机关)依法定程序决定。劳教戒毒的收容对象是顽固的吸毒成瘾者,这部分人群同时又是艾滋病、性病、肝炎、肺结核等传染性疾病的高危传染源。随着吸毒劳教人员数量的不断上升,部分地方劳教戒毒和一般劳动教养出现了"同场所、同管理"的现象,经费投入、场所设施、业务管理等方面所存在的问题使劳教戒毒工作在某些方面无法适应戒毒工作的发展需要,已于2008年《禁毒法》出台时停止执行。

(四) 治疗效果欠佳

完整的戒毒过程包括生理脱毒、身心康复和重返社会三个阶段。对于一个戒毒人员而言,旧戒毒制度无法保证其完成全程戒毒治疗。也就是说,绝大多数吸毒人员基本没有接受过完整的、全程的、科学的戒毒治疗。例如,75.28%的吸毒人员曾在自愿戒毒所戒过毒[②],但由于时限太随意,自愿戒毒存在脱毒效果欠佳、复吸率普遍高、缺乏康复措施、社会帮教不到位等多种问题,以医疗力量为依托的自愿戒毒模式难以实现康复目的。国内脱毒治疗复吸的平均时间约为25天,半个月的复吸率为71%,3个月的复吸率为95%[③]。而经费问题和管理体制则直接影响了强制性戒毒的效果,由于对吸毒者实施封闭式和被动式的管理,淡化了其病人和受害者的身份,存在强制性和处分性严厉而矫正性和治疗性不足的弊端。研究人员通过调查发现,强制戒毒体系下,吸毒人员长期处于相对封闭的环境,很少与他人进行情感交流,心理上感到孤独无助,导致其缺乏人际交流和社会适应的信心[④]。

---

① 张锐敏,冯忠堂,张力群主编.海洛因等阿片类物质依赖的临床与治疗[M].太原:山西科学技术出版社,1999.
② 郭建安,李荣文.吸毒违法行为的预防与矫治[M].北京:法律出版社,2000.
③ 严登山,向亚雄.走劳教戒毒创新之路[J].中国药物滥用防治杂志,2005,(03).
④ 王琳琅,穆世惠,栾荣生,袁萍,杨清.戒毒模式下吸毒者生存质量的比较[J].中国公共卫生,2003,(11).

总体来看,旧戒毒制度只局限于生理脱毒和心理矫治的工作范围,大多盲目追求戒断率,忽视了吸毒人员的回归社会,无法保证实现戒毒的全过程,进而产生较高的复吸率。

二、现行戒毒康复体系的评析

《禁毒法》和《戒毒条例》确立的戒毒康复制度涵盖了从检测、戒毒、康复、巩固到回归的全过程,是融合戒毒治疗、康复指导、救助服务相结合的新体系,符合戒毒工作规律,具有尊重吸(戒)毒者权利、规范戒毒措施、注重戒断效果等三大特点。

（一）坚持以人为本,科学戒治挽救吸毒人员,最大限度减轻毒品危害

现行戒毒康复体系以不限制人身自由的社区戒毒为首选戒毒方式,更加注重人性化管理和心理治疗,引导戒毒人员从身心两方面摆脱毒品的缠绕。我国法律规定了社区戒毒、强制隔离戒毒、社区康复以及自愿戒毒、戒毒康复场所等多种戒毒措施,形成多种形式、互相补充、较为完整的戒毒工作体系。此外,为及时了解掌握吸毒人群感染艾滋病情况,减少吸毒引发的艾滋病传播等危害,从2004年开始,对所有进入强制隔离戒毒场所的戒毒人员实行了免费的艾滋病毒筛查制度,对发现的感染者采取了有针对性的治疗措施,同时卫生、公安、食品药品监督管理等部门联合开展了阿片类物质成瘾者社区药物维持治疗工作,维持治疗工作覆盖面不断扩大,受治人数不断增长。

（二）坚持帮扶救助,注重落实社会保障措施,促进其尽快融入社会环境

现行戒毒康复体系强化了对戒毒康复人员的就业帮扶、社会保障和救助力度,努力保障戒毒康复人员有学可上、有业可就、病有所医、困有所帮。(1)对戒毒康复人员的就业帮扶,对符合就业困难人员认定条件的戒毒康复人员按规定给予政策扶持,采取多种形式促进戒毒康复人员实现就业;(2)对戒毒康复人员的社会保障,按规定将戒毒康复人员纳入社会保险范畴,对符合条件的戒毒康复人员提供社会保险补贴;(3)对戒毒康复人员的社会救助,按规定将生活困难的戒毒康复人员家庭纳入最低生活保障或特困人员供养范围,对因特殊原因导致基本生活暂时困难的戒毒康复人员家庭给予临时救助。

（三）坚持多元参与,广泛调动各种资源力量,形成戒毒康复的社会化格局

戒毒康复是一项系统的社会工程。现行戒毒康复体系强调建立政府统一领导、有关部门齐抓共管、乡镇(街道)具体实施、社会力量广泛参与的工作格局,即推动地方各级党委、政府把戒毒康复工作纳入经济社会发展的总体规划,摆上重要议事日程,研究解决有关重大问题;督促乡镇人民政府、城市街道办事处把戒

毒康复工作摆上重要位置，压实主体责任，完善工作机制，落实保障措施，切实做到守土有责、守土尽责；协调公安、卫生计生、民政、司法、人社等部门认真落实禁毒职能，既分工负责、各尽其职，又密切配合、通力协作，形成整体合力，切实把各项管理服务措施落到实处；尤其是调动禁毒社会组织和禁毒志愿者队伍的参与热情，将其作为政府禁毒工作的有益补充，在禁毒宣传、社区康复、就业帮扶等方面发挥作用。戒毒康复体系将戒毒措施和回归帮教赋予社会服务力量，不仅可以使吸毒人员和戒毒人员在社会服务的帮助下真正做到远离毒品，重获新生，而且可以形成依托于社会服务的毒品预防教育体系，起到了事半功倍的效果。

三、吸毒人员网格化服务管理

爱尔兰曾有过惨痛的教训，一个小镇的 160 名吸毒者中有 140 人是由 3 个复吸人员教唆出来的[1]。可见，无论强制隔离戒毒还是自愿戒毒，戒毒人员都将重返社会构建的基本单元——社区。社区既是普通人群生活的基本场所，也是吸（戒）毒人员接触的主要环境，如何立足于社区管理的角度，调动积极力量，从身心两方面营造帮助戒毒人员顺利回归社会的良好氛围，是当前戒毒康复工作亟待解决的重要问题之一。结合我国社会管理创新工作，中央综治办、国家禁毒办在各地社戒、社康基层实践经验总结的基础上，于 2015 年 9 月 15 日联合启动了吸毒人员网格化服务管理试点工作，全国选取了湖北省宜昌市、咸宁市，云南省德宏州 3 个市，吉林省长春市南关区、延边朝鲜族自治州延吉市，湖北省武汉市硚口区、荆州市沙市区，广东省中山市石岐区、珠海市香洲区，云南西双版纳景洪市作为推进吸毒人员网格化服务管理的首批试点地区，建立融合信息采集、分类管控、帮扶救助和禁毒宣传四方面主要内容的吸毒人员网格化社会管理服务体系。

（一）社区戒毒（康复）的主体协同

戒毒康复工作不能仅靠医疗卫生部门和执法机关，尤其是由心理、生理、环境等因素共同诱发的复吸问题需要更多社会力量的投入。例如，英国的志愿者和社会服务机构就在毒瘾治疗服务中扮演了重要角色，为吸毒人员或戒毒人员提供有关毒品问题的咨询、替代治疗、戒毒康复和心理矫正等服务。建立吸毒人员网格化服务管理体系，有利于实现承担社区戒毒（康复）的多元主体的协同作用。一方面，将吸毒人员纳入社会治安防控、社区网格化管理体系，除了过去充

---

[1] 卢秋芬，朱月娇.实行自愿戒毒强制管理模式分析[J].中国药物滥用防治杂志，2004，(03).

当主力军的公安、卫计外,能够把司法、民政、人社等职能部门的资源整合进网格,同时还能够调动起村(居)民委员会、群防群治、妇联、民兵联防队等多支基层力量,共同参与吸毒人员的网格日常管理,优化数据资源整合对接,实现工作的提质增效。另一方面,吸毒人员网格化服务管理工作的关键在于推动禁吸戒毒工作的社会化发展,即通过政府向社会购买服务等方式,引入专业社会力量,培育壮大民办社会工作服务组织,以专业社会工作者引领志愿者的方式积极为网格内吸毒人员提供心理疏导、行为矫治、能力提升等服务,最大限度教育、感化和挽救吸毒人员。

(二)网格员的四重角色

除了禁吸戒毒,基层社工通常还承担着其他业务工作,很难真正沉下心来干禁毒,即使专职禁毒社工也面临着"1对N"的帮教压力,尤其是对于吸毒严重的社区而言,仅靠一名社工的力量显然不够。而网格化的禁吸戒毒工作,有利于"禁毒责任到人"。按实有吸毒人员30:1的比例配备社区戒毒康复专职人员,划定网格、设定网格员,并予以专门经费支持,确保网格不虚划、人员不虚置。网格员能够依靠深入基层、地熟人熟、覆盖广泛的优势,充分发挥其信息员、帮教员、管控员和宣传员的四重角色作用,与禁毒工作专职干部、禁毒社工、志愿者共同组成了承担社区戒毒社区康复的具体工作的"四支力量"。

1. 信息员

网格员在承担辖区社情民意收集、基础信息采集的过程中,能够及时对吸毒人员基本情况、行动趋向、生活状况、社会关系、现实表现等信息采集和发现登记,协助社区禁毒工作机构和公安机关摸清网格内吸毒人员的底数和现状,建立畅通、高效的信息报送反馈机制,切实提高对吸毒活动的发现能力。

2. 管控员

网格员通过对吸毒人员定期随访、动态监测、危险性评估、跟踪监管等相关措施,对吸毒人员进行具体的日常管理工作,能够协助公安机关开展预警监测,对发现有肇事肇祸倾向的吸毒人员,做到第一时间发现、及时向相关职能部门或公安机关报告,有效预防、减少危害和损失。

3. 帮教员

网格员直接负责网格内吸毒人员的医疗保障和戒毒治疗、安置帮教等服务管理和关爱帮扶措施的落实,能够做到接管一个、帮教一个、感化一个、挽救一个。通过采取结对帮扶、就业指导、技能培训、困难救助等方式,最大限度地为网格内的吸毒人员提供帮助,尽力解决好家庭困难吸毒人员的就业、生活问题,确保吸毒人员服务管理各项政策措施落到实处。

4. 宣传员

网格员通过广泛宣传毒品种类、特征和滥用危害,介绍个人和家庭防范毒品侵害的方法,使社区群众提高认知和抵御毒品的能力,具体承担了社区毒品预防知识教育的职责。网格员还可以协助公安禁毒部门定期走访网格内的吸毒人员和周边群众,深入开展毒品预防知识教育和禁毒形势教育,宣传禁毒工作措施和成效,使群众进一步关心和支持禁毒工作,树立禁毒斗争必胜的信心,增强群众与涉毒违法犯罪行为作斗争的积极性,积极向公安机关举报涉毒行为,自觉成为禁毒理念的传播者和实践者。

(三) 实现吸毒人员的精准管理

建立吸(戒)毒人员的网格化服务管理的主要目的是实现吸(戒)毒人员分级分类的精准管理。

1. 差异化管理

从管理模式上看,网格化服务管理将吸毒人员主要分为两大类,分别采取"管"和"控"两种措施。其中,对发现有明显精神障碍、肇事肇祸倾向的吸毒人员,主要采取"控"的途径,可以动员其家属及时做好强制送医等救助救治工作,做好信息跟踪和动态监管,避免极端事件发生;对尚未发现有异常表现的低风险吸毒人员,主要采取"管"的方式,通过帮教、回归等途径,努力减少复吸的可能性,避免其陷入吸毒的恶性循环圈,引导其重新开启健康生活。在禁毒实践中,各地主要依托原有的吸毒人员动态管控机制进行更为细化的分类管理。以G省网格化服务管理试点S区为例,按照分类评估标准,对戒毒康复人员进行深入细致的操守评估,进行积分考评,分为A、B、C、D四个等级进行管理,并分别采取不同的管理措施。戒毒康复人员等级采取积分制进行评估,实行动态管理,定期打分评级每月进行一次,由社区民警、禁毒社工共同进行,按照各自权重(禁毒社工占80%、社区民警占20%)进行打分,评估根据戒毒康复人员的社会治安风险状况、戒毒操守状况、躯体健康状况、精神健康状况、就业支出状况、家庭社会支持状况等各种细节方面的变化,及时提出评分建议,并根据评估分值,评定人员级别,于每月25日前确定分类名单,并共享分类人员信息。

2. 人性化服务

吸毒人员既是危害社会治安的高危人群,也是社会困难群体,大多数家庭生活困难,加之缺乏一技之长,难以找到工作岗位。在日常管控中,既要把戒毒康复人员作为特殊人群来关注,又作为普通居民来对待,不仅在生活、医疗、就业等方面为其提供良好保障,还要实行自由平等的开放式、人性化管理服务,将以人为本的理念贯穿到戒毒康复工作的各个方面、各个环节,体现人文关怀,在教育、

表5-2 G省吸毒人员分类分级管理服务表

序号	分类	分类情况	分级	分级情况	管控帮扶措施
1	红	刑释解教中有吸毒史的人员	RⅠ	曾经被责令社区戒毒、强制隔离戒毒、社区康复，再次吸食，注射毒品；有肇事肇祸倾向；与家庭有直接矛盾，不使用两类以上毒品的；其采取注射方式复吸或者多次维持治疗，社会康复管理的	辖区内司法行政部门为主，指导帮教小组积极配合做好衔接帮教工作，公安机关列为重点人口进行管理，加大管控力度
			RⅡ	有违法犯罪历史2次以上，社会适应能力低下	
			RⅢ	积极配合接受小组帮教与管理	
2	黄	社区康复人员	YⅠ	吸食毒品成瘾，有违法犯罪记录及轻微的肇事肇祸倾向，不配合接受社区戒毒社区康复的帮教与管理	以社区（街道、乡镇）政府管理为主，禁毒部门负责指导开展管理，帮教工作，社区公安、社区工作人员，社区禁毒专干等共同参与帮扶与管理
			YⅡ	因吸食毒品引发其他综合病症，行为能力、认知能力逐渐衰退	
			YⅢ	积极配合接受社区戒毒社区康复工作小组的帮教与管理	
3	蓝	社区戒毒人员	BⅠ	有违法犯罪记录，有肇事肇祸倾向，不愿配合接受帮教与管理，严重违反社区戒毒协议	以辖区内公安机关管控为主，由社区（街道、乡镇）政府组织其他人员形成帮教小组对其进行管理与帮教
			BⅡ	因吸食毒品导致引发其他综合病症，身体机能逐渐弱化	
			BⅢ	积极配合接受社区戒毒社区康复小组的帮教与管理	
4	绿	社会面上的戒断巩固人员	GⅠ	仍然与原来涉毒的毒友联系，复吸的可能性高	由社区（街道、乡镇）帮教小组负责指导吸毒人员家庭，监护人实施帮教，禁毒专干是具体实施帮教第一责任人，公安机关、民政、司法、共青团、妇联等部门针对自己的管理对象开展帮扶工作
			GⅡ	与家庭、社会关系和谐，能独立自主生活	
			GⅢ	自己有意愿进入阳光工程就业安置基地就业，能为社会作出自己的贡献	

感化、挽救吸毒人员上下功夫,真正做到人格上尊重、感情上亲近、生活上关心、权益上保障,才能真正增强戒毒康复人员回归社会、融入社会的信心和决心。以Y省网格化服务管理试点D市为例,根据吸毒人员家庭环境、毒瘾程度、戒断年限、性格特点等采取"三帮四式"帮扶措施,即立足于帮思想、帮生活、帮就业,对无业和涉毒不深对象,采用"感化式"帮扶措施,做到"以情感人";对思想波动较大对象,采用"动态式"帮扶措施,定期上门走访教育,送去毒品预防读本和相关法律丛书,做到"以法育人";对心理上未摆脱毒瘾、意志不坚定对象,采用"跟踪式"帮扶措施,帮扶人员上门,以案说法,典型引导,与其家属配合,树立新形象,创造新生活的信心和勇气,做到"以理服人";对正在实施强戒对象,采用"超前式"帮扶措施,把教育管理同帮助解决具体问题结合起来,寓教育管理于服务之中,做到"以案帮人",帮扶工作做到润物细无声。

第六章 禁毒防控实践探索

关于毒品问题的对策研究是一项艰巨且困难的任务,不仅研究过程遇到的问题繁杂,而且研究成果的实践应用程度不够。本着试图破解这些难题的初衷,笔者以禁毒防控理论为基础,结合近些年全国公安机关禁毒部门开展的青少年毒品预防教育"6·27"工程、"8·31"社区戒毒社区康复工程、"5·14"堵源截流机制及联合打击制毒犯罪"4·14专案"等禁毒实践工作,从经验中探索出禁毒防控实践的显著成效。

第一节 青少年毒品预防教育"6·27"工程

目前,35岁以下青少年涉毒人数占全国现有吸毒人员总数和被抓获毒品犯罪嫌疑人员总数的比例均超过70%,涉毒人员低龄化特征愈发明显。为此,国家禁毒办专门组织实施了全国青少年毒品预防教育"6·27"工程,并制定出台了《全国青少年毒品预防教育规划(2016—2018)》(以下简称《三年规划》),力求从理念、机制和方式方法上,进一步创新和完善青少年毒品预防教育工作。禁毒实践经验证明,将青少年群体置于毒品预防教育工作的突出位置,提升其自觉抵制毒品的能力,不仅有助于带动全民毒品预防教育工作的深入开展,还能够最大限度地萎缩毒品市场,从根本上遏制毒品问题的滋生。

一、青少年毒品预防教育"6·27"工程概述

2015年6月27日,经国家禁毒办研究决定以"制定一个规划、召开一次现场会、开发一套教材"为主要内容的青少年毒品预防教育新高潮全面掀起。8月18日,国家禁毒委员会召开全国青少年毒品预防教育工作视频会议,全面启动青少年毒品预防教育"6·27"工程,努力实现各级各类学校毒品预防教育全覆盖,从源头上减少新滋生吸毒人员。

(一)青少年毒品预防教育"6·27"工程的总体目标

通过三年努力,构建完善的青少年毒品预防教育工作体系,形成分工明确、

协作有效、监督到位、评估科学的工作机制;青少年毒品预防教育方式更加新颖、方法更加多样,师资力量配置齐全,教育基地布局合理,宣传资料规范充实,禁毒社会氛围更加浓厚;青少年识毒、拒毒、防毒意识和能力明显增强,18岁以下未成年人涉毒违法犯罪人数占涉毒违法犯罪总人数比例不高于0.3%,人民群众对青少年毒品预防教育工作满意率达到95%以上,新滋生吸毒人数大幅减少,毒品问题综合治理取得阶段性成效。

(二) 青少年毒品预防教育"6·27"工程的核心内容

以10岁至25岁的青少年为重点对象、以校园和社区为主要阵地、以防范合成毒品蔓延为关键目标,把青少年毒品预防教育置于优先发展的战略地位,发动社会各方共同参与落实青少年毒品预防教育的《三年规划》,有效净化青少年成长社会环境,通过禁毒知识的普及和青少年抵御毒品能力的增强,实现青少年毒品预防教育与科学文化教育、思想道德教育、生命健康教育和法治教育的有机融合。

1. 以10岁至25岁的青少年为重点对象

教育学范畴的青少年是指已满14周岁而不满25周岁的自然人,既包括未满18周岁的未成年人,也包括已满18周岁未满25周岁的青年(成年人),主要为青少年学生群体。该群体横跨中学和大学两个人生阶段,正值身心发育的青春期和人生价值观的形成期,自身控制能力较弱,易受外界因素影响,容易出现社会越轨行为,需要更多的关注和引导。

基于犯罪预防和实证分析的需要,公安机关一般会将青少年的年龄上限调整至35岁。比如,吸毒人员动态管控的数据统计会出现这样的表述:"截至今年6月,全国累计登记在册吸毒人员达到322.9万人,其中,35岁以下青少年有188.7万人,占到58.4%。"选择这一年龄段主要是出自对涉毒行为和个体特征的密切关系的考量,比如对新鲜事物抱有好奇心理,社会关系尚不稳固,交际圈子流动性大,心智尚不成熟,价值观念容易受到外界因素干扰等。

由此可见,教育学和犯罪学对于"青少年"的认定不尽相同。概念的不清晰使得毒品预防教育,这项兼具犯罪预防和教育矫治双重属性的工作很容易会产生模糊地带。为此,《三年规划》从毒品预防教育工作实际出发,确立了"以10～25岁的青少年为重点、以学校为主要阵地"的重点工作对象。可以看出,《三年规划》并非只是将教育学和禁毒学界定的两个年龄范围进行简单重叠,而是立足于禁毒预防实践,在保证效率的基础上尽可能涵盖工作对象的年龄段。将工作重点对象的年龄上限设为25岁,是因为25岁以上的个体大多已经相对成熟,可以纳入全民禁毒的范畴;将年龄下限折中设定为10岁则是因为10岁左右是性格形成的重要时期,工作的提前介入有助其前青春期的性格塑造和后青春期的价值观定型。年龄在 10 岁以下的儿童还处于身心发展的初级阶段,尚未能很好地理解并接受专业的禁毒预防教育,也不能纳入工作重点。

工作对象的明确,有助于毒品预防教育工作的精准定位。从而使预防教育的措施和手段更加多元,差异性更加明显,做到有的放矢,而非同一模式的简单套用。比如,某城市 16 周岁左右的女学生吸毒案例较多。此时,如果只是通过常规教育手段督促中学强化学生毒品预防措施,收效并不明显。如果对此现象进行深入分析,就会发现这群女生多就读于职业中学,吸毒原因基本会牵扯到与异性的情感问题,且对方多为年龄在 18～25 岁之间,经常混迹娱乐场所的非在校学生。显然,仅以校园为平台的毒品预防教育难以发挥全覆盖的预防效果,还需要根据对象特点,将诱发女学生吸毒的社会青年纳入其中。这就是在定位毒品预防教育坐标点(目标对象为青少年群体)的过程中,根据涉毒行为的特点(吸毒行为与学习行为无交叉,若通过吸毒来缓解学习压力,则可视为吸毒行为与学习行为有关),将基于校园的毒品预防教育及时调整为基于青少年异性间交往关系的毒品预防教育,由原来单一的学校教育转变为从社会、家庭、学生三方面进行介入。

2. 以校园和社区为主要阵地

依据《三年规划》设定的年龄段划定的毒品预防教育并非专门针对学生群体。"青少年学生群体"这个试图融合教育学和犯罪学年龄特征的概念,通过主体身份"学生"来限定青少年毒品预防教育的目标群体。然而,被划归至"全民禁毒教育"范畴的"非学生青少年"群体的涉毒问题却更不容小觑。"非学生青少年"被校园毒品预防教育"抛弃",在"全民禁毒教育"中又很难有针对性地被体现出来,最终成为涉毒高发人群。为此,《三年规划》明确提出了校园和社区两个主要阵地,工作范围囊括非学生青少年群体的毒品预防教育工作,从而实现就业青年、城市社区青少年、农村留守儿童和外出务工青年等各类青少年群体毒品预防教育的全覆盖。

3. 以防范合成毒品蔓延为关键目标

对教育主体和教育对象而言,从教育内容切入,利用把握关键目标的思维方法,以最精炼的方式储存、内化、运用,进而延伸、拓展,更加具有实效性。《三年规划》将合成毒品的防范列为青少年毒品预防教育的关键目标。因此,开展宣传教育活动时,应注重政策引导的主动性,及时消除部分青少年认为合成毒品不是毒品、不易成瘾的认识误区,加强对歌舞娱乐、宾馆酒店、网吧等公共服务场所的禁毒宣传,落实娱乐场所张贴禁毒宣传品、安装禁毒公益宣传软件等具体防范措施,充分运用科学方法和现实案例,重点普及合成毒品的致病机理、现实危害和防范技巧,揭示其危害性、隐蔽性、欺骗性、违法性。对于在校学生,还可从医学角度揭示合成毒品的危害,特别是对大脑和神经系统造成的不可逆性损害,不掩饰、不夸大,客观真实揭开合成毒品的隐蔽性、欺骗性,消除青少年的认识误区,让"生活可以娱乐,生命绝不可娱乐"的理念深入人心。既防止青少年因好奇尝试第一口,也让尝试过的人员不再吸食,压缩潜在吸食人群数。

(三)青少年毒品预防教育"6·27"工程的现实意义

青少年毒品预防教育的效果很大程度上影响了全民毒品预防教育的成败。面对我国毒品问题快速蔓延的严峻形势,大力加强青少年毒品预防教育,提高青少年自觉抵制毒品的能力,有效防范毒品对青少年带来危害,有助于使未来吸毒群体出现"薄层"甚至"断层",能够从根本上解决吸毒人员层出不穷的问题。

1. 加强青少年毒品预防教育是主动应对毒品形势的必然要求

当前,我国已进入毒品问题加速蔓延期,境外毒品对我国渗透不断加剧,国内制贩毒活动十分活跃,合成毒品问题发展更加迅猛,毒品消费市场日益扩大。尤其是近年来吸毒人员低龄化趋势更加明显,越来越多的未成年人沾染毒品。吸毒对青少年的危害尤其严重。例如,广西曾发生一名14岁中学生因过量吸毒猝死事件,湖南曾发生7名未满16岁女学生被人诱骗吸毒卖淫事件。此外,还有少数学生参与制贩毒活动。因此,必须把青少年这个群体的预防教育放在突出位置,坚持从娃娃抓起、从青少年抓起,最大限度萎缩毒品消费市场。

2. 加强青少年毒品预防教育是深入推进禁毒工作的战略举措

我国在禁毒立法中把预防为主作为重要禁毒方针,在战略布局上把毒品预防教育放在第一位,始终坚持关口前移、防范在先,从根本上遏制毒品问题滋生蔓延。其中,加强青少年毒品预防教育是治理毒品问题的源头举措和基础工程。引导青少年形成良好的道德品质和行为习惯,牢牢守住学校这块阵地和净土,最大限度地防止青少年沾染毒品,有助于阻断吸毒群体的继续扩大。

3. 加强青少年毒品预防教育是全面推进教育发展的根本需要

青少年特别是在校学生正处于人生观、价值观的形成阶段,其好奇心强、敢于叛逆,容易受到毒品诱惑。不少青少年对毒品存在认识误区,片面认为滥用不成瘾,有的认为则即使成瘾也能戒断,甚至认为滥用的药品不是毒品。青少年承载着国家的希望和民族的未来,寄托着每个家庭对美好生活的期盼,党和政府有责任把青少年教育好、引导好,最大限度地防止他们陷入吸毒的深渊,营造使其能够健康成长的良好环境。

二、推进青少年毒品预防教育"6·27"工程的途径

(一)搭建禁毒宣传的多元平台

当今时代,社会信息化加快发展,传播方式更加多样化,为开展毒品预防教育提供了广阔空间。

1. 毒品预防教育媒体

(1)密切新闻媒体的联系,充分利用报纸、期刊、广播电台、电视台以及重点新闻网站宣传禁毒。特别是中央电视台、中央人民广播电台、新华社、人民网、新华网、腾讯网、《法制日报》《人民公安报》等中央主流媒体的站位高、影响大、辐射广,通过强化沟通协调、支持采访报道、主动提供线索和稿件等方式,引导其配合开展宣传教育活动。毒情严重、宣传素材集中的地方,可以选派人员赴上述媒体开展专项宣传工作,组织记者深入禁毒一线实地报道,加强对新闻采编人员和相关编创人员专业培训,增强禁毒宣传的感染力、传播力。针对新毒情、新受众、新媒体,运用新理念、新手段和新措施,积极开发和运用网络、微博、微信和移动客户端等新型媒体宣传禁毒。通过电视、广播、报刊等传统媒体及互联网、移动平台、微博、微信等新型媒体,介绍毒情形势,讲解毒品危害,宣传禁毒成效,积极营造"珍爱生命、远离毒品"的禁毒舆论氛围。

(2)发挥禁毒媒体的作用,及时反映禁毒工作动态,探索精准化的禁毒宣传工作模式。根据不同受众、不同需求,禁毒媒体应采取不同形式,设计不同内容,努力打造面向社会、服务大众、有影响力的新媒体平台,提升毒品预防教育工作的针对性和实效性。例如,国家禁毒办主办的《中国禁毒报》着重反映高层动态和禁毒战线的情况,《中国禁毒》杂志重点进行深度报道和解析,中国禁毒网普及禁毒知识,"中国禁毒数字展览馆"努力实现实时参观、互动和测评。

2. 毒品预防教育阵地

(1)借助公共宣传阵地,开展常态化禁毒流动宣传。火车、飞机、长途汽车、机场、码头、城市繁华街道和中心广场、公共娱乐服务场所可以利用多种公共平台定期推出禁毒公益宣传。例如,利用春运和暑期大学生集中返乡以及老百姓探亲、旅游之机,通过制作禁毒公益宣传片、发放宣传品等形式,在交通工具和人流量大的场所开展禁毒宣传活动。利用流动宣传车,组织流动宣传队,深入机关、学校、厂矿、企业、乡镇等重要场所,宣传党和国家的禁毒方针政策,讲解禁毒知识,进一步消除宣传死角。

(2)推动禁毒教育基地(园地)建设。一是合理规划禁毒教育基地的层次。国家层面建立集场馆展览、实物展示、体验互动、宣传资料制作等于一体的综合

性国家级禁毒主题教育基地;地方层面可结合人口密度、毒情形势和现有的禁毒教育基地,合理规划省、市、县三级禁毒教育基地(园地)建设。二是因地制宜建设禁毒教育基地。利用科技馆、文化宫、少年宫、会展中心等人流集中场馆建设的禁毒教育园地,重点突出禁毒教育的趣味性、灵活性和互动性;利用社区文化中心(站)、宣传栏等建立的小型禁毒教育园地,重点突出禁毒教育的科学性和知识性。三是注重网(线)上和网(线)下的结合。将禁毒网、禁毒数字展览馆、微博、微信、移动客户端的线上宣传与禁毒教育基地、流动宣传车以及禁毒宣传展览馆的线下宣传有机结合在一起,实现优势互补。

(二)瞄准重点对象的主体特征

随着时代发展和社会进步,青少年价值观念、思维方式、兴趣爱好、行为选择出现新变化,对新形势下毒品预防教育工作提出了新挑战。禁毒职能部门必须主动适应新形势、新特点,研究制定具有时代特色、符合实际需要的青少年毒品预防教育体系。

1. 以合成毒品为重点

根据青少年的生理和心理特点,开展防范合成毒品危害专题教育活动,把禁毒教育融入体育健康、思想品德、历史等基础课程,纳入主题班会、团会、队会活动内容。利用橱窗、黑板报、广播、闭路电视、校园网站等教学资源,通过征文比赛、专家讲座、文艺演出等多种形式和典型案例、动漫展示等多种手段,科学讲解毒品的危害性、依赖性和隐蔽性,驳斥合成毒品不伤身、不成瘾的认识误区,使毒品预防教育知识入耳、入脑、入心,不断增强青少年抵制合成毒品的能力。此外,组织学生开展以防范合成毒品危害为主题的禁毒夏令营、冬令营活动,参观禁毒教育基地、戒毒所,开展戒毒人员现身说法等直观教育活动,鼓励学生担任禁毒志愿者,积极投身禁毒社会实践,增强学生对毒品危害的认识和拒绝毒品的意识。

2. 以在校学生为重点

在校学生是青少年毒品预防教育的重中之重。(1)抓住学校毒品预防教育的关键环节。各级各类学校应增强学校毒品预防教育的科学性、趣味性和实效性,确保教学计划、课时、教材、师资到位,实现在校学生预防教育全覆盖。学校在落实毒品预防教育课时,要注重将禁毒元素融入思想品德、历史等课程中,把毒品预防教育作为学生道德教育和课堂教学的重要内容,推动禁毒教育进学校、进课堂、进教材。(2)把握学生毒品预防教育的规律。学校开展预防教育的基本目标是确保学生在校期间不染毒、校园无毒品,而衡量学校毒品预防教育成功的标志则是培养学生迈上社会后永远不涉毒。以在校学生为中心,构建学校、家庭、社会"三位一体"的毒品预防教育体系，不仅有效预防学生沾染毒品，还能够带动提升全民禁毒意识，取得"教育一个孩子、影响一个家庭、带动整个社会"的良好效果，形成课堂内外一体化、学校家庭无缝化、学校教育全民化的毒品预防教育模式。

（三）提升禁毒项目的牵引效果

1. 以重要节点宣传为契机

利用"6·1"《禁毒法》颁布实施纪念日、"6·3"虎门销烟纪念日和"6·26"国际禁毒日等关键节点，明确宣传主题，创新宣传形式，策划好、组织好禁毒重大活动、重大事件和重大案件的宣传，掀起禁毒宣传活动新高潮。例如，各地禁毒职能部门在上述节点期间举办大型禁毒公益慈善晚会、名人明星同唱禁毒歌曲、寻找最美中国禁毒警察、支持拍摄禁毒电影、建造禁毒烈士纪念碑、筹办大型禁毒展览等活动。

2. 以禁毒品牌项目为推动

深化"不让毒品进校园""社区青少年远离毒品""不让毒品进我家"等禁毒宣传教育品牌活动，不断推出禁毒宣传教育新载体，打造形式新颖、吸引力强、群众喜闻乐见的禁毒宣传新项目，扩大禁毒宣传教育的社会影响力和群众参与度。尤其是鼓励和支持青少年积极策划并实施毒品预防教育项目，吸引更多青少年关注禁毒文艺作品，甚至投身参与创作和演出。例如，《湄公河行动》等影视作品以文艺还原的手法展示了"10·5"湄公河大案的侦破过程，展现了禁毒民警顽强拼搏、舍生忘死的战斗事迹，向全社会描摹了禁毒英雄群体的光辉形象。

（四）推动教育机制的长远发展

1. 协作机制

青少年毒品预防教育工作是一项涉及多部门、多领域、多学科的综合性工作，仅靠公安禁毒专门力量很难达到预期目的。工作中，要注意两方主体力量的协作，盘活各种优势资源。（1）专业力量。各地禁毒办和公安禁毒部门是履行政府禁毒职责的专门力量，主要职责是调查研究、顶层设计、组织推动、督促检查和提供保障，统筹用好各种力量，优化配置各种资源。禁毒委各成员单位掌握着大量行政资源，既是"6·27"工程的倡导者，也是工程的践行者，对各自承担的工作任务具有专业优势，能够集中力量、集中资源打攻坚仗。（2）社会力量。"6·27"工程能否取得最终胜利，关键要看社会力量能否真正发动起来。过去，一些地方禁毒部门长期习惯于仅仅采取行政思维、行政手段和行政力量，忽视了禁毒社会组织在参与毒品问题综合治理方面的重要作用。毒品预防教育工作可以作为推进推动禁毒工作社会化进程的先锋力量，从而形成"政府主导、社会参与、政策支持、重点资助"的禁毒社会化工作格局,使其真正成为"6·27"工程的一支有生力量。

2.考核机制

(1)建立毒品预防考核评估机制,科学推进毒品预防教育工作。结合《全国禁毒工作考评办法》《禁毒工作责任制》,借助统计部门、科研机构等第三方力量开展全民毒品预防教育效果评估,科学推进毒品预防教育工作。以科学、客观、公正的原则,建立毒品预防教育考核评估机制,努力发挥考核评估的杠杆作用,促进形成党委和政府统一领导、禁毒委员会组织协调、有关部门齐抓共管、全社会共同参与的禁毒工作社会化的格局,不断推动毒品预防教育工作迈上新台阶。此外,还可以将学校毒品预防教育纳入教育督导、平安创建、精神文明创建等范畴。(2)建立毒品预防教育问责机制。对因工作不重视、责任不落实、措施不得力,导致青少年新增吸毒人员蔓延加速、问题泛滥的地区,要按照《禁毒工作责任制》相关规定严肃追究责任。

第二节 联合打击制毒犯罪"4·14专案"

近些年以来,随着国内外毒情形势的发展变化,我国禁毒工作面临着严峻挑战,尤其是国内制毒问题愈演愈烈,地下制毒犯罪活动高发,国内产出毒品量已超出境外毒品输入量,使得我国成了国内和周边国家的毒品来源地之一。

一、国内制毒犯罪活动的发展态势

总体上看,国内以制造合成毒品为代表的制毒犯罪活动,主要表现为以下四个方面的特点。

(一)与境内毒品消费市场结构的变化一致

目前,国内吸食冰毒、氯胺酮等合成毒品的人员数量急剧增长,滥用合成毒品人数超过滥用阿片类人数,我国已经成为合成毒品消费的重灾区。由于合成毒品生产具有原料来源广、成本低、生产工艺简单、制毒周期短、成品脱手快、易于隐蔽、利润巨大等优势,境内犯罪分子趋之若鹜,制毒案件连年上升,制毒犯罪活动日益严重。

(二)已经形成了较为完整的制毒产业链条

从组织者、技师、制毒设备、原料到销售网络,制毒犯罪的基本要素均源自国内,且与易制毒化学品犯罪相互影响,互相促进。例如,粤东地区的汕尾陆丰、揭阳惠来、惠州惠东是国内制造冰毒、氯胺酮的主要地区,福建龙岩长汀籍人员、江苏盐城籍人员是制贩麻黄碱、羟亚胺、邻酮等制毒原料的主要群体,山东、江西、河南、河北、陕西、湖南等省部分地区是生产制毒原料的主要窝点所在地,云南是麻黄碱流入缅北地区的重要口子。

（三）原本相对集中的制毒地区开始蔓延扩散

由于公安机关打击制毒犯罪活动力度的不断加大,地下制毒加工场所由集中在部分地区转为向管理较为薄弱的周边省市、县区转移扩散,呈现出由南向北、由东部沿海向内陆地区蔓延的趋势。例如,制造冰毒、氯胺酮的工厂在广东省内由陆丰、惠来、惠东等地向河源、湛江、梅州、汕头等地转移,省外向广西、福建、湖南等扩散;制造麻黄素、羟亚胺的工厂由福建、江西、山东、河南等地向陕西、湖北、湖南、宁夏、贵州等扩散,制毒犯罪分子还正在将制毒技术、原料和设备向缅北"金三角"地区传授和转移扩散。

（四）制毒犯罪工艺流程不断更新且日趋简单

随着网络技术的发展,一些犯罪分子已经从互联网上自学并掌握了制造麻黄碱、羟亚胺、冰毒、氯胺酮技术,开始自行加工生产。制毒活动由原来主要依靠境外复杂技术和资金的支持,发展到技术资料传递或自主研发生产工艺;由原来大量使用水、电、气,发出刺鼻异味的大型制毒加工厂（点）,向机动性强、隐蔽性高的小型加工窝点、作坊转变,两三个人甚至一个人就能在家中制造毒品。

二、打击制毒犯罪活动的难点和问题

作为各类毒品问题的源头性犯罪活动,制毒犯罪具有更为严密的组织团伙、更为狡猾的犯罪手段,成为非法获益最多、危害最严重、打击难度最大的毒品犯罪活动之一。因此,相较于查处吸毒人员、打击零包贩毒等其他禁毒工作,打击制毒犯罪需要更高的侦查谋略和技术手段。目前来看,缉毒部门打击制毒犯罪的实践工作存在以下几方面的问题:

（一）相关法律制度的滞后性

（1）缺少有法律效力的折算标准。目前,查获的毒品数量主要参照《办理毒品犯罪案件适用法律若干问题的意见》《非法药物折算标准表》进行折算,但部分毒品折算标准并不科学,影响了正确的定罪量刑。(2)合成毒品列管机制缺失,没有成熟的快速反应机制,也没有明确规定如何进行定性定量和定罪量刑,影响打击效果。合成毒品多为混合物,种类多,成分复杂,当一种合成毒品出现后,列管、定性定量、依法处置的过程漫长、复杂、滞后,严重影响打击效果。(3)刑法没有规定制造、运输制毒物品罪,对于实践中一些个人甚至企业制造、运输制毒物品的行为,司法机关难以有效惩处。

(二)传统缉毒经验的不适应

在与海洛因走私贩运活动斗争的过程中,缉毒工作建立起的堵源截流、公开查缉三道防线曾发挥了不可小觑的作用。然而,面对国内自制的毒品与消费市场相对接的局面,原本高效的缉毒体系显得有些被动,导致毒品在国内流转的风险大大降低。尤其是物流、邮政、快递、公路、铁路、海运集装箱等重点渠道的毒品查缉工作尚缺乏有效手段和值得借鉴的经验。

(三)发现制毒活动能力不足

笔者曾对2012年全国破获的制毒案件进行分析总结,发现其中依靠秘密力量贴靠和特情举报破获的案件占破获制毒案件总数的59%,通过贩销乃至零包环节破案倒追上线占总数的22%,通过其他方式发现制毒线索的占总数的19%。不难看出,公安机关主动发现制毒窝点能力不强,经营意识、经营能力总体较弱,不善于通过零包案件、公开查缉案件顺线深挖犯罪线索、扩大战果,摧毁制毒窝点。

(四)易制毒化学品管理薄弱

随着冰毒、摇头丸等合成毒品的大量滥用,大量列管和非列管易制毒化学品流入非法渠道,非法买卖、走私易制毒化学品犯罪活动呈日益严重的趋势。由于法律体系不健全、办案经费投入大等多方面原因,各地公安禁毒部门普遍不重视易制毒化学品案件的侦破工作,伪造品名、伪造证件套购化学品的现象大量存在,经销、运输监管不到位,机构力量普遍缺乏,管理规定不落实,管理手段落后,致使易制毒化学品流失严重,为制毒犯罪提供了原料。

三、联合打击制毒犯罪"4·14专案"概述

为严厉打击国内制毒犯罪活动,坚决遏制国内制毒犯罪活动高发势头,公安部禁毒局牵头相关部门和警种,联合组织开展打击国内制毒犯罪活动的专门行动,行动代号"4·14专案"。

(一)"4·14专案"的工作目标

"4·14专案"是以打击国内深层次、大跨度制毒犯罪团伙和网络为主攻方向的联合打击行动。以有效遏制国内制毒犯罪活动的高发态势为主要工作目标,跨部门、跨警种、跨地区联合开展情报研判和专案侦查,深入排查梳理制毒犯罪重点嫌疑人员,研判锁定制毒犯罪团伙,动态管控制毒犯罪活动,确立部省级制毒犯罪目标案件,组织相关省区深入开展全过程经营侦控工作,全链条摧毁一批制毒犯罪团伙网络,全环节破获一批制毒犯罪案件,全方位追查一批主要设备原

料来源,确立一批制毒犯罪问题严重的重点整治地区,铲除重点地区制毒犯罪活动的滋生蔓延土壤,实现对国内制毒犯罪活动的歼灭式打击。

(二)"4·14专案"的工作机制

"4·14专案"的工作机制是根据制毒犯罪活动的特殊规律来制定的。

1. 组织形式

由于制毒团伙组织严密、手段狡猾、反侦查意识强,在隐匿犯罪活动、逃避打击惩处方面具有一定的经验,善于将制毒犯罪活动转移到地理位置偏远、执法机关打击经验不足的地区,造成制毒犯罪发现难、落地难、侦控难、收网难等诸多问题,给公安机关的缉毒执法工作带来了新的挑战。因此,公安部组织相关业务局①、11个重点省区②公安厅、10个重点地市③公安局及其他重点县区公安局,成立了专门的领导小组、情报研判小组和专案侦查联合工作组进行专案侦查。

2. 任务分工

各警种、各地区分工负责,协调联动,开展联合侦查打击行动。11个省级公安机关负责全面梳理在侦制毒犯罪案件,结合本省的工作重点认真组织排查,并对排查信息进行质量评估;10个重点地市负责确定重点区县名单,认真落实相关排查措施,开展联合打击行动。通过对制毒重点嫌疑人员的基础排查,开展对制毒重点嫌疑人员的动态管控。

(三)"4·14专案"的工作措施

公安机关在侦办合成毒品贩毒案件工作中,要加强线索研判工作,通过深度经营、顺线追查毒品来源,力争发现源头制毒犯罪线索,确立制毒犯罪案件并开展联合侦办工作。"4·14专案"主要包括了基础排查、动态管控和联侦联判等工作措施。

1. 排查制毒犯罪信息

全面排查制毒犯罪信息要素包括涉及制毒活动的重点人员、制毒设备、制毒原料、物流货运以及重点地区高危部位等。

(1) 重点人员。将制毒犯罪重点嫌疑人员纳入管控视线是打击制毒犯罪的一个重要措施,有助于取得打击制毒犯罪的主动权。重点排查与制毒活动有关联的涉案人员、在逃人员及嫌疑人员,收集其关联人员、通联工具、交通工具、银行账户、网络账户、房产投资等相关信息。

(2) 制毒设备。制造合成毒品案件主要涉及反应釜、离心机、真空干燥机

---

① 禁毒局、网安局、技侦局、情报中心。
② 江苏、福建、江西、山东、河南、湖北、湖南、广东、广西、四川、云南。
③ 江苏盐城、福建龙岩、江西赣州、山东滨州、广东汕尾、揭阳、惠州、四川成都、云南昆明、临沧。

（又名真空烘干机）等制毒设备，重点排查这些设备的生产、销售单位、销售人员、销售记录、销售去向、购买人员信息，以便进一步深入排查制毒犯罪嫌疑人员。

（3）制毒原料。重点排查麻黄素、羟亚胺、溴代苯丙酮、溴素、邻酮、丙酰氯、二苯甲酰酒石酸、氯化亚砜、甲胺、氢气等主要制毒原料的产销单位、销售人员等重点信息，为排查销售及运输信息提供支持。

（4）物流货运。重点排查公司运输毒品、承运主要制毒设备、承运主要制毒原料情况，对有重大涉毒嫌疑的物流快递台账进行排查，并进一步深入排查制毒犯罪嫌疑人员。

（5）重点地区高危部位。通过群众举报奖励机制、物建特情、耳目等多种手段，采取拉网式实地排查等措施，对易发制毒犯罪活动的偏远山区、水库、林场、养殖场所、化工园区强化主动监管排查措施，及时发现制毒犯罪嫌疑线索。

2. 动态管控重点人员

根据本地区制毒犯罪活动的规律特点，综合考虑重点人员身份背景、活动轨迹、个人财产、同行同案关系人等多种因素，建立动态预警体系，对排查出的制毒犯罪活动人员展开预警分析，确定重点嫌疑对象，并对其进行全网布控，掌控其在全国尤其是毒品犯罪重点地区的活动轨迹数据。同时，通过情报研判拓展发现其制毒活动的关系人和团伙网络。对出现反常活动的重点制毒嫌疑对象，从外围开展落地查控。

3. 联合研侦重点案件

对发现制毒犯罪嫌疑的重点制毒嫌疑对象、嫌疑团伙及嫌疑活动，立即启动立案侦查程序。几乎所有的制毒犯罪活动都是跨区域犯罪活动，没有跨区域、跨警种的联合作战就无法实现对制毒犯罪的全链条、全环节打击。因此，凡需跨省区开展联合侦查的制毒案件，组织相关省份进行跨区域经营侦控、统一协调、联合研判、共同经营、联合侦查，抓获制毒技师及组织人员，全链条摧毁制毒犯罪网络。同时，组织刑事技术人员进行现场勘查，提取固定制毒犯罪证据和制毒参与人员的指纹及其他生物检材证据，为诉讼提供支持。对所有已经侦破的制毒犯罪案件要开展案后调查和研判工作。例如，注重调查制毒人员的涉毒资产和资金状况，顺线查清资金流向，尽可能追缴涉毒资产，彻底摧毁制毒团伙的经济基础。

第三节 "5·14"堵源截流机制

堵源截流是旨在遏制境外毒品渗透危害的一项整体性、系统性工作，是涉及全链条、全领域、全环节的综合性执法工作。公开查缉不是缉毒侦查的开始,也不是缉毒侦查的结束,而是缉毒侦查的重要切入点和有效手段,前期的情报工作和后期的侦查工作需要有机衔接。

一、当前堵源截流工作存在的一些问题

与形势和任务相比,堵源截流工作存在一些薄弱环节和短板,突出表现在五个方面:

(一) 清理管控工作不到位

对外流贩毒、制毒、涉毒前科人员及其关系人的排查、摸底、清理工作不深入,底数不清、情况不明、基础不牢,管控措施跟不上,没有形成震慑挤压效应。

(二) 情报研判机制不健全

多数重点地市级公安机关没有建立多部门参与的禁毒情报研判平台和研判专班,没有充分发挥服务堵截打击实战的作用。

(三)"情—侦—堵"衔接不紧密

情报研判、公开查缉和专案经营彼此脱节,缺乏有效衔接,由情导查、由查转侦机制不完善,通过公开查缉缴获毒品多,开展延伸侦查破大案摧网络打团伙少。

(四) 协作联动机制不完善

地区之间、部门之间堵源截流孤立分散、各自为战,区域协作、部门联动机制不完善,毒品查缉存在漏洞和薄弱环节。

(五) 境外情报工作不深入

针对境外毒枭和制毒工厂的情报调研、固定证据等工作有待加强,针对中国籍涉毒逃犯的拔钉子行动有待深化,抓捕毒枭、摧毁制毒工厂战果不够明显。没有下真功夫,把情报工作、行动工作延伸到境外,境外工作在哪里,谁在经营,谁在贩卖,货是哪来的,两眼一抹黑,真本事是在境外摧毁工厂,把团伙骨干、毒枭抓回来。

二、"5·14"堵源截流机制概述

(一)"金三角"地区毒品的现实危害

"金三角"地区毒品产量有增无减,对我国渗透短期内难以改变。2015年国内批发环节查缴海洛因的95.2%、冰毒片剂的87%来自该地区。尽管我们堵截力度明显加大,但仍未打破国内毒品供需稳定结构,境外毒品仍比较容易流入境内。国内海洛因滥用规模依然不小,云南、重庆等地查获的海洛因案件仍在增

多,国内滥用合成毒品问题发展很快,片剂冰毒价格仍未出现较大波动。贩毒手段频繁更新升级,网络招募贩毒马仔问题突出,加大了情报研判、延伸打击的难度。

(二)"5·14"堵源截流机制

为进一步遏制"金三角"地区毒品入境内流,有效减少境外毒品对我国的渗透危害,全面提升堵源截流工作能力,2015年5月14日,国家禁毒委召开会议专门研究加强堵截"金三角"毒品入境内流工作,决定建立"5·14"堵源截流工作机制。

"5·14"堵源截流机制具有整体化、常态化、系统化、信息化和科技化的特点,是当前我国禁毒执法的战略支撑之一,与重点整治、"4·14"专案共同成为驱动全国缉毒执法战果提升的"三驾马车"。

1. 整体化

(1) 部门警种的协同作用。各部门各警种各负其责、分兵把口,切实形成整体合力,呈现全面围剿之势。例如,边防部门发挥公安边防部队地处边境前沿和口岸优势,发挥边境查毒的主力军作用,通过搜集境外毒品种植、生产加工、贩毒路线、藏毒方式等情报线索,加大对重点地区、重点群体、重点通道的发现和打击力度,破获一批重特大贩毒案件,摧毁一批贩毒网络和通道,切实把好第一道防线,最大限度地减少毒品入境内流。再如,铁路部门在研究站车涉毒犯罪规律特点的基础上,强化对重点涉毒人员购票乘车信息的分析研判,密切掌握其进站乘车轨迹,将重点地区开出的旅客列车作为查缉重点,强化站车联控机制建设,互通信息,相互配合,形成第二道查缉毒品犯罪防线。

(2) 不同地区的缉毒协作。在"金三角"毒品的查缉体系中,云南、广西等边境地区要发挥主战场作用;四川、贵州、重庆、湖北、湖南、江西、安徽、福建等地要在摸清毒品流通渠道路线、进出口子、贩毒主体、行踪去向、方式方法的基础上,明确任务,分工把口,形成整体联动、区域联查、整体防控的查缉机制;其他省市要加强对化学品的查缉工作,追溯来源,查处整顿违法违规经营企业。例如,云南、四川、贵州、广西四省区公安机关牢固树立缉毒"一盘棋"思想,加强缉毒协作和整体作战观念,本着"密切配合、相互支持、平等协商"的原则,建立了高效、务实、规范的缉毒侦查协作机制。通过整合毒品犯罪情报信息资源、警力资源和侦查技术资源,降低办案成本,提高办案效率和精确打击能力,共同打击跨区域毒品犯罪活动,有效遏制了"金三角"地区毒品渗透危害。

2. 常态化

只有建立起全方位、全环节、全天候的堵截毒品入境体系,才能从根本上切断毒品入境内流的各条通道,实现真正意义上的堵源截流。"5·14"堵源截流工作机制要求最大限度地整合地方、部门和警种资源,以缉毒执法考核为导向,转变执法理念,创新侦查模式,对毒品犯罪开展全方位、高强度的打击。例如,四川盘活各方资源,形成了以常设性固定卡点为依托、临时性流动查缉点为补充的联动查缉长效机制。再如,广西结合地缘、交通、毒情,在全区建立和强化公开查缉毒品入境的"三道防线",并采取固定与流动相结合,定时不定时、定点不定点的战法,推动堵源截流工作向常态化发展。

3. 系统化

所谓系统化是指把情报、侦查、堵截有机结合起来,围绕查缉后的人员审讯、情报研判、信息传递、案件转化等问题,从机制上加以完善、解决,实现工作内容、工作环节、工作程序的有效衔接。例如,福建省认真分析涉"金三角"地区及周边区域走私、运输毒品的规律特点,建立起集情报、侦查、堵截、倒查、防范、管理为一体的堵源截流工作机制,布建涵盖陆、海、空、邮的立体查缉网络。

4. 信息化

对于一些能够在边境地区轻易进出的社会闲散人员,要摸清底数,管控明了。作为堵源截流的重要手段,情报信息工作可以通过对涉毒违法犯罪前科人员、贩毒高危人员的分析研判、预警管控,实现情报导查、精准查缉,从而提升堵源截流的整体效能。例如,福建通过对长汀籍人员涉"金三角"地区毒品犯罪特点分析及专案深度研判,对一些长期盘踞或外流在云南、广西边境的高危人员,想方设法查明其在边境的居住地、联系方式、资金状况、行为轨迹等,通过情报输出和联合办案的方式,与云南、广西等地合力开展专案攻坚。

5. 科技化

推行数字化边境堵源截流体系建设,将数字技术和科技手段应用于堵源截流机制,提升缉毒工作的整体发现能力、精确打击能力和防范管控能力。例如,在毒品流通的重点区域、交通线路、卡点设立检查站点、视频监控点,实现信息采集、分析研判、动态监控一站式查询、扁平化指挥的数字化查控体系,针对涉毒高危人群、车辆开展集中研判、风险评估、积分预警。

第四节 "8·31"社区戒毒社区康复工程

当前,我国滥用合成毒品人数增长很快,戒毒人员复吸率高、戒断巩固难、融入社会难的问题仍较突出,戒毒康复工作任务十分繁重,严重影响公共安全和治安稳定。大力加强社区戒毒社区康复工作，整合基层资源，依靠人民群众，帮助吸毒成瘾人员戒除毒瘾、融入社会，是减少毒品需求、巩固毒品治理成果的重要举措，是推进平安中国、法治中国建设的重要任务，对于保障人民安居乐业、维护社会长治久安具有重要意义。

一、制约社区戒毒社区康复工作发展的关键问题

与当前的禁毒形势相比，各地社区戒毒社区康复工作仍然存在一些突出问题和薄弱环节，主要表现为对象管理难度大、主体责任缺位、工作发展不平衡等，具体包括社区戒毒（康复）工作机构不健全、组织领导不到位、经费保障难落实等机制问题，以及戒毒衔接机制不畅、戒毒康复手段过于单一、社工业务水平不高、戒毒工作落实不力等执行问题。

（一）对象管理难度大

吸毒人员的戒毒康复工作面临着管理控制难、戒断巩固难、融入社会难等现实问题。

1. 控制管理难

吸毒人员生活习性较为懒散、不规律，无论是家人朋友、社区民警还是居（村）委会都较难掌握吸毒人员动态，日常监督管理比较大。

2. 戒断巩固难

现有的强制隔离戒毒能够有效祛除生理成瘾，却难以解决吸毒人员的心理成瘾问题，同时，伴随一些回归社会的心理障碍。吸毒人员走出戒毒所后，仍对毒品有顽固的心理依赖，难以回归正常生活，戒毒人员复吸率一直居于高位。

3. 融入社会难

戒毒出所人员无业可就、无人管理、不被接纳是造成复吸的重要因素。在当前社会就业压力大的总体背景下，戒毒出所人员等特殊群体的就业难度更大。尽管国家出台了许多优扶政策，但戒毒出所人员就业安置的理念模式还没有得到社会的广泛认可，绝大部分用工单位不愿意接受有吸毒史的人员。当他们克服困难，戒除生理毒瘾时，却发现生活早已把他们贴上了永久的标签，没有信任，没有理解，就业安置从何谈起。

（二）主体责任缺位

目前，禁吸戒毒工作尚未形成"政府统一领导、有关部门各负其责、社会广泛参与"的工作机制，戒毒康复措施不多、手段单一的局面尚未扭转，尤其是社区戒毒社区康复工作基础薄弱。（1）部分地区党委、政府对社区戒毒社区康复工作认识不足、重视程度不够、组织保障不力，致使全国还有相当数量的地区还没有

开展社区戒毒社区康复工作,有的省会市都没有全面推开。(2)受经济发展水平和社会管理基础等综合因素影响,部分地区基层政府组织未能有效承担禁毒法定责任,没有设立办事机构,社区戒毒社区康复基础薄弱,戒毒康复、就业扶持、救助服务措施不能有效落实。(3)社区戒毒社区康复的教育转化、医疗救治、临时救助、就业扶持等工作需要依托各有关职能部门,而相关职能部门对社区戒毒社区康复工作存在畏难情绪,工作积极性不高、推进力度不大。例如,有的地方社区戒毒社区康复工作进展迟缓,组织领导不到位、经费保障不落实、业务水平不高、工作措施不力的问题比较突出;有的地方社区戒毒社区康复工作机构不健全,专职干部和工作人员配备不到位,有的甚至没有正常开展社区戒毒社区康复工作,导致社区戒毒社区康复人员无法报到,戒毒和管控措施无法落实;有的地方由于没有建立社区戒毒社区康复工作机构,致使禁毒执法部门对符合社区戒毒社区康复条件的吸毒人员只能作治安处罚,从而使这部分人员继续流散社会、脱管失控,同时导致《戒毒条例》规定的社区戒毒社区康复措施无法落地执行。

(三)工作发展不平衡

1. 地域性差异

单就每个省的情况来看,14个省区市(东北、华北、西北等省份)的社区戒毒社区康复措施执行率不足60%,个别地区社区戒毒社区康复措施的执行率不足50%,说明当地有大量吸毒人员流散于社会面、大量强戒人员出所后脱离管控视线。戒毒康复人员就业安置工作发展不平衡的问题更加突出。就业安置的主要目的是让戒毒康复人员有事做、有收入,帮助其融入社会大家庭,树立戒毒的信心和决心,从根本上解决好复吸问题,是社区戒毒社区康复工程的重要一环。然而,由于这项工作开展时间不长、就业安置压力大、缺少优惠政策支撑等因素制约,部分地方就业安置基地(点)建设进展缓慢,戒毒康复人员就业安置率仍处低位。

2. 戒毒康复和缉毒执法的不平衡

通过社区戒毒社区康复,对吸毒成瘾人员进行戒毒治疗、康复指导,帮助其回归社会是中国禁毒工作的治本之策。目前,对于打击毒品犯罪方面投入大量精力和资源,是由禁毒工作面临的主要矛盾和突出问题所决定的。随着实践的不断深入和对禁毒工作认识的不断提升,在不断加强缉毒执法的同时,应更加重视戒毒康复和减少需求工作,花更多的时间、用更多的精力、集中更多的资源,坚持不懈地抓下去,并积极争取领导支持,协调各相关部门齐抓共管,动员人民群众广泛参与,不断推动工作深入发展。

二、社区戒毒社区康复的地方实践经验评析

（一）贵阳经验——社区戒毒社区康复"阳光工程"建设

2016年8月17日，国家禁毒委员会在贵州省贵阳市召开了全国社区戒毒社区康复工作推进会暨贵阳禁毒经验现场会。贵州省作为我国禁毒工作起步较早、发展较快的地区，面对严峻的毒品形势，坚持一手抓打击毒品犯罪、减少毒品供应，一手抓戒毒康复和毒品预防、减少毒品需求，推出了"阳光工程"建设活动。近年来，贵阳市又持续发力、创新方法，以前所未有的重视程度组织开展禁毒工作，探索建立了一系列新的、行之有效的经验做法，推动各项禁毒工作取得了明显成效。具体如下：

（1）以全面实施禁毒工作"一把手工程"为根本，形成"书记抓、抓书记"的禁毒领导体制，一级抓一级、层层见实效，举全市之力，集全民之智，以最坚定的决心、超常规的手段、前所未有的力度开展禁毒人民战争。

（2）以构建"各部门协同、全社会参与"的禁毒工作大格局为支撑，建立以社区为基础的禁毒工作网，深化政府购买服务，完善吸毒人员网格化管理，提升禁毒工作规范化、专业化水平，推进禁毒工作社会化进程。

（3）以建立"科学戒管、长期联动"的戒毒康复模式为载体，减存量、控增量，建立严格管理、科学戒毒、心理矫治、教育培训、就业安置、后续帮扶、社会参与的戒毒康复长效机制，切实巩固戒毒成果，萎缩毒品消费市场。

（4）以持续加大禁毒工作投入为保障，加强禁毒基础建设，健全基层工作机构，建立禁毒公共宣传教育平台，解决突出困难问题，仅2015年贵阳市县两级财政共投入禁毒工作经费2.67亿元，为禁毒工作深入开展提供了有力保障。

"贵阳经验"的核心在于党委、政府主要领导高度重视，把禁毒工作提升到党委统筹领导之下，真正形成了党委领导、政府负责、部门协同、社会参与的禁毒工作格局，精髓在于勇于创新工作理念、突破传统思维模式、健全完善长效机制，关键在于建立责任制度、追究制度、考核制度，确保各项措施落实。"贵阳经验"的特点是"就业"，也就是解决戒毒康复的基本生存问题。这一牵一发动全身的问题，被当地禁毒部门称之为"阳光工程"。从2006初黔南州都匀市成立的只能接纳50名戒毒人员就业的"爱心棒球厂"开始，贵州省各地党委、政府纷纷出台相关保障性文件，明确规定了支持"阳光工程"建设的优惠政策，发展至今成效显著。孟建柱同志曾对贵州经验的评价是，"贵州的就业安置为戒毒康复人员提供了一个找回自我、找回自尊、找回自信的平台，消除了社会对他们的歧视，体现了价值，增加了信心和自尊，这是贵州省社会管理创新的一个探索"。

（二）中山经验——全社会戒毒康复帮扶模式

中山社区戒毒社区康复工作秉持"以人为本"的理念，充分认识到吸毒人员既是违法者又是受害者，尽最大努力帮助吸毒人员脱离毒害。在实际操作中，中山市构建起"五位一体"、多管齐下的全社会戒毒康复帮扶模式，全力帮扶戒毒人员自食其力、回归社会。具体如下：

（1）社会戒毒帮扶机制。中山市建立起市政府统一领导，区（镇）禁毒委员会组织、协调、指导各相关部门履行法定职责，街道办事处、区镇人民政府负责组织实施，社会力量广泛参与的戒毒康复工作机制，形成了"以网格为单位，以社区为基础，以信息化为依托，专业组织提供指导和服务，相关部门齐抓共管，社会力量共同参与"的网格化社区戒毒康复管理格局。

（2）"五位一体"帮扶模式。所谓"五位一体"是指"公安＋社工＋义工＋社区＋家庭"组成的有机整体，通过政府购买专业社工服务，实现了全社会无缝衔接的社区戒毒康复。这种模式将戒毒康复人员帮教职能转移到禁毒社会工作服务中心，社工与戒毒人员建立起专业服务联系，不仅能够确保对每一名对戒毒康复人员开展系统的心理康复和社交技能等培训，而且破解了社会面吸毒人员难以监管问题，有利于提升吸毒人员的戒断率。此外，还探索出适合农村社区戒毒康复的"大社区小社工"工作经验，推行了"以亲缘属地帮扶为主的农村社区戒毒康复"模式，在驻村民警和专业社工指导下，发挥农村"两委"领导下治保委员会作用，由村治保委员"一对一"结对监管帮扶戒毒康复人员。

（3）帮扶戒断人员生活创业。中山市发动社会各界力量开展就业帮扶，开发社区手工坊等公益性岗位，安置戒毒康复人员就业，动员有条件的家庭支持戒毒康复人员自主创业和就业，利用政府就业优惠政策，加强戒毒康复人员劳动技能培训，鼓励辖区企业给予就业安置帮扶等。通过就业安置，保障戒毒康复人员基础生活，也减少了因无所事事导致的复吸。在社工帮扶基础上，引入义工、关工委以及戒毒康复人员家属组成的志愿者队伍以及地方社会公共资源，对戒毒康复人员的生活、身体、心理以及子女等问题进行全方位的关爱服务，帮助戒毒康复人员恢复社会功能、实现社会责任，重新融入社会。

中山通过建立集动态管控、戒毒治疗、心理矫治、帮扶救助、就业指导、宣传教育等"六位一体"功能的社区戒毒社区康复服务中心，实现了社区戒毒（康复）的建设标准化、工作规范化、功能项目化、服务精细化、效能优质化，实现了对吸毒人员应帮尽帮，促使吸毒人员戒除毒瘾、融入社会，其特点在于动员全社会力量参与吸毒人员网格化服务管理工作，形成全民禁毒的工作格局。

（三）宜昌经验——"3+N"社区关爱模式

宜昌市坚持问题导向，探索构建了"社区戒毒、社区康复、社区关爱""三位一体"社会化戒毒新体系，创建了"3+N"社区关爱模式，即成立由社区书记任组长，社区民警、网格员常设参加的三人小组，根据入户调查获得的需求，民政、人社、卫生、妇联、共青团等帮扶力量选择参加，组成"3+N"工作小组，构建防止戒毒人员复吸的心理关系、家庭关系和社会关系。为便于开展工作，宜昌市还组织编写了《宜昌市社区网格化戒毒心理干预操作手册》，下发网格工作者人手一册，规范操作。同时，为充分调动社会力量参与的积极性，宜昌市成立了社会工作师协会、戒毒人员家庭关爱协会、社区禁毒志愿者协会等社会组织，参与戒毒工作的社会工作师、心理分析师、婚姻分析师等专业工作者400多人、志愿者5 000多人。数据显示，宜昌市戒毒人员转化率达到20%以上，全市"两抢一盗"案件同比下降24%。

2016年7月21日下午，中共中央政治局常委、全国政协主席俞正声主持召开政协十二届全国委员会第53次双周协商座谈会，专题研究禁毒社会化工作。湖北省宜昌市作为全国推进吸毒人员网格化服务管理地区代表参加会议并作了经验介绍。座谈会充分肯定了宜昌市推进吸毒人员网格化服务管理的经验做法。

宜昌经验的特点是更加注重"以人为本"的关爱。待关爱吸毒人员有一个普遍特点，即：防范、抵触和抗拒心理强，不愿透露自己的信息和心理状态。宜昌通过工作小组的合作，实现了戒毒康复人员的流程化管理、个性化关爱。

三、"8·31"社区戒毒社区康复工程

为大力推进社会化戒毒康复工作，全面提升对戒毒康复人员的服务管理水平，国家禁毒委员会于2015年8月启动了全面加强社区戒毒社区康复工作"8·31"工程。2015年12月，国家禁毒办会同中央综治办等11部门印发了《全国社区戒毒社区康复工作规划（2016—2020年）》（以下简称《规划》），进一步明确了社区戒毒社区康复工作的目标任务、主体责任和保障机制，并决定从2016年至2020年组织实施社会化戒毒康复工程，全面提升对戒毒康复人员的服务管理水平。

目前，全国现有吸毒人员237.4万名，正在进行社区戒毒人员20.9万名、社区康复人员9.2万名，措施执行率62.7%，从全国层面看，基本完成了《规划》制定的2016年任务（2016年，全国有吸毒人员的乡［镇］人民政府、城市街道办事处全部成立社区戒毒社区康复工作领导小组，社区戒毒社区康复执行率达到

60%以上)。《规划》进一步明确了2017年,全国社区戒毒社区康复工作体系基本形成,社区戒毒社区康复执行率达到70%以上;2018年,社区戒毒社区康复执行率达到80%以上;2019年,全国社区戒毒社区康复工作实现常态化,社区戒毒社区康复执行率达到90%以上。

(一)"8·31"社区戒毒社区康复工程的职责分工

1. 党委、政府的领导责任

只有各级党委、政府主要领导重视社区戒毒社区康复工作,相关部门才会切实履行工作责任,社会组织、社会力量、社会资源才有可能调动起来。因此,各级党委、政府要落实领导责任,加强组织领导,统筹研究部署,将社区戒毒社区康复摆上议事日程、列入经济社会发展总体规划、纳入平安建设的重要内容,尤其是要抓住地市级、县区级党政主要领导这个"关键少数",争取其对社区戒毒社区康复工作的重视和支持,切实履行好禁毒工作的主体责任。

2. 有关部门的职能责任

相关部门落实职能责任,加强协作配合,确保各个环节有序衔接、各项措施有效落实。禁毒职能部门在做好就业扶持和救助服务的同时,也可以通过财政补贴、减免税费等方式给予安置戒毒康复人员就业的企业优惠,鼓励动员更多社会力量参与禁毒工作。

3. 禁毒委的协调责任

禁毒委落实组织协调责任,做好党委、政府的参谋助手,特别是争取市、县两级党政主要领导对社区戒毒社区康复工作的支持,将禁毒工作纳入各有关部门的工作框架,督促各责任部门履行好禁毒工作的主体责任,做到主动上门、想主意、提需求。

(二)"8·31"社区戒毒社区康复工程的实施力量

社区戒毒社区康复工作是一项系统工程、社会工程。社区戒毒社区康复的具体工作应由禁毒工作专职干部、禁毒社工、志愿者和社区网格员这"四支力量"共同开展。(1)推动在乡(镇)人民政府、城市街道办事处配备禁毒工作专职干部,负责组织开展具体工作;(2)通过政府购买服务方式,招聘禁毒社工协助公安机关开展管控工作,为戒毒康复人员提供救助服务;(3)发展禁毒志愿者,协助开展宣传、帮教工作;(4)充分发挥社区网格员的作用,协助社区戒毒社区康复工作机构做好信息采集、跟踪监控、帮扶救助、宣传教育等工作。

需要特别说明的是,"8·31"工程应结合禁毒工作社会化的发展方向,动员社会力量、发展禁毒志愿者,积极参与禁毒宣传教育、戒毒康复和扶持救助等禁毒社会化工作。按照数量和质量适应工作发展的要求,努力建设一支禁毒专业社会工作队伍,有计划、有目标地推动禁毒社工队伍的发展、壮大和成熟。根据各地实际情况、因地制宜,考虑地域、级别、毒情等因素来区分层次和标准,比如让直辖市、副省级城市、计划单列市是一个层次,东、中、西部地区的地市级城市是一个层次。此外,应建立经常性教育培训机制,不断提高禁毒社工工作能力。

(三)"8·31"社区戒毒社区康复工程的具体措施

缉毒执法和打击毒品犯罪的最终目的是压缩毒品消费市场、遏制吸毒人员的增长。如果毒品消费规模压不下去,就会陷入毒品越打越多、吸毒人员越查越多的恶性循环。而通过社区戒毒社区康复工作减少毒品消费是解决我国毒品问题的根本。社区戒毒社区康复与"重嫌必检"、强制隔离戒毒和社区药物维持治疗等工作衔接构成吸毒人员管控工作的完整链条。

1. 对吸毒人员的动态管控

(1)开展排查清理行动。由社区民警、禁毒专干、村社干部和网格员组成排查小组,通过入户调查、见面排查、电话联系、详细登记等方式集中摸排,全面核查辖区在册吸毒人员,逐一掌控管控现状,落实管控措施。公安机关要主动对接社区戒毒康复办公室和场所,确保社区戒毒社区康复的责令率和执行率,最大限度地提高戒毒康复人员报到率,达到"底数清、情况明、信息实"的工作目标。

(2)严密动态管控机制。坚持本地管控与外地管控相结合的方式,对于本地社区戒毒社区康复人员,采取定期尿检、见面谈话的方式,开展戒毒知识辅导进行脱毒治疗,帮助其就学、就业、就医;对于流动社区戒毒社区康复人员,户籍地居委会、派出所可以委托常住地居委会、派出所进行监督管理并定期进行尿检,将尿检结果及时寄回管控单位,确保其处于双重管控之中,为其彻底戒除毒瘾、回归社会打下良好基础;对于流入外地脱管失控的社区戒毒社区康复人员,充分利用一切资源,开展异地查找工作,落实管控措施;对于脱管失控人员,符合强制隔离戒毒条件的,一律依法予以强制隔离戒毒。

规范处置社区戒毒社区康复人员。对于逾期未报到、严重违反社区戒毒社区康复协议、维持替代治疗脱失、吸毒引发精神障碍、病残吸毒人员等重点对象,通过网上布控、异地协查等方式,严格落实管控措施,严防吸毒人员肇事肇祸。

2. 对戒毒人员的帮扶救助

(1)落实关怀救助制度。卫生、民政等部门在摸清和掌握社区戒毒社区康复人员底数和需求的基础上,采取可行的针对性关怀措施,保障戒毒康复人员"病有所医、困有所帮"。对于丧失劳动能力、生活困难、符合条件的,应纳入城乡最低生活保障、城镇居民医疗保障或新型农村合作医疗范畴;对于遇到各种困难、符合救助条件的,可以给予临时救助,使其体会到党和政府的关爱,享受到经济社会发展带来的实惠。

（2）推进就业扶持政策。坚持"企业主导,政府扶持"的安置就业工作思路,尽最大努力实现戒毒康复人员"来有生路、去有出路",加大对戒毒人员就业安置企业的政策扶持力度,积极协调有关部门,为戒毒康复人员就业安置提供更多的渠道和机会。借鉴贵州"阳光工程"的经验做法,设置奖励补贴措施,鼓励企业集中安置社区戒毒社区康复人员,促进社区戒毒社区康复人员尽快融入社会。

3. 与其他禁毒工作的协同发展

以国家禁毒委员会正在推进的青少年毒品预防教育"6·27"工程、吸毒人员网格化管理、毒品问题重点整治等专项工作为抓手,全面推进社区戒毒社区康复工作的发展。例如,将社区戒毒社区康复纳入网格化社会管理服务体系,加强吸毒人员的日常管控工作,推进吸毒人员分级分类,实现精准化、科学化管理。

（四）"8·31"社区戒毒社区康复工程的监督考核

社区戒毒社区康复工作是禁毒工作的"半壁江山",是一项基础性工作,也是一项真正能反映禁毒工作能力水平的工作。各级禁毒委应强化督导考核问责力度,增加社区戒毒社区康复工作在综治考核、禁毒工作考评中的比重,组织对各地工作情况进行交叉督导检查,并考虑通过向党政主要领导直接通报情况、约谈禁毒委负责同志、挂牌重点整治等方式推动社区戒毒社区康复工程的进展。

（1）将社区戒毒社区康复工作纳入毒品滥用重点整治工作考核。对因社区戒毒社区康复工作不落实导致戒毒康复人员肇事肇祸、毒品滥用规模扩大的地区进行挂牌整治,并在现有的重点整治地区持续推进社区戒毒社区康复工作。

（2）将社区戒毒社区康复工作纳入平安综治考核和街（镇）绩效考核。将社区戒毒社区康复与禁毒工作组织领导、教育宣传预防、吸毒人员管控等共同纳入综治考评内容,增加禁毒工作考核的分值权重。社区戒毒康复主要考核基层组织的工作执行率,采取"月积分"方式考核,进行月度通报排名,推动街道、乡镇等基层组织把工作重心调整到戒毒康复工作中来,最大限度地防止社区戒毒康复对象脱管失控。

参考文献

1. 联合国毒品与犯罪问题办公室.2013年新精神活性物质的挑战[Z].2014.
2. 国家禁毒委员会办公室.2014年中国禁毒报告[Z].2015.
3. 国家禁毒委员会办公室.2015年中国毒品形势报告[Z].2016.
4. 联合国毒品与犯罪问题办公室.2016年世界毒品报告[Z].2016.
5. 朱恩涛.国内外禁毒立法纵观[M].北京:群众出版社,1997.
6. 张锐敏,冯忠堂,张力群.海洛因等阿片类物质依赖的临床与治疗[M].太原:山西科学技术出版社,1999.
7. 郭建安,李荣文.吸毒违法行为的预防与矫治[M].北京:法律出版社,2000.
8. 郑蜀饶.毒品犯罪的法律适用[M].北京:人民法院出版社,2001.
9. 高巍.贩卖毒品罪研究[M].北京:中国人民公安大学出版社,2007.
10. 李文君.构建禁毒防控体系[M].北京:知识产权出版社,2012.
11. 崔敏,陈存仪.毒品犯罪证据研究[M].北京:中国人民公安大学出版社,2007.
12. 任克勤.新型毒品犯罪问题研究[M].北京:中国人民公安大学出版社,2009.
13. 覃珠坚,张晓春.中国禁毒法规介评与适用[M].北京:中国人民公安大学出版社,2012.
14. 沈文伟.中国青少年吸毒与家庭治疗[M].北京:社会科学文献出版社,2014.
15. 姚建龙.禁毒法与戒毒制度改革研究[M].北京:法律出版社,2015.
16. 连玉明.禁毒新路:贵阳模式与启示[M].北京:当代中国出版社,2016.
17. 陈咏梅,王增珍,杨红梅,陈立功.武汉市310名女性吸毒者的家庭背景及教养方式[J]中国药物依赖性杂志,1999,(04).
18. 王琳琅,穆世惠,栾荣生,袁萍,杨清.戒毒模式下吸毒者生存质量的比较[J].中国公共卫生,2003,(11).
19. 卢秋芬,朱月娇.实行自愿戒毒强制管理模式分析[J].中国药物滥用防治杂志,2004,(03).
20. 郑威,李身录,抑昌杰.自愿戒毒患者提前出院的影响因素分析[J].中国药物滥用防治杂志,2004,(05).

21. 严登山,向亚雄.走劳教戒毒创新之路[J].中国药物滥用防治杂志,2005,(03).
22. 张义荣.中国毒品形势的悄然质变与禁毒行为变革动因[J].云南警官学院学报,2006,(02).
23. 夏国美.青少年滥用毒品的成因与禁毒教育模式的转换[J].青少年犯罪问题,2006,(03).
24. 李文君,聂鹏.禁毒防控体系构建模式初探[J].中国人民公安大学学报,(社会科学版),2007,(03).
25. 高巍.禁毒政策的西方经验与中国实践[J].思想战线,2007,(04).
26. 张文鹏,赵文忠,马国云.加强毒品消费市场监测的重要性[J].云南警官学院学报,2007,(04).
27. 郑蜀饶.毒品犯罪规律的新认识及禁毒策略的思考[J].法律适用,2007,(12).
28. 李文君,聂鹏.毒品文化辐射研究[J].中国人民公安大学学报(社会科学版),2008,(01).
29. 李文君,聂鹏.禁毒法视野下的戒毒工作研究[J].警察技术,2008,(02).
30. 胡训珉.毒品犯罪的基本特点与禁毒战略的重构[J].探索与争鸣,2008,(03).
31. 李文君,聂鹏.娱乐场所"黄、赌、毒"问题研究[J].中国人民公安大学学报(社会科学版),2009,(02).
32. 于阳.浅析"以贩养吸"型毒品犯罪的司法认定[J].消费导刊,2009,(12).
33. 郑永红,李波阳.动态均衡递减的禁毒方略研究[J].中国人民公安大学学报(社会科学版),2010,(03).
34. 李文君,聂鹏.禁毒人民战争解读[J].云南警官学院学报,2010,(03).
35. 李云鹏.物流贩毒研究[J].云南警官学院学报,2011,(05).
36. 邓玲,朵林,罗志.公安机关针对吸毒人员的动态管控机制探析[J].卫生软科学,2011,(12).
37. 陈帅锋,李文君,陈桂勇.我国吸毒后驾驶问题研究[J].中国人民公安大学学报(社会科学版),2012,(01).
38. 康均心.需求与遏制:毒品防控路径检讨[J].武汉公安干部学院学报,2012,(03).
39. 包涵,颜增.特殊涉毒人群收治管理的现状及对策研究[J].中国人民公安大学学报(社会科学版),2012,(06).
40. 郑永红,梁鑫.毒品的自我扩张及对策研究[J].卫生职业教育,2012,(09).
41. 张黎,张拓.新精神活性物质的滥用危害与防控问题研究——以构建我国禁毒防控体系为视角[J].中国人民公安大学学报(社会科学版),2013,(04).

42. 张黎,路垚.合成毒品滥用与首都社会公共安全问题调查报告[J].云南警官学院学报,2015,(05).
43. 李忠勇."以贩养吸"成毒贩犯罪怪圈[N].人民政协报,2011-06-27(B04).
44. 洪新波,李勋文."以贩养吸","贩"与"吸"怎么区分[N].检察日报,2009-08-30(003).

图书在版编目(CIP)数据

禁毒防控理论研究与实践探索/李文君著.—上海：上海社会科学院出版社,2017
（禁毒研究）
ISBN 978 - 7 - 5520 - 1976 - 6

Ⅰ.①禁… Ⅱ.①李… Ⅲ.①禁毒-预防犯罪-研究-中国 Ⅳ.①D924.364

中国版本图书馆 CIP 数据核字（2017）第 096970 号

禁毒防控理论研究与实践探索

著　　者：李文君
责任编辑：路征远
封面设计：夏艺堂
出版发行：上海社会科学院出版社
　　　　　上海顺昌路 622 号　邮编 200025
　　　　　电话总机 021 - 63315947　销售热线 021 - 53063735
　　　　　http://www.sassp.org.cn　E-mail:sassp@sass.org.cn
排　　版：南京展望文化发展有限公司
印　　刷：上海景条印刷有限公司
开　　本：710×1010 毫米　1/16
印　　张：12.25
插　　页：1
字　　数：218 千
版　　次：2017 年 6 月第 1 版　2021 年 11 月第 3 次印刷

ISBN 978 - 7 - 5520 - 1976 - 6/D·449　　　　定价：49.80 元

版权所有　翻印必究